펴낸이	김기훈 · 김진희
펴낸곳	(주)쎄듀 / 서울시 강남구 논현로 305 (역삼동)
발행일	2018년 5월 4일 개정판 1쇄
내용문의	www.cedubook.com
구입문의	콘텐츠 마케팅 사업본부
	Tel. 02-6241-2007
	Fax. 02-2058-0209
등록번호	제22-2472호
ISBN	978-89-6806-116-5

어휘

끝

중학 필수

저자

김기훈   現 ㈜ 쎄듀 대표이사
    現 메가스터디 영어영역 대표강사
    前 서울특별시 교육청 외국어 교육정책자문위원회 위원
    저서 천일문 / 천일문 Training Book / 천일문 GRAMMAR
    첫단추 BASIC / 어법끝 / 어휘끝 / Grammar Q / 쎄듀 본영어
    문법의 골든룰 101 / GRAMMAR PIC / 잘 풀리는 영문법
    READING RELAY / 거침없이 Writing / ALL쏨 서술형
    절대평가 PLAN A / 빈칸백서 / 오답백서 첫단추 / 쎈쓰업 / 파워업 / 수능실감 등

쎄듀 영어교육연구센터
쎄듀 영어교육센터는 영어 콘텐츠에 대한 전문지식과 경험을 바탕으로
최고의 교육 콘텐츠를 만들고자 최선의 노력을 다하는 전문가 집단입니다.

마케팅   콘텐츠 마케팅 사업본부
영업   문병구
제작   정승호
인디자인 편집   올댓에디팅
디자인   윤혜영
일러스트   최연주
영문교열   Eric Scheusner

 Foreword

이 시리즈는 〈필수편〉과 〈마스터편〉의 두 권으로 구성되어 있습니다. 2018년도부터 사용되고 있는 개정교과서와 교육과정평가원의 기본어휘목록 등을 참고하여 중학교 단계에서 반드시 익혀야 할 어휘들을 엄선한 것입니다. 각 편에 실린 단어들은 서로 중복되지 않으며, 마스터편의 난이도가 좀 더 높으므로 〈필수편〉에서 〈마스터편〉의 순서로 학습해나가는 것이 좋습니다.

✚ 필수편
교과부에서 지정한 초등학교용 단어 중에서 중요한 어휘 300개와 중학 필수어휘 1,000개를 선별하여 수록했습니다.

✚ 마스터편
필수편에 실린 것들보다 좀 더 난이도가 있는 중학 어휘와 고등 기초에 해당하는 일부 단어를 합한 총 1,000개의 단어가 실려 있습니다.

이 시리즈의 가장 큰 특장점은 아래와 같은 암기팁을 모든 단어에 실었다는 것입니다.
1 쉬운 어원 풀이
2 뜻이 쏙쏙 박히는 명쾌한 뜻풀이
3 핵심 뜻이 명확하게 이해되는 뉘앙스 차이
4 입시에 중요한 어법
5 기억을 돕는 삽화
6 철자와 의미를 연결시키는 장치
7 의미들을 서로 연결하여 한층 암기가 수월한 다의어

이 외에도 TV광고나 브랜드명 등을 통해 이미 알고 있는 의미를 환기시켜주는 장치까지 모든 재미난 팁이 실려 있습니다.

어휘책에서 가장 중요한 것은 얼마나 암기 효과가 높으냐에 달려 있습니다.
어휘와 뜻을 나열하기만 하고 무조건 많은 반복을 통해서 암기하는 것은 암기 효과가 오래가지 않을뿐더러, 학습자들에게 고통을 줄 뿐입니다. 이 책은 여러분에게 꼭 필요한 단어 학습이 재미나고 효과적으로 이루어질 수 있도록 충실하고 친절한 가이드 역할을 해 드릴 것입니다. 영어 공부의 기본은 역시 어휘 실력이 얼마나 탄탄하냐에 달려있다는 것을 잊지 마시기 바랍니다.

저자

이 책의 구성과 특징

Special Part

✛ 발음기호를 알아볼까요?

✛✛ 모음			
[i] sit big		[ə] America aloud	
[e] men bed		[æ] cat animal	
[ɑ] not body		[ʌ] but love	

이 중에서 어떤 모음 뒤에는 : 표시가 붙어 [ɑ:], [ɔː], [iː], [uː], [ɔ]로 그냥 길게 발음하는 것으로 알고 있는 경우가 많은데, 그보다는 그것이 원어민 발음에 좀 더 가까워요. 들으면서 꼭 확인해보세요.

단어를 학습할 때 반드시 알아야 하는 발음기호를 알기 쉽게 설명하였습니다.

✛ 단어가 잘 안 외워질 땐…?

❶ 단어와 관계 맺기!
단어를 외우면서 그 단어와 나와의 특별한 관계를 만들honest(정직한)라는 단어가 잘 외워지지 않는다면 친구들각 친구나 아니면 자신이 정직했던 경험을 떠올려보세요외울 때에는 친구와 물건을 서로 교환했던 일을 떠올려 보고

❷ 한 가지 뜻으로!
한 단어에 많은 뜻이 있는 경우가 많아서 골치 아플 때가 많지 뜻에 모두 해당되는 핵심 뜻만 기억하는 거예요. 예를 들

단어가 잘 안 외워질 때 동원할 수 있는 노하우를 자세히 설명하였습니다.

✛ 기초 단어 300

단어	뜻
A	
academy [əkǽdəmi]	몡 학원, 전문학교
afternoon [ǽftərnúːn]	몡 오후
again [əgén]	뿐 다시, 한 번 더
age [eidʒ]	몡 나이 툉 나이가 들다
air [ɛər]	몡 공기, 대기
airplane [ɛ́ərplèin]	몡 비행기
aloud [əláud]	뿐 1. 소리 내어 2. 큰 소리로
angel [éindʒəl]	몡 천사

중요어휘를 빠르게 확인하고 마무리할 수 있습니다.

✛ Picture Dictionary

단어와 관련된 사진을 이용한 연상작용으로 단어 암기의 효과를 높일 수 있습니다.

✛ 본문

❶ 주제별로 분류된 25개의 어휘를 소주제로 나누어 제시합니다. 연상작용을 통해 쉽고 빠르게 기억할 수 있습니다.

❷ 모든 단어에 제시되어 있는 암기 Tip을 활용해 암기해보세요.

✛ Apply, Check & Exercise

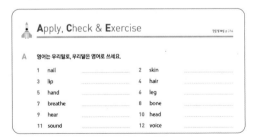

다양한 연습문제로 앞에서 배운 25단어를 제대로 학습했는지 확인합니다.

✛ Final Check

유닛별로 누적된 125개의 학습 단어를 하나의 파트가 끝날 때마다 복습해보세요.

How to study

1. 발음 익히기용 MP3 파일(단어가 두 번씩 재생)을 듣고 따라 말하며 발음을 익힙니다.

2. 암기Tip과 삽화, 예문의 도움을 받으며 단어와 뜻을 익히세요.
   단어에 제시되는 파생어도 꼭 함께 학습하세요.

3. 우리말 뜻을 가리고 영단어를 보며 의미를 되살려보세요. 미처 암기하지 못한 단어는
   다시 외워봅시다. 셀프 스터디용으로 제공되는 MP3 파일(단어 두 번, 우리말 뜻 한 번 재생)을
   활용하는 것도 좋아요.

4. 리스닝 훈련용 MP3 파일(단어와 예문 재생)을 들으며 예문의 의미가 잘 이해되는지 확인하세요.

5. Apply, Check & Exercise를 풀어보고 틀린 문제는 빠짐없이 확인합니다.

6. 무료로 제공되는 부가서비스로 완벽히 복습하세요. (www.cedubook.com)

   📢 MP3 파일 | 📝 단어 시험지 | 📄 예문 영작 연습지 | ⬇ 어휘 출제 프로그램

어휘 출제 프로그램 사용 방법

❶ 다운로드 : 쎄듀 홈페이지(www.cedubook.com)에 접속
  ▶ 초중등교재, 어휘끝 필수 선택
  ▶ 교재 이미지 클릭(상세페이지)
  ▶ [학습자료]에서 어휘 출제 프로그램을 무료로 다운로드
    하세요. (Window 버전과 Mac 버전 구분)

❷ 압축 파일을 풀어 설치를 완료한 후
  바탕화면에 저장된 어휘 출제 프로그램
  VOCATEST (파란색 아이콘)를 실행합니다.

쎄듀
TEST
VOCATEST

❸ 프로그램을 실행하면 "교재에 있는 ISBN을 입력하세요." 라는
  칸에 사용할 교재의 ISBN을 입력해주시면 됩니다.

  * 교재 뒷 표지 바코드란에서 ISBN 숫자를 확인하실 수 있습니다.
  * 입력하실 때, - 는 제외한 후 입력해주세요.

❹ [NEW 문제 출제]를 선택하여 학습한 유닛의 단어 테스트를
  해 보세요. 학습한 유닛을 여러 개 선택하여 누적 테스트도 해
  볼 수 있습니다.

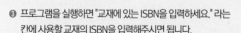

교재에 있는 ISBN을 입력하세요.

추가

NEW 문제 출제 >

TEST 불러오기 >

(02) 3272-4766 | FAX: (02) 3272-4767
www.cedubook.com

본문 자세히 보기

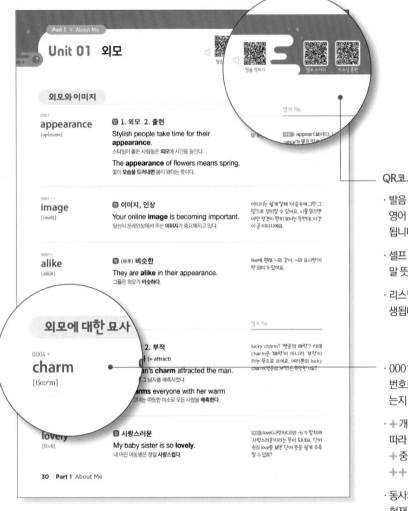

QR코드

· **발음 익히기** : 파생어를 포함한 영어 단어가 두 번씩 반복 재생됩니다.

· **셀프 스터디** : 영어 단어와 우리 말 뜻이 재생됩니다.

· **리스닝 훈련** : 단어와 예문이 재생됩니다.

· 0001번부터 1000번까지 매겨진 번호로 학습이 얼마만큼 진전되었는지 바로 확인해보세요.

· ✚ 개수는 단어의 중요도와 빈출에 따라 다릅니다.
  ✚ 중요단어
  ✚✚ 최중요단어

· 동사의 과거형 – 과거분사형 – 현재분사형도 한눈에 확인하세요.

본문에 쓰인 여러 기호

= 유사어(구) | ↔ 반의어(구) | (-s) 복수형으로 쓰이면 뜻이 달라지는 말 | [ ] 대신 쓸 수 있는 표현
(( )) 의미에 대한 보충 설명 [호칭] 여보, 자기 | 큰 ( ) 우리말 의미의 일부 [경보(음), 경보기]
작은 ( ) 의미의 보충 설명 [(아주) 비슷한]

6

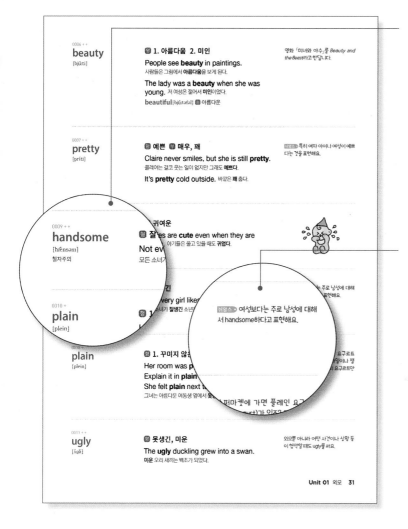

0006 ++
beauty
[bjúːti]

명 1. 아름다움 2. 미인
People see **beauty** in paintings.
사람들은 그림에서 **아름다움**을 보게 된다.
The lady was a **beauty** when she was young. 저 여성은 젊어서 **미인**이었다.
beautiful [bjúːtəfəl] 형 아름다운

영화 「미녀와 야수」를 Beauty and the Beast라고 한답니다.

0007 ++
pretty
[príti]

형 예쁜 부 매우, 꽤
Claire never smiles, but she is still **pretty**.
클레어는 결코 웃는 일이 없지만 그래도 **예쁘다**.
It's **pretty** cold outside. 바깥은 **꽤** 춥다.

뉘앙스 특히 여자 아이나 여성이 예쁘다는 것을 표현해요.

귀여운
형 잘 es are **cute** even when they are
아기들은 울고 있을 때도 **귀엽다**.
Not ev
모든 소녀가

0009 ++
handsome
[hǽnsəm]
철자주의

very girl liker
너가 잘생긴 소년

주로 남성에 대해
표현해요.

형 1.
뉘앙스 여성보다는 주로 남성에 대해서 handsome하다고 표현해요.

0010 +
plain
[pleín]

형 1. 꾸미지 않
Her room was p
Explain it in **plain**
She felt **plain** next
그녀는 아름다운 여동생 옆에서

0010 ++
plain
[pleín]

요구르트
이나 잼
요구르트만

슈퍼마켓에 가면 플레인 요
(다)가 있죠?

0011 ++
ugly
[ʌ́gli]

형 못생긴, 미운
The **ugly** duckling grew into a swan.
미운 오리 새끼는 백조가 되었다.

외모뿐 아니라 어떤 사건이나 상황 등이 형악할 때도 ugly를 써요.

Unit 01 외모 **31**

· 발음주의 : 철자를 통해 예상되는 발음과는 다른 경우에 표시됩니다. MP3파일로 발음을 확인하세요.

· 강세주의 : 일반적으로 예상되는 강세 자리가 아닌 경우에 표시됩니다.

· 철자주의 : 발음을 통해 예상되는 철자와는 다른 경우에 표시됩니다.

암기Tip

· 뉘앙스 : 어감의 미묘한 차이를 말해요. 어떤 상황에 가장 적합하게 쓰이는 단어인지 확인해보세요.

· 어원 : 이 단어의 뿌리는 무엇인지, 이 단어가 어떻게 만들어진 것인지 확인해보세요. 어원을 많이 알아두면, 나중에 모르는 단어가 나와도 그 뜻을 추측할 수 있어요.

· 어법 : 함께 공부해두면 좋은 규칙을 설명해 두었어요. 단어만 외웠을 뿐인데 문법과 표현이 저절로 공부가 되는 놀라운 학습 효과!

품사

문장을 구성하는 단어들을 그 문법적 쓰임에 따라 분류한 것

명사 명 : 사람, 사물, 장소 등의 이름 (book, family, city, Eric ...)
대명사 대 : 명사를 대신해서 쓰는 말 (I, you, he, she, they, we, it, this ...)
동사 동 : 동작이나 상태를 나타내는 말 (read, eat, run, think, feel, am, are, is ...)
형용사 형 : 명사의 성질, 모양, 수량, 크기 등을 나타내는 말 (old, long, nice, big ...)
부사 부 : 동사, 형용사, 다른 부사 등을 꾸미는 말 (very, fast, slowly, enough ...)
전치사 전 : 명사 앞에서 다른 단어와의 관계를 나타내는 말 (in, on, at, for, to ...)
접속사 접 : 단어, 구, 문장들을 이어주는 말 (and, but, or, so, because ...)
감탄사 감 : 감정을 나타내는 말 (oh, wow, ouch, oops ...)

Contents

Special
Part.

발음기호를 알아볼까요?

단어가 잘 안 외워질 땐…?

기초 단어 300

발음기호를 알아볼까요?

영어 어휘를 학습할 때는 뜻과 함께 발음도 꼭 익혀야 해요.
영어는 우리말과 다르게 철자와 발음이 일치하지 않는 경우가 많기 때문이지요.
엉뚱한 발음으로 알고 있으면 말할 수도, 듣고 이해할 수도 없어요.

발음은 원어민 발음을 들으면서 익히는 것이 가장 정확하지만,
발음기호를 통해서도 알 수 있으므로 발음기호를 잘 익혀야 해요. 아래, 표를 보세요.

✦ ✦ 모음

전체 듣기 🔊

[i] sit big	[ə] America aloud	[u] book look
[e] men bed	[æ] cat animal	[ɔ] boy voice
[ɑ] not body	[ʌ] but love	

이 중에서 어떤 모음 뒤에는 ː 표시가 붙어 [ɑː], [əː], [iː], [uː], [ɔː]와 같이 표기돼요.
그냥 길게 발음하는 것으로 알고 있는 경우가 많은데, 그보다는 그 모음을 두 번 발음한다 생각하고 발음하는
것이 원어민 발음에 좀 더 가까워요. 들으면서 꼭 확인해보세요.

[ɑː] father large	[iː] need cheap	[ɔː] across draw
[əː] girl hurry	[uː] moon food	

영단어 발음에 있어서 우리말과 다른 가장 특이한 점은 강세가 있다는 것이에요.
단어의 강세는 대개 강, 약강, 약의 세 가지 강세로 이루어지는데,
강세가 없는 부분은 발음이 약해지거나 아예 생략되는 경우가 많아요.
이런 특이한 점 때문에 모음 발음기호에서는 다음과 같은 것들이 있을 수 있어요.

´ 모음 위에 붙어요. 가장 강하게 발음하라는 표시예요.
` 두 번째로 강하게 발음하는 모음이라는 표시예요.
ə 강세를 두지 않고 약하게 발음해요.

e.g. pencil[pénsəl], museum[mjuːzíːəm], mathematics[mæθəmǽtiks], strawberry[strɔ́ːbèri]

또, 어떤 모음들은 두 개가 합쳐져 있는데, 주로 발음되는 것은 두 모음 중 앞에 있는 것이랍니다.
뒤에 나오는 것보다 더 강하고 길게 발음해요.

[ai] my price	[au] how mouth	[uə] tour
[ei] day face	[ou] go boat	[eə] wear hair
[ɔi] boy choice	[iə] here	

+ + 자음

전체 듣기 🔊

[p] pig piano	[b] bed hobby	[m] milk make
[k] kilo school	[g] go give	[n] no knock
[t] time today	[d] do dog	[ŋ] sing bring
[f] five future	[v] very visit	[r] read red
[s] six see	[z] zoo zebra	[l] live lady
[θ] think thing	[ð] the this	
[ʃ] short ship	[ʒ] casual pleasure	[w] window work
[tʃ] child church	[dʒ] jam joy	[j] yes yellow
[h] hello here		

모음에서와 마찬가지로 자음도 약하게 발음되는 것들이 있는데, 가장 자주 쓰이는 것은 바로 [r] 예요.
들릴 듯 말 듯 약하게 발음한답니다.
e.g. work[wəːrk], store[stɔːr]

그리고, [p], [t], [k]가 s다음에 올 때는 우리말의 'ㅃ', 'ㄸ', 'ㄲ'에 가까워요.
e.g. spring, speed, stop, star, sky, skill

이처럼 발음기호는 발음에 대해 많은 것을 알려주지만 완벽하게 정확한 발음을 나타내지는 않아요.
실제로 음성을 통해 발음을 익히는 것이 가장 좋은 방법이라는 것을 잊지 마세요.

단어가 잘 안 외워질 땐…?

단어가 길 때, 발음과 철자가 너무 다를 때, 뜻이 어려울 때 등등 단어가 잘 안 외워지는 데에는 여러 이유가 있을 수 있어요. 그럴 때는 무조건 반복해서 외우려고만 하지 말고, 그 단어를 가지고 다음과 같은 방법들로 이리저리 놀아보세요. 그러다보면 자연스럽게 외워진답니다.

① 단어와 관계 맺기!

단어를 외우면서 그 단어와 나와의 특별한 관계를 만들어 보세요. 예를 들어, honest(정직한)라는 단어가 잘 외워지지 않는다면 친구들 중에 가장 정직하다고 생각한 친구나 아니면 자신이 정직했던 경험을 떠올려보세요. exchange(교환하다)를 외울 때에는 친구와 물건을 서로 교환했던 일을 떠올려 보고요.

② 한 가지 뜻으로!

한 단어에 많은 뜻이 있는 경우가 많아서 골치 아플 때가 많지요? 그럴 때는 그 여러 가지 뜻에 모두 해당되는 핵심 뜻만 기억하는 거예요. 예를 들어, add라는 단어에는 더하다, 추가하다, 보태다, 합치다 등등의 뜻이 있지만, 생각해보면 핵심 뜻은 그냥 '더하다'라는 것을 알 수 있어요.

③ 여기도 단어, 저기도 단어!

길거리에도 TV광고에도 제품 브랜드에도 많은 영어 단어들이 쓰이는데 그 중에는 우리가 알아야 할 단어도 많아요. 무심히 지나치지 말고 기억해 두세요.

④ 그림 그리기!

단어를 외울 때 그 단어와 연관된 그림을 한 번 그려 보세요. 그림을 잘 그리고 못 그리고는 중요하지 않아요. 자기만 알아볼 수 있으면 되거든요. 예를 들어 nation이라는 단어가 정말 안 외워질 때는 연습장을 한 장 꺼내서 우리나라 지도 모양을 그리고 our nation이라고 써보세요. 거짓말처럼 효과가 나타날 거예요.

❺ 내 몸이 도구!

단어와 관련된 동작을 해보는 거예요. 예를 들어 nod(끄덕이다)는 고개를 아래위로 막 끄덕이면서 외우는 거예요. noise(소음)는 손으로 귀를 막으면서 시끄러울 때 하는 행동을 해보세요.

❻ 단어 카드 만들기!

단어카드는 정말 효과가 좋은 방법인데도 만드는 데 시간이 너무 많이 걸려서 활용하기 힘들어요. 정말 잘 안 외워지는 단어만 만들어서 자투리 시간에 활용해보세요.

❼ 이건 나쁜 거, 이건 좋은 거!

정확한 뜻을 알지 못해도 좋은 의미인지 아닌지만 기억해두는 것도 좋아요. 예를 들어 fear(두려움)는 '나쁜 감정'으로 delight(기쁜)는 '좋은 감정'으로 분류해서 기억을 해두는 것이에요.

❽ 가족을 찾아주자!

비슷한 개념끼리 묶어 보는 거예요. 예를 들어 father, mother, daughter, son, niece, nephew를 family라는 개념으로 묶는 것이지요. 이 책의 유닛은 하나의 큰 개념으로 묶여 있고 좀 더 세세한 개념으로 묶어 놓았는데, 본인만의 기준으로 묶어보는 것이 많은 도움이 될 거예요.

❾ 짧은 글짓기를 해보자!

우리말 단어를 넣어 문장을 만들어본 경험이 있지요? 우리말 단어의 의미가 더 잘 기억된답니다. 그것처럼 영어로도 해보는 거예요. 예를 들어 predict(예측하다)로는 '우리는 앞날을 predict하기 힘들다.'와 같이 직접 문장을 만들어보는 것도 굉장히 좋은 방법이랍니다.

본격적인 학습 전에 기초 어휘를 알고 있는지 먼저 점검해보세요.

단어	뜻	확인 1/2/3차
A		
academy [əkǽdəmi]	뗑 학원, 전문학교	☐☐☐
afternoon [æ̀ftərnúːn]	뗑 오후	☐☐☐
again [əgén]	뙤 다시, 한 번 더	☐☐☐
age [eidʒ]	뗑 나이 뙁 나이가 들다	☐☐☐
air [ɛər]	뗑 공기, 대기	☐☐☐
airplane [ɛ́ərplèin]	뗑 비행기	☐☐☐
aloud [əláud]	뙤 1. 소리 내어 2. 큰 소리로	☐☐☐
angel [éindʒəl]	뗑 천사	☐☐☐
anger [ǽŋgər]	뗑 분노, 화	☐☐☐
ask [æsk]	뙁 1. 묻다, 질문하다 2. 부탁하다, 요청하다	☐☐☐
B		
back [bæk]	뗑 1. 등 2. 뒷면 뗑 뒤쪽의 뙤 뒤로	☐☐☐
backpack [bǽkpæk]	뗑 배낭	☐☐☐
bad [bæd]	뗑 나쁜, 좋지 않은	☐☐☐
baker [béikər]	뗑 제빵사	☐☐☐
balloon [bəlúːn]	뗑 풍선	☐☐☐
band [bænd]	뗑 밴드, 그룹	☐☐☐
bank [bæŋk]	뗑 1. 은행 2. 둑	☐☐☐
barber [báːrbər]	뗑 이발사	☐☐☐
basic [béisik]	뗑 기본적인, 기초적인	☐☐☐
bat [bæt]	뗑 1. 방망이, 배트 2. 박쥐	☐☐☐
bathroom [bǽθrùːm]	뗑 욕실, 화장실	☐☐☐
be [bi]	뙁 1. 있다, 존재하다 2. 위치하다	☐☐☐
bedroom [bédrùːm]	뗑 침실	☐☐☐
bell [bel]	뗑 1. 종 2. 종소리	☐☐☐
bicycle [báisikl]	뗑 자전거	☐☐☐

big [big]	형 큰	□□□
bin [bin]	명 쓰레기통	□□□
birthday [bə́rθdèi]	명 생일	□□□
black [blæk]	형 1. 검은 2. 어두운 명 검은색	□□□
blank [blæŋk]	형 빈, 아무 것도 없는 명 빈칸, 여백	□□□
blanket [blǽŋkit]	명 담요	□□□
blog [blɑːg]	명 블로그	□□□
blueberry [blúːbèri]	명 블루베리	□□□
body [bɑ́di]	명 몸	□□□
book [buk]	명 책 동 예약하다	□□□
bookstore [búkstɔ̀ːr]	명 서점	□□□
both [bouθ]	형 둘 다의, 양쪽의 대 둘 다, 양쪽	□□□
bounce [bauns]	동 튀다, 튀어 오르다	□□□
brake [breik]	명 브레이크, 제동 장치	□□□
bread [bred]	명 빵	□□□
brown [braun]	형 갈색의 명 갈색	□□□
bubble [bʌ́bəl]	명 거품, 비눗방울	□□□
building [bíldiŋ]	명 건물, 건축	□□□
buy [bai]	동 사다, 구입하다	□□□

C

can [kæn]	조 ~할 수 있다	□□□
castle [[kǽsl]	명 성	□□□
chair [tʃɛər]	명 의자	□□□
chance [tʃæns]	명 기회, 가능성	□□□
change [tʃeindʒ]	동 바꾸다, 변화시키다 명 1. 변화 2. 잔돈	□□□
chef [ʃef]	명 요리사	□□□
Chinese [tʃɑiniːz]	형 중국의 명 1. 중국인 2. 중국어	□□□
chip [tʃip]	명 1. 조각, 부스러기 2. 감자칩	□□□
choice [tʃɔis]	명 선택, 선택권	□□□
church [tʃəːrtʃ]	명 교회	□□□
clip [klip]	명 1. 핀 2. (영상) 클립	□□□
clock [klɑk]	명 시계	□□□
cloth [klɔːθ]	명 옷감, 직물	□□□
club [klʌb]	명 동아리, 클럽	□□□

coach [koutʃ]	명 코치, 감독	☐☐☐
cold [kould]	형 추운, 차가운	☐☐☐
color [kʌ́lər]	명 색, 색깔	☐☐☐
colorful [kʌ́lərfəl]	형 (색이) 다채로운	☐☐☐
come [kʌm]	동 오다	☐☐☐
comedy [kάmədi]	명 희극 작품, 코미디	☐☐☐
cone [koun]	명 원뿔	☐☐☐
could [kud]	조 ~할 수 있었다	☐☐☐
country [kʌ́ntri]	명 나라, 국가	☐☐☐
crown [kraun]	명 왕관	☐☐☐
curry [kə́:ri]	명 카레	☐☐☐
curtain [kə́:rtən]	명 커튼	☐☐☐
cut [kʌt]	동 자르다, 베다	☐☐☐

D

day [dei]	명 1. 하루, 날 2. 낮	☐☐☐
dead [ded]	형 죽은	☐☐☐
death [deθ]	명 죽음, 사망	☐☐☐
deer [diər]	명 사슴	☐☐☐
die [dai]	동 죽다	☐☐☐
difficult [dífikʌ̀lt]	형 어려운	☐☐☐
dive [daiv]	동 (물속으로) 뛰어들다, 다이빙하다	☐☐☐
do [du]	동 하다	☐☐☐
doctor [dάktər]	명 의사	☐☐☐
donkey [dάŋki]	명 당나귀	☐☐☐
dust [dʌst]	명 먼지	☐☐☐
Dutch [dʌtʃ]	형 1. 네덜란드의 2. 네덜란드인[어]의	☐☐☐

E

each [i:tʃ]	형 각각의, 각자의 대 각각, 각자	☐☐☐
eagle [i:gl]	명 독수리	☐☐☐
easily [í:zili]	부 쉽게	☐☐☐
easy [í:zi]	형 쉬운	☐☐☐
eat [i:t]	동 먹다	☐☐☐
elementary [èləméntəri]	형 초급의	☐☐☐

engine [éndʒin]	명 엔진	□□□
English [íŋgliʃ]	명 영어 형 잉글랜드인[어]의	□□□
eraser [iréisər]	명 지우개	□□□
everywhere [évriwɛ̀ər]	부 대 모든 곳, 어디나	□□□
exam [igzǽm]	명 시험	□□□

F

famous [féiməs]	형 유명한	□□□
fan [fæn]	명 1. 팬 2. 선풍기 3. 부채	□□□
farmhouse [fá:rmhàus]	명 농가	□□□
fast food [fǽstfú:d]	명 패스트푸드	□□□
feel [fi:l]	동 1. ~한 느낌이 들다, 느끼다 2. 만져보다 명 감촉, 느낌	□□□
ferry [féri]	명 연락선, 페리	□□□
fire [faiər]	명 불, 화재 동 1. 사격하다, 발포하다 2. 해고하다	□□□
firefighter [fáiərfàitər]	명 소방관	□□□
flower [fláuər]	명 꽃	□□□
fly [flai]	동 날다 명 파리	□□□
food [fu:d]	명 음식	□□□
fool [fu:l]	명 바보 형 바보 같은	□□□
foot [fut]	명 발	□□□
fox [faks]	명 여우	□□□
freedom [frí:dəm]	명 자유	□□□
friend [frend]	명 친구	□□□
friendly [fréndli]	형 친절한, 상냥한	□□□
frog [frɔːg]	명 개구리	□□□
full [ful]	형 1. 가득 찬 2. 배부른	□□□
fun [fʌn]	명 재미, 즐거움 형 재미있는	□□□

G

gate [geit]	명 대문, 출입문	□□□
get [get]	동 받다, 얻다	□□□
ghost [goust]	명 유령	□□□
gift [gift]	명 선물	□□□
give [giv]	동 주다	□□□
glasses [glǽ:siz]	명 안경	□□□

go [gou]	동 가다	□□□
goat [gout]	명 염소	□□□
god [gɑd]	명 신	□□□
goggles [gɑ:glz]	명 고글	□□□
gold [gould]	형 1. 금으로 만든 2. 금색의 명 1. 금 2. 금색	□□□
good [gud]	형 좋은, 훌륭한	□□□
graceful [gréisfəl]	형 우아한	□□□
great [greit]	형 위대한, 훌륭한	□□□
gym [dʒim]	명 체육관	□□□

H

hairpin [héərpìn]	명 머리핀	□□□
happy [hǽpi]	형 행복한	□□□
hat [hǽt]	명 모자	□□□
have [hǽv]	동 가지고 있다, 소유하다	□□□
healthy [hélθi]	형 건강한	□□□
help [help]	동 돕다, 거들다 명 도움	□□□
here [hiər]	부 여기에	□□□
hiking [háikiŋ]	명 하이킹, 도보 여행	□□□
home [houm]	명 1. 집, 가정 2. 고향	□□□
hometown [hóumtáun]	명 고향	□□□
homework [hóumwə̀ːrk]	명 숙제	□□□
horror [hɔ́:rər]	명 공포, 공포감	□□□
horse [hɔːrs]	명 말	□□□
hot [hɑt]	형 1. 더운, 뜨거운 2. 매운	□□□
house [haus]	명 집, 주택	□□□
however [hauévər]	부 1. 아무리 ~해도 2. 하지만, 그러나	□□□
human [hjúːmən]	명 사람 형 사람의	□□□
humor [hjúːmər]	명 유머, 익살	□□□
hundred [hʌ́ndrəd]	명 백(100)	□□□
hunter [hʌ́ntər]	명 사냥꾼	□□□

I

| information [ìnfərméiʃən] | 명 정보 | □□□ |
| invite [inváit] | 동 초대하다 | □□□ |

J

jungle [dʒʌ́ŋɡl]	몡 밀림, 정글	☐☐☐
just [dʒʌst]	봄 1. 딱, 꼭 2. 막, 방금 3. 단지, 그저	☐☐☐

K

kind [kaind]	뎽 친절한 몡 종류, 유형	☐☐☐
know [nou]	동 알다	☐☐☐
koala [kouáːlə]	몡 코알라	☐☐☐
Korean [kəríːən]	몡 1. 한국인 2. 한국어 뎽 한국의	☐☐☐

L

later [léitər]	봄 나중에	☐☐☐
leader [líːdər]	몡 지도자, 대표	☐☐☐
let [let]	동 ~하게 허락하다	☐☐☐
letter [létər]	몡 편지	☐☐☐
like [laik]	동 좋아하다 전 ~처럼, ~와 같이	☐☐☐
liquid [líkwid]	몡 액체 뎽 액체 형태의	☐☐☐
little [lítl]	뎽 작은, 소규모의	☐☐☐
live [liv]	동 살다	☐☐☐
livingroom [líviŋrùːm]	몡 거실	☐☐☐
logic [lɑ́dʒik]	몡 논리	☐☐☐
long [lɔːŋ]	뎽 1. 긴 2. 오랜	☐☐☐
luck [lʌk]	몡 행운, 운	☐☐☐

M

magic [mǽdʒik]	몡 마법, 마술	☐☐☐
magical [mǽdʒikəl]	뎽 마술적인, 신기한	☐☐☐
mail [meil]	몡 우편, 우편물	☐☐☐
make [meik]	동 만들다	☐☐☐
mall [mɔ́ːl]	몡 쇼핑몰, 쇼핑센터	☐☐☐
manager [mǽnidʒər]	몡 관리자, 매니저	☐☐☐
many [méni]	뎽 많은, 다수의	☐☐☐
mathematics [mæθəmǽtiks]	몡 수학	☐☐☐
may [mei]	조 1. ~일지도[할지도] 모르다 2. ~해도 좋다	☐☐☐
maze [meiz]	몡 미로	☐☐☐
might [mait]	조 ~할지도[했을지도] 모르다	☐☐☐

moon [muːn]	명 달	☐☐☐
morning [mɔ́ːrniŋ]	명 아침	☐☐☐
moth [mɔːθ]	명 나방	☐☐☐
mouth [mauθ]	명 입	☐☐☐
movie [múːvi]	명 영화	☐☐☐
much [mʌtʃ]	형 많은, 다량의	☐☐☐
music [mjúːzik]	명 음악	☐☐☐
must [məst]	조 1. ~해야 하다 2. ~임에 틀림없다	☐☐☐

N

name [neim]	명 이름	☐☐☐
new [njuː]	형 새, 새로운	☐☐☐
newspaper [njúːzpèipər]	명 신문	☐☐☐
next [nekst]	형 다음의	☐☐☐
nice [nais]	형 좋은, 괜찮은, 훌륭한	☐☐☐
night [nait]	명 밤, 야간	☐☐☐
nonsense [nánsens]	명 터무니없는 생각[말]	☐☐☐
nose [nouz]	명 코	☐☐☐
now [nau]	부 지금, 이제	☐☐☐

O

old [ould]	형 1. 나이가 ~인 2. 늙은 3. 낡은, 오래된	☐☐☐
online [ónlain]	형 온라인의	☐☐☐
other [ʌ́ðər]	형 다른 대 다른 사람, 다른 것	☐☐☐

P

pad [pæd]	명 패드, 보호대	☐☐☐
pancake [pǽnkeik]	명 팬케이크	☐☐☐
peace [piːs]	명 평화	☐☐☐
peaceful [píːsfəl]	형 평화적인, 평화로운	☐☐☐
pear [pɛər]	명 배	☐☐☐
pencil [pénsəl]	명 연필	☐☐☐
penguin [péŋgwin]	명 펭귄	☐☐☐
poet [póuit]	명 시인	☐☐☐
police [pəlíːs]	명 경찰	☐☐☐
potato [pətéitou]	명 감자	☐☐☐

power [páuər]	몡 힘, 세력	☐☐☐
punch [pʌntʃ]	통 주먹으로 치다 몡 펀치	☐☐☐
puppy [pápi]	몡 강아지	☐☐☐
purple [pə́:rpl]	혱 자주색의	☐☐☐
put [put]	통 놓다, 두다	☐☐☐

Q

queen [kwi:n]	몡 여왕	☐☐☐

R

rabbit [rǽbit]	몡 토끼	☐☐☐
rain [rein]	몡 비 통 비가 오다	☐☐☐
rat [ræt]	몡 쥐	☐☐☐
reporter [ripɔ́:rtər]	몡 기자, 리포터	☐☐☐
restroom [réstrù:m]	몡 화장실	☐☐☐
rice [rais]	몡 1. 쌀, 벼 2. 밥	☐☐☐
roof [ru:f]	몡 지붕	☐☐☐
room [ru:m]	몡 1. 방, -실 2. 공간	☐☐☐
run [rʌn]	통 달리다, 뛰다	☐☐☐

S

sad [sæd]	혱 슬픈	☐☐☐
sailor [séilər]	몡 선원, 뱃사람	☐☐☐
sausage [sɔ́:sidʒ]	몡 소시지	☐☐☐
say [sei]	통 말하다	☐☐☐
scary [skɛ́:ri]	혱 무서운, 겁나는	☐☐☐
scenery [sí:nəri]	몡 경치, 풍경	☐☐☐
school [sku:l]	몡 학교	☐☐☐
seafood [sí:fù:d]	몡 해산물	☐☐☐
see [si:]	통 1. 보다 2. 만나다	☐☐☐
seller [sélər]	몡 파는 사람, 판매자	☐☐☐
service [sə́:rvis]	몡 봉사, 수고, 공공사업	☐☐☐
shiny [ʃáini]	혱 빛나는	☐☐☐
shock [ʃɑk]	몡 충격 통 충격을 주다	☐☐☐
shoe [ʃu:]	몡 신, 신발 한 짝	☐☐☐
sick [sik]	혱 아픈, 병든	☐☐☐
sister [sístər]	몡 언니, 누나, 여동생, 자매	☐☐☐

skirt [skəːrt]	명 치마	☐☐☐
slogan [slóugən]	명 구호, 슬로건	☐☐☐
small [smɔːl]	형 작은	☐☐☐
sneakers [sníːkərz]	명 스니커즈 운동화	☐☐☐
snow [snou]	명 눈 동 눈이 오다	☐☐☐
so [souː]	부 그렇게, 너무	☐☐☐
social [sóuʃəl]	형 사회의, 사회적인	☐☐☐
song [sɔːŋ]	명 노래	☐☐☐
spice [spais]	명 양념, 향신료	☐☐☐
stomachache [stʌ́məkeik]	명 복통, 위통	☐☐☐
story [stɔ́ːri]	명 이야기	☐☐☐
strawberry [strɔ́ːbèri]	명 딸기	☐☐☐
student [stjúːdənt]	명 학생	☐☐☐
study [stʌ́di]	명 공부, 연구 동 공부하다	☐☐☐
sugar [ʃúgər]	명 설탕	☐☐☐
suitcase [súːtkèis]	명 여행 가방	☐☐☐
supper [sʌ́pər]	명 저녁 식사	☐☐☐
swimming [swímiŋ]	명 수영	☐☐☐
syrup [sírəp]	명 시럽	☐☐☐

T

table [téibl]	명 식탁, 테이블, 탁자	☐☐☐
take [teik]	동 1. 가지고 가다 2. (손 등으로) 잡다 3. (교통수단을) 타다	☐☐☐
talk [tɔːk]	동 말하다, 이야기하다 명 이야기	☐☐☐
talkative [tɔ́ːkətiv]	형 수다스러운	☐☐☐
teen [tiːn]	형 십대의	☐☐☐
teenager [tíːnèidʒər]	명 십대	☐☐☐
telephone [téləfòun]	명 전화기	☐☐☐
tell [tel]	동 말하다, 알리다	☐☐☐
than [ðǽn]	전 접 ~보다	☐☐☐
then [ðen]	부 1. 그때 2. 그 다음에	☐☐☐
there [ðɛ́ər]	부 거기에, 그곳에	☐☐☐
thing [θiŋ]	명 것, 물건, 사물	☐☐☐
think [θiŋk]	동 생각하다	☐☐☐

this [ðis]	형 이, 이런 대 이것	☐☐☐
time [taim]	명 시간	☐☐☐
today [tədéi]	명 오늘 부 오늘날에	☐☐☐
too [tu:]	부 1. 너무 ~한 2. 또한	☐☐☐
traditional [trədíʃənəl]	형 전통의	☐☐☐
truth [tru:θ]	명 사실, 진실	☐☐☐
try [trai]	동 1. 노력하다, 애쓰다 2. 시도해 보다	☐☐☐
turtle [tə́:rtl]	명 거북	☐☐☐
twice [twais]	부 1. 두 번 2. 두 배로	☐☐☐

U

use [ju:z]	동 쓰다, 사용하다 명 사용	☐☐☐
usually [jú:ʒuəli]	부 대개, 평소에	☐☐☐

V

very [véri]	부 매우, 아주	☐☐☐
voyage [vɔ́iidʒ]	명 여행, 항해	☐☐☐

W

walk [wɔ:k]	동 걷다 명 걷기, 산책	☐☐☐
wall [wɔ:l]	명 벽, 담	☐☐☐
war [wɔ:r]	명 전쟁	☐☐☐
watch [watʃ]	동 보다, 지켜보다	☐☐☐
weight [weit]	명 무게, 체중	☐☐☐
well [wel]	부 잘, 좋게 형 좋은 감 글쎄 명 우물, 샘	☐☐☐
will [wíl]	조 ~할 것이다 명 의지, 유언	☐☐☐
window [wíndou]	명 창문	☐☐☐
without [wiðáut]	전 ~없이	☐☐☐
woman [wúmən]	명 여자, 여성	☐☐☐
wonderful [wʌ́ndərfəl]	형 아주 멋진, 훌륭한	☐☐☐

Y

year [jiər]	명 1. 해, 년 2. 연도 3. 나이, 연령	☐☐☐
yellow [jélou]	형 노란 명 노란색	☐☐☐

Z

| zebra [zí:brə] | 명 얼룩말 | ☐☐☐ |

About Me

Picture[+]
Dictionary

Unit 01

tall

Unit 02

surprise

Unit 02

cry

Unit 03

breath

Unit 03

listen

Unit 03

smell

Unit 04

hurry

Unit 04

asleep

Unit 05

hide

Unit 05

jump

Unit 01 외모

발음 익히기

셀프 스터디

리스닝 훈련

외모와 이미지

암기 Tip

0001
appearance
[əpíərəns]

명 1. 외모 2. 출현

Stylish people take time for their **appearance**.
스타일이 좋은 사람들은 **외모**에 시간을 들인다.

The **appearance** of flowers means spring.
꽃이 **모습을 드러내면** 봄이 왔다는 뜻이다.

어원 ▶ appear(보이다, 나타나다)에 -ance가 붙은 말로 '보이는 상태' 즉, '외모' 혹은 '출현'을 뜻해요.

0002 + +
image
[ímidʒ]

명 이미지, 인상

Your online **image** is becoming important.
당신이 온라인상에서 주는 **이미지**가 중요해지고 있다.

이미지는 쉽게 말해 '마음속에 그린 그림'으로 정의할 수 있어요. 시를 읽으면 어떤 정경이 환히 보이는 듯한데, 이것이 곧 이미지예요.

0003 +
alike
[əláik]

형 (아주) 비슷한

They are **alike** in their appearance.
그들은 외모가 **비슷하다**.

like에 원래 '~와 같이, ~와 유사한'이란 의미가 있어요.

외모에 대한 묘사

암기 Tip

0004 +
charm
[tʃɑːrm]

명 1. 매력 2. 부적
동 매혹하다 (= attract)

The woman's **charm** attracted the man.
그녀의 **매력**이 그 남자를 매혹시켰다.

She **charms** everyone with her warm smile. 그녀는 따뜻한 미소로 모든 사람을 **매혹한다**.

lucky charm? '행운의 매력'? 이때 charm은 '매력'이 아니라 '부적'이라는 뜻으로 쓰여요. 여러분의 lucky charm(행운의 부적)은 무엇인가요?

0005 +
lovely
[lʌ́vli]

형 사랑스러운

My baby sister is so **lovely**.
내 어린 여동생은 정말 **사랑스럽다**.

어원 ▶ love(사랑하다)와 -ly가 합쳐져 '사랑스러운'이라는 뜻이 되네요. 단어 속의 love를 보면 단어 뜻을 쉽게 추측할 수 있죠?

0006 ++
beauty
[bjúːti]

명 1. 아름다움 2. 미인

People see **beauty** in paintings.
사람들은 그림에서 **아름다움**을 보게 된다.

The lady was a **beauty** when she was
young. 저 여성은 젊어서 **미인**이었다.

beautiful[bjúːtəfəl] **형** 아름다운

영화 「미녀와 야수」를 *Beauty and
the Beast*라고 한답니다.

0007 ++
pretty
[príti]

형 예쁜 **부** 매우, 꽤

Claire never smiles, but she is still **pretty**.
클레어는 결코 웃는 일이 없지만 그래도 **예쁘다**.

It's **pretty** cold outside. 바깥은 **꽤** 춥다.

뉘앙스 특히 여자 아이나 여성이 예쁘
다는 것을 표현해요.

0008 ++
cute
[kjuːt]

형 귀여운

Babies are **cute** even when they are
crying. 아기들은 울고 있을 때도 **귀엽다**.

0009 ++
handsome
[hǽnsəm]
철자주의

형 잘생긴

Not every girl likes **handsome** boys.
모든 소녀가 **잘생긴** 소년을 좋아하는 것은 아니다.

뉘앙스 여성보다는 주로 남성에 대해
서 handsome하다고 표현해요.

0010 +
plain
[plein]

형 1. 꾸미지 않은 2. 쉬운 3. 못생긴

Her room was **plain**. 그녀의 방은 **꾸밈이 없었다**.
Explain it in **plain** English. **쉬운** 영어로 설명해라.
She felt **plain** next to her beautiful sister.
그녀는 아름다운 여동생 옆에서 **못생겼다고** 느꼈다.

슈퍼마켓에 가면 플레인 요구르트
(plain yogurt)가 있죠? 과일이나 잼
등이 들어가지 않고 순전히 요구르트만
담은 것을 말해요.

0011 ++
ugly
[ʌ́gli]

형 못생긴, 미운

The **ugly** duckling grew into a swan.
미운 오리 새끼는 백조가 되었다.

외모뿐 아니라 어떤 사건이나 상황 등
이 험악할 때도 ugly를 써요.

0012 +
blond(e)
[bland]

형 금발의

She tied her **blonde** hair back today.
그녀는 오늘 **금발** 머리를 묶었다.

He has **blond** hair and big brown eyes.
그는 **금발** 머리와 큰 갈색 눈을 가지고 있다.

여성의 금발은 blonde, 남성의 금발은 blond로 표현해요.

0013 +
curly
[kə́ːrli]

형 곱슬곱슬한

My brother has **curly** hair.
내 남동생은 **곱슬**머리이다.

미용실에 가서 파마를 하면 '컬(curl)'이 잘 나왔다느니, 생각보다 굵게 나왔다느니 하는 말을 하죠. 즉, '컬'이란 형태가 동그랗게 말리거나 굽어진 것을 뜻하는 말이랍니다.

0014 +
beard
[biərd]

명 턱수염

Santa Claus has a white **beard**.
산타클로스는 하얀 **턱수염**이 있다.

0015 +
spot
[spat]

명 1. (피부의) 점, 반점 2. 장소

Jupiter's Great Red **Spot** is really a storm.
목성의 거대한 붉은 **점**은 실제로 폭풍이다.

Meet me at that **spot** at 4:00.
그 **장소**에서 4시에 만나자.

동물에게 있는 얼룩무늬도 spot이라고 한답니다.

0016
overweight
[òuvərwéit]

형 과체중의

If you never exercise, you'll become
overweight. 운동을 전혀 안 하면 **과체중**이 될 것이다.

과체중은 체중이 표준체중의 10~20% 범위를 넘어선 상태를 의미해요.

0017 + +
tall
[tɔːl]

형 1. 키가 큰 2. 높은

Mr. Knight is a **tall** man with blond hair.
나이트 씨는 금발의 **키가 큰** 남성입니다.

There is a **tall** building near my school.
우리 학교 근처에 **높은** 건물이 하나 있다.

가장 키가 큰 동물을 생각하면 기린이 떠오르죠? 기린의 키는 평균적으로 4m나 된다고 하네요.

0018 ++
fat
[fæt]

형 뚱뚱한

I look **fat** in photos.
나는 사진을 찍으면 **뚱뚱하게** 나온다.

0019 +
thin
[θin]

형 1. 마른, 여윈 2. 얇은

That man is really tall and **thin**.
저 남자는 정말 키가 크고 **말랐다**.

Italian pizza is usually **thin**.
이탈리아 피자는 대체로 **얇다**.

0020 +
slim
[slim]

형 날씬한

Drinking water helps you stay **slim**.
물을 마시는 것은 **날씬함**을 유지하는 데 도움이 된다.

뉘앙스 ▶ 보기 좋게 날씬한 것을 의미해요. 비쩍 깡마른 것은 skinny라고 한답니다. 다리에 바짝 달라붙는 청바지를 '스키니 진(skinny jeans)'이라고 부르지요.

0021 ++
strong
[strɔ(ː)ŋ]

형 강한, 힘센

A **strong** man helped me move the box.
힘센 남자가 내가 상자를 옮기는 걸 도와주었다.

0022 +
weak
[wiːk]

형 약한

Joseph was born with **weak** lungs.
조셉은 **약한** 폐를 가지고 태어났다.

0023
pale
[peil]

형 창백한

Jessica looks too **pale** today.
제시카는 오늘 너무 **창백해** 보인다.

몸이 아프거나 겁에 질리면 얼굴색이 옅어지면서 창백해지죠? 그런 상태를 가리키는 단어입니다.

0024 ++

young

[jʌŋ]

형 젊은, 어린

You look **young** with this hairstyle!
이 헤어스타일을 하니 **어려** 보여!

0025

scent

[sent]
철자주의

명 향기, 냄새

I love the **scent** of cherry blossoms in
spring. 나는 봄에 나는 벚꽃 **향기**를 아주 좋아한다.

사람이나 동물이 지나간 뒤에 남기는
냄새나 흔적, 자취 등을 말하기도 해요.

 Apply, **C**heck & **E**xercise

A   영어는 우리말로, 우리말은 영어로 쓰세요.

1	image		2	lovely
3	alike		4	charm
5	beauty		6	pretty
7	ugly		8	blond(e)
9	spot		10	fat
11	strong		12	tall
13	young		14	외모, 출현
15	날씬한		16	귀여운
17	잘생긴		18	꾸미지 않은
19	곱슬곱슬한		20	턱수염
21	과체중의		22	마른, 얇은
23	약한		24	창백한
25	향기, 냄새			

34 **Part 1** About Me

B 다음 빈칸에 알맞은 단어를 쓰세요.

1 appear : appearance   = 나타나다 : _____

2 love : _____   = 사랑하다 : 사랑스러운

3 overweight : _____ = 과체중의 : 날씬한

4 beautiful : _____ = 아름다운 : 아름다움, 미인

5 pretty : _____   = 예쁜 : 못생긴

6 fat : thin   = 뚱뚱한 : _____

7 strong : _____   = 강한 : 약한

8 short : _____   = 키가 작은 : 키가 큰

9 old : _____   = 나이 든 : 젊은

10 straight : curly   = 똑바른, 곧은 : _____

C 다음 중 단어의 영영 풀이가 <u>잘못된</u> 것을 <u>있는 대로</u> 고르세요.

① overweight: weighing too much

② beard: hair growing above the mouth

③ blond: having a yellow or light brown color

④ pale: having dark skin

⑤ scent: a smell, especially a pleasant one

D 배운 단어를 이용하여 빈칸에 알맞은 말을 넣으세요.

1 두 그림은 상당히 비슷하다. → The two pictures are much _____.

2 제인은 정말 사랑스러운 사람이다. → Jane is such a _____ person.

3 그녀의 드레스는 꾸밈이 없고 단순했다. → Her dress was _____ and simple.

4 그 고양이는 가슴에 흰 점이 있는 검은고양이이다.

   → The cat is black with a white _____ on its chest.

5 그는 키가 크고 잘생겼다. → He is tall and _____.

6 그는 훌륭한 지도자로서의 이미지를 활용하기 시작했다.

   → He began to use his _____ as a good leader.

Unit 02 감정

발음 익히기

셀프 스터디

리스닝 훈련

암기 Tip

0026 +
emotion
[imóuʃən]

명 (희로애락의) **감정, 정서**

She doesn't show her **emotions**.
그녀는 자신의 **감정**을 드러내지 않는다.

emotional [imóuʃənəl] 형 정서의, 감정의

우리가 자주 쓰는 이모티콘은 '감정'을 뜻하는 'emotion'과 '기호'를 뜻하는 'icon'이 합쳐진 말이랍니다.

+기쁨=(^_^)

기쁨과 슬픔

암기 Tip

0027 + +
glad
[glæd]

형 **기쁜** (= happy)

Keira is **glad** to hear the good news.
키이라는 좋은 소식을 듣고 **기뻐하고** 있다.

어법 glad는 주로 be glad to+동사
(~해서 기쁘다)의 어구로 잘 쓰여요.

0028 + +
joy
[dʒɔi]

명 **기쁨, 즐거움**

After pain comes **joy**.
고생 끝에 **낙**이 온다.

0029 +
happiness
[hǽpinis]

명 **행복**

Happiness comes from the inside.
행복은 마음에서부터 나온다.

어원 happy + (i)ness가 합쳐져서 '행복'이라는 명사가 되었어요.

0030 +
funny
[fʌ́ni]

형 **재미있는, 웃기는**

You make me laugh. You are so **funny**.
너는 나를 웃게 해. 너는 정말 **재미있어**.

뉘앙스 funny는 사람, 농담, 이야기, 상황 외에도 사람을 웃게 만드는 어느 것에 관해서나 쓸 수 있어요.

0031 +
laugh
[læf]
발음주의, 철자주의

동 (소리 내어) **웃다**

Live well, **laugh** often, love much.
잘 살고, 자주 **웃고**, 많이 사랑하라.

laughter [lǽftər] 명 웃음

laugh는 소리 내어 웃는 것을 의미해요.

0032 ++
smile
[smail]

동 미소 짓다　명 웃음, 미소

Jane **smiled** at me. 제인은 나를 보고 **미소 지었다**.

She always has a gentle **smile**.
그녀는 언제나 온화한 **미소**를 띠고 있다.

smile은 laugh와는 다르게 소리를 내지 않고 미소 짓는 웃음을 말해요.

0033 +
surprise
[sərpráiz]

동 놀라게 하다　명 놀라운 일

She bought her dad a Christmas gift and **surprised** him.
그녀는 아빠에게 크리스마스 선물을 사주어 **놀라게 했다**.

The decision was a **surprise** to us.
그 결정은 우리에게 **놀라운 일**이었다.

surprised [sərpráizd] 형 놀란, 놀라는

'신비한 TV 서프라이즈'는 매주 놀라운 정보와 재미를 주는 장수 프로그램이죠. surprise는 주로 예상 밖의 일, 이해할 수 없는 일로 놀라게 하는 것을 의미해요.

0034 +
blue
[blu:]

형 1. 파란, 푸른　2. 우울한
명 파란색

The **blue** scarf looks better on her.
그녀에게 그 **파란** 스카프가 더 잘 어울린다.

I feel **blue** when it rains. 나는 비가 오면 **우울하다**.

빨간색이 '열정'을 나타내듯이, 파란색(blue)은 '우울한' 감정을 나타내요. 색은 다양한 느낌과 감정을 전달할 수 있죠.

0035 ++
cry
[krai]

동 1. 울다　2. 외치다

Babies **cry** when they are hungry.
아기들은 배가 고프면 **운다**.

I heard her **crying** for help.
나는 그녀가 도와 달라고 **외치는** 소리를 들었다.

슬프거나 아파서 눈물을 흘리는 것을 나타내는 가장 일반적인 단어예요.

분노와 두려움

0036 ++
angry
[ǽŋgri]

형 화난, 성난

I was **angry** because my sister wore my clothes. 여동생이 내 옷을 입어서 나는 **화가 났다**.

anger [ǽŋgər] 명 화, 분노

Angry Birds라는 게임은 알을 훔쳐간 돼지들 때문에 화난(angry)새들이 새총으로 날아가 돼지들을 물리치는 게임이에요.

0037 ++
mad
[mæd]

⬡ 1. 미친, 정신 나간 2. 몹시 화가 난

The **mad** scientist tried to create a monster. 그 **미친** 과학자는 괴물을 만들려고 했다.

The actor looked **mad** during the meeting. 그 배우는 회의 중에 **몹시 화가 나** 보였다.

mad는 '**화난**'의 의미로도 정말 많이 사용된답니다. 우리도 화가 나면 '**미치 겠다**'라고 하는 것처럼 말이죠.

0038 +
upset
[ʌpsét]

⬡ 화가 난 ⬡ 속상하게 하다

Terry is **upset** because Jane lost his tablet. 테리는 제인이 자신의 태블릿 PC를 잃어버려 **화가 나** 있다.

My low test score **upset** my parents. 저조한 내 시험 점수에 부모님이 **속상해 하셨다**.

어원▶ upset은 원래 '뒤엎다, 뒤집다'의 의미인데, '속상하게 하다'란 의미로 발전되었어요. 우리도 속상하거나 화가 날 때 '속이 뒤집어진다'라고 하는 것처럼 말이죠.

0039 +
fear
[fiər]

⬡ 공포, 무서움

She couldn't move because of **fear**. 그녀는 **무서워서** 움직일 수가 없었다.

fearful[fíərfəl] ⬡ 두려워하는

0040 ++
afraid
[əfréid]

⬡ 두려워하는, 염려하는

Kids are **afraid** of the dark. 아이들은 어둠을 **두려워한다**.

뉘앙스▶ 어떤 좋지 않은 일이 일어날까 봐 두려워하거나 걱정하는 것을 말해요.

그 외 긍정적 감정

암기 Tip

0041 +
proud
[praud]

⬡ 자랑스러운

Happy people are **proud** of themselves. 행복한 사람들은 자기 자신을 **자랑스러워한다**.

각종 국제 스포츠에서 태극마크를 달고 선전하는 우리 선수들, 정말 자랑스럽죠? 이 proud는 pride(자존심, 자긍심)에서 나온 말이랍니다.

0042
respect
[rispékt]

⬡ 존경하다 ⬡ 존경, 존중 (↔ disrespect 무례)

I **respect** my grandfather. 나는 우리 할아버지를 **존경해**.

You get **respect** by giving **respect**. **존중**해야 **존중**을 받을 수 있다.

어원▶ re- (다시) + -spect (보다) → respect(존경하다)

0043 ++

thank
[θæŋk]

(동) 감사하다

Thank you for the lovely gift.
멋진 선물 **감사합니다**.

thankful[θǽŋkfəl] (형) 감사하는

어원 ▶ thank(감사하다)와 think(생각하다)는 어원이 같아요. 즉, 다른 이를 '생각하다, 마음을 쓰다'는 옛 의미가 '감사하다'란 의미로 발전된 것이에요.

그 외 부정적 감정

암기 Tip

0044 ++

hate
[heit]

(동) 싫어하다, 미워하다

Every student **hates** exams.
모든 학생들이 시험을 **싫어한다**.

hate는 무엇을 싫어한다는 뜻과 함께 사람을 미워하고 증오한다는 의미도 있어요.

0045 +

lonely
[lóunli]

(형) 외로운

I feel **lonely** when I am home alone.
나는 집에 혼자 있으면 **외로워**.

어원 ▶ lone은 사람이나 사물이 하나뿐임을 나타내요. lone + ly가 되어 '외로운'이라는 뜻이 되네요.

0046

nervous
[nə́:rvəs]

(형) 불안해하는, 초조한

Ed felt **nervous** before giving his speech.
에드는 연설하기 전에 **초조해졌다**.

흔히, 시험이나 중요한 면접 등을 코앞에 두고 있을 때도 이런 상태가 되지요.

0047 ++

worry
[wə́:ri]

(동) 걱정하다, 걱정하게 만들다

Don't **worry** about the future.
미래를 **걱정하지** 마세요.

worried[wə́:rid] (형) 걱정하는

미국의 모 대통령의 선거 운동에서 로고송으로 쓰였을 정도로 유명한 문구죠. Don't worry, Be happy. 걱정하지 말고 행복하세요.

0048 +

serious
[sí(:)əriəs]

(형) 1. 진지한 2. 심각한, 나쁜

Daniel is funny even when he is **serious**.
다니엘은 **진지할** 때도 웃기다.

It's not good to laugh in a **serious** situation. **심각한** 상황에서 웃는 것은 좋지 않다.

1. 농담이 아닌 것. 2. 걱정을 하게 만들 정도로 나쁘거나 위험함을 의미해요.

0049 + +

sorry

[sɔ́(ː)ri]

형 **1. 미안한 2. 유감스러운**

I am **sorry** to text you so late.
문자를 너무 늦게 보내서 **미안해.**

I am **sorry** to say that I can't help you.
너를 도와줄 수 없어 **유감이야.**

어원 ▶ 원래 '아픈, 고통스러운'을 의미하는 sore에서 나온 말이에요. 옛날에는 '마음이 아픈' 것을 뜻했는데 '미안한'의 의미로 발전했답니다.

0050 +

excuse

동사 [ikskjúːz]
명사 [ikskjúːs]

동 **용서하다** 명 **변명**

Excuse me for the late reply.
답장이 늦어져서 **죄송합니다.**

I'm tired of his **excuses.**
나는 그의 **변명**에 질려버렸다.

주변 사람에게 도움을 구하는 등의 양해를 구해야 하는 상황에서 Excuse me를 사용하죠. 직역하면, '나를 용서해주세요', 즉 '죄송합니다, 실례합니다'라는 뜻이 되네요.

 # Apply, Check & Exercise

Answer Key p.316

A 영어는 우리말로, 우리말은 영어로 쓰세요.

1	glad	2	joy
3	smile	4	cry
5	angry	6	mad
7	upset	8	fear
9	afraid	10	thank
11	hate	12	sorry
13	blue	14	감정, 정서
15	행복	16	재미있는, 웃기는
17	(소리 내어) 웃다	18	놀라게 하다
19	자랑스러운	20	존경하다
21	외로운	22	초조한
23	걱정하다	24	진지한, 심각한
25	용서하다, 변명		

다음 빈칸에 알맞은 단어를 쓰세요.

1   happy : happiness   = 행복한 : _____

2   cry : _____   = 울다 : (소리 내어) 웃다

3   glad : _____   = 기쁜 : 우울한

4   angry : anger   = 화난 : _____

5   fear : fearful   = 공포 : _____

6   pride : _____   = 자긍심 : 자랑스러운

7   respect : _____   = 존경 : 무례

8   thank : _____   = 감사하다 : 감사하는

9   like : _____   = 좋아하다 : 싫어하다

10 surprise : _____   = 놀라게 하다 : 놀란, 놀라는

C   다음 중 단어의 영영 풀이가 <u>잘못된</u> 것을 <u>있는 대로</u> 고르세요.

① emotion: a strong feeling

② joy: a feeling of great happiness

③ serious: not important or dangerous

④ mad: very angry

⑤ nervous: showing feelings of being surprised

D   배운 단어를 이용하여 빈칸에 알맞은 말을 넣으세요.

1   뭐가 그렇게 웃기니? → What's so _____?

2   제인은 나를 보더니 소리 내어 웃었다. → Jane looked at me and _____.

3   마리아는 아들 때문에 매우 속상해했다. → Maria was so _____ with her son.

4   그 아이는 개를 두려워한다. → The child is _____ of dogs.

5   그녀는 아이들과 떨어져 있어서 외로웠다.

    → She was _____ without her children.

6   실례지만, 이 자리가 비었나요? → _____ me, is this seat free?

Unit 03 신체 부위와 감각

발음 익히기

셀프 스터디   리스닝 훈련

신체 부위

암기 Tip

0051 ++

skin

[skin]

명 피부

Skin covers our whole body.
피부는 우리 몸 전체를 덮고 있다.

세안 후 피부(skin)에 바르는 화장품을 '스킨(skin)'이라고도 하죠? 하지만 '스킨'의 올바른 영어 표현은 토너(toner)랍니다.

0052 +

shoulder

[ʃóuldər]

명 어깨

He has wide **shoulders**.
그는 넓은 어깨를 가지고 있다.

숄더백(shoulder bag)은 끈을 어깨에 메는 가방을 말해요.

0053 ++

head

[hed]

명 머리, 고개 동 향하다

I lifted my **head** up high. 나는 고개를 높이 들었다.
Where are you **heading**?
너 어디에 가는 중이니?

헤드폰(headphones)은 머리에 써서 듣는 것이죠.

0054 ++

face

[feis]

명 얼굴 동 마주 보다

She has a round **face**. 그녀는 얼굴이 둥글다.
He turned and **faced** the teacher.
그는 돌아서서 선생님을 마주 보았다.

유명 SNS인 페이스북(Facebook)에서는 수많은 이용자(얼굴)들이 모여 관심사와 정보를 교환하고, 다양한 자료를 공유할 수 있지요.

0055 ++

lip

[lip]

명 (위 또는 아래의) 입술

She is putting **lip** balm on her **lips**.
그녀는 입술에 립밤을 바르고 있다.

입술에 바르는 스틱 모양의 화장품을 lipstick이라고 하죠.

0056 ++

tooth

[tu:θ]

복수형 teeth

명 이, 치아

Brush your **teeth** every morning and night.
이를 매일 아침저녁으로 닦아라.

다른 치아에 비해 훨씬 늦게 나는 사랑니는 영어로 a wisdom tooth라고 해요.

0057 ++

hair
[hɛər]

명 1. 머리카락 2. 털
She has long **hair**. 그녀는 머리가 길다.
He found a cat **hair** in his food.
그는 음식에서 고양이**털**을 발견했다.

미용실을 헤어숍(hair shop), 헤어살롱 (hair salon) 등으로도 표현하지요.

0058 ++

neck
[nek]

명 목
The bird has a thin **neck**.
그 새는 **목**이 가늘다.

어원 necklace 는 neck(목) + lace(끈)이므로 목걸이를 말해요.

0059 ++

arm
[ɑːrm]

명 팔
I fell and broke my left **arm**.
나는 넘어져서 왼**팔**이 부러졌다.

0060 ++

hand
[hænd]

명 손 **동** 건네주다
Wash your **hands** with soap.
비누로 **손**을 씻으세요.

She **handed** me a note.
그녀가 나에게 메모 하나를 **건네주었다**.

손에 쏙 들어오는 전화기, '핸드폰'은 사실 콩글리시랍니다. 바른 영어 표현은 cell phone, cellular phone, mobile phone이에요.

0061 ++

finger
[fíŋgər]

명 손가락
She is wearing a ring on her **finger**.
그녀는 **손가락**에 반지를 끼고 있다.

엄지손가락을 포함할 때도 있고 포함하지 않을 때도 있어요. 엄지손가락은 특별히 thumb이라고 해요.

0062 ++

nail
[neil]

명 1. 손톱, 발톱 2. 못 **동** 못으로 고정하다
You should not bite your **nails**.
손톱을 물어뜯으면 안 된다.

My father is hammering a **nail**.
아빠는 **못**에 망치질을 하고 계신다.

I **nailed** the picture to the wall.
나는 **못으로** 그림을 벽에 **고정했다**.

손톱에 그림을 그리거나 스티커, 보석을 붙여 예쁘게 꾸미는 것을 네일아트 (nail art)라고 하지요.

0063 ++

leg

[leg]

명 다리

Runners need strong **legs**.
주자들은 강한 **다리**를 필요로 한다.

대개 엉덩이부터 발목까지를 나타내는데, 때에 따라서는 발(foot)까지 포함할 때도 있어요.

신체 기관 등

암기 Tip

0064 ++

heart

[hɑːrt]

명 심장

The child has a weak **heart**.
그 아이는 **심장**이 약하다.

사람을 표현할 때 하트(♡)를 쓰는 까닭은 사람의 심장(heart) 모양이 하트 모양과 비슷하기 때문이에요.

0065 ++

brain

[brein]

명 1. 뇌 2. 지능

Your body is controlled by your **brain**.
몸은 **뇌**의 제어를 받는다.

He has a good **brain**. 그는 **지능**이 좋다.

0066 ++

blood

[blʌd]
발음주의

명 피, 혈액

Blood flows around inside your body.
혈액은 당신의 몸 안에서 흐른다.

혈액형은 blood type이라고 해요. -oo-의 발음에 주의하세요.

0067 ++

bone

[boun]

명 뼈

There are 206 **bones** inside your body.
우리 몸에는 206개의 **뼈**가 있다.

뼈는 우리 몸을 지탱하고, 뇌, 심장, 폐 등 몸속의 내부 기관을 보호하는 역할을 하는 단단한 물질이에요.

0068 +

breathe

[briːð]
발음주의

동 숨 쉬다, 호흡하다

The man **breathed** deeply.
남자가 **숨**을 깊게 들이쉬었다.

breath[breθ] 명 숨, 호흡

breathe와 breath는 알파벳 e하나 차이로 동사와 명사로 구분됩니다.

0069 ++
hear
[hiər]
heard-heard

동 **들리다, 듣다**

Do you **hear** the sounds of the radio?
라디오에서 나오는 소리가 **들리니**?

hearing [híːriŋ] 명 청력, 청각

뉘앙스 hear와 listen은 모두 '듣다'라는 뜻이죠. hear은 대개 집중하지 않아도 자연스럽게 들리는 소리를 듣는 것을 말해요. listen은 집중해서 소리를 듣고 이해할 때 사용하죠. 약간의 차이가 있답니다.

0070 ++
listen
[lísn]

동 (귀 기울여) **듣다**

Sorry, I wasn't really **listening**.
미안, 내가 제대로 **귀 기울여 듣지를** 않았어.

영어 시험 중 듣기 시험은 집중해서 소리를 듣는 것이기 때문에 리스닝 테스트(listening test)라고 해요.

0071 ++
sound
[saund]

명 (귀에 들리는) **소리**
동 **~인 것 같다, ~처럼 들리다**

Light travels faster than **sound**.
빛이 **소리**보다 빠르다.

Your idea **sounds** fun!
네 아이디어가 재미있을 **것 같아**!

컴퓨터 화면에서 볼 수 있는 사운드 아이콘이네요. 소리의 볼륨을 조절하거나 음 소거를 할 때 사용하죠.

0072 ++
voice
[vɔis]

명 **목소리**

He has a clear **voice**.
그는 맑은 **목소리**를 갖고 있다.

보이스 피싱 범죄는 전화를 통하여 신용카드 번호 등의 개인정보를 알아낸 뒤 이를 범죄에 이용하는 전화금융사기 수법을 말해요. 목소리로 범죄를 저지르는 것이지요.

0073 ++
smell
[smel]
smelled[smelt]-
smelled[smelt]

동 1. **냄새를 맡다** 2. **~한 냄새가 나다**
명 **냄새**

The soup **smells** really good.
그 수프는 정말 좋은 **냄새가 난다**.

스멀~스멀~ 풍겨오는 냄새를 떠올려 보세요.

touch

[tʌtʃ]

동 1. 만지다 2. 감동시키다

Please don't **touch** me! 제발 저를 만지지 마세요!

This song really **touches** my heart.

이 노래는 정말로 내 마음을 **감동시킨다**.

마음을 **만져서** 움직이면 '**감동시키다**'
라는 의미가 되겠죠?

0075 ++

taste

[teist]

명 맛 동 맛이 나다

I don't like the **taste** of olives.

나는 올리브 **맛**을 좋아하지 않는다.

Fat-free milk **tastes** bad. 무지방 우유는 **맛이** 없다.

tasty [téisti] 형 맛있는

커피브랜드 중에 Tasters' Choice라고
있지요? 맛 감별사들이 선택한, 맛좋
은 커피라는 뜻이에요.

 # Apply, Check & Exercise

Answer Key p.316

A 영어는 우리말로, 우리말은 영어로 쓰세요.

1	nail	_____	2	skin	_____
3	lip	_____	4	hair	_____
5	hand	_____	6	leg	_____
7	breathe	_____	8	bone	_____
9	hear	_____	10	head	_____
11	sound	_____	12	voice	_____
13	smell	_____	14	어깨	_____
15	얼굴, 마주 보다	_____	16	치아 (한 개)	_____
17	목	_____	18	팔	_____
19	손가락	_____	20	심장	_____
21	뇌, 지능	_____	22	피, 혈액	_____
23	(귀 기울여) 듣다	_____	24	만지다, 감동시키다	_____
25	맛, 맛이 나다	_____			

B 다음 빈칸에 알맞은 단어를 쓰세요.

1 hear : _____ = 들리다 : (귀 기울여) 듣다

2 sound : _____ = (귀에 들리는) 소리 : 목소리

3 smell : _____ = 냄새 : 맛

4 blood : _____ = 피 : 뼈

5 arm : _____ = 팔 : 다리

6 head : _____ = 머리 : 얼굴

7 heart : _____ = 심장 : 뇌

8 neck : _____ = 목 : 어깨

9 hair : _____ = 머리카락 : 피부

10 hand : _____ = 손 : 손가락

C 다음 중 단어의 영영 풀이가 <u>잘못된</u> 것을 <u>있는 대로</u> 고르세요.

① face: the front part of the head

② hand: receive something from someone

③ lip: the part of the body that you hear with

④ teeth: the hard white objects inside the mouth

⑤ touch: put your hand on something

D 배운 단어를 이용하여 빈칸에 알맞은 말을 넣으세요.

1 그녀는 천천히 숨을 들이마시고 내쉰다. → She _____ in and out slowly.

2 집으로 향하자. → Let's _____ for home.

3 그는 지능이 그다지 좋은 편이 아니다. → He doesn't have much of a _____.

4 그녀의 친절이 그를 깊이 감동시켰다. → Her kindness _____ him deeply.

5 그 빵은 너무 단맛이 강하다. → The bread _____ too sweet.

Unit 04 사람의 상태

발음 익히기

셀프 스터디

리스닝 훈련

기분·태도

암기 Tip

0076 +
bore
[bɔːr]

톙 (말을 많이 해서) **지루하게 하다**

He **bored** her with stories of the army.
그는 군대 이야기로 그녀를 **지루하게 했다**.

bored [bɔːrd] 톙 지루해하는
boring [bɔ́ːriŋ] 톙 지루하게 하는, 지루한

0077
dull
[dʌl]

톙 1. **따분한, 재미없는** 2. (칼날 등이) **무딘**

The movie was very **dull**. 그 영화는 매우 **따분했다**.
A **dull** knife makes you work harder.
날이 **무딘** 칼은 더 힘을 써서 일하게 만든다.

뉘앙스 ▸ dull은 어떤 주제, 활동, 사람, 장소 등이 재미가 없음을 나타내는 부정적인 개념의 말이에요.

0078 +
comfortable
[kʌ́mfərtəbl]

톙 **편안한** (↔ uncomfortable 불편한)

His new car has **comfortable** seats.
그의 새 차는 의자가 **편안하다**.

어르신들이 흔히 신으시는 편한 신발, 일명 효도 신발을 영어로는 comfort shoes(컴포트슈즈)라고 해요. comfortable의 comfort가 '편안함'을 의미하지요.

0079 ++
crazy
[kréizi]

톙 1. **미친** (= mad) 2. **열광하는**

You would be **crazy** not to listen to him!
그의 말을 안 듣는다면 너는 **미친** 거야!

People are **crazy** about the game.
사람들이 그 게임에 **열광한다**.

열광한다는 것은 광적으로 좋아하는 것을 의미해요.

0080 ++
brave
[breiv]

톙 **용감한, 씩씩한**

The **brave** man ran to catch the thief.
용감한 남성이 도둑을 잡으려고 뛰어갔다.

0081 +
honest
[ánist]
발음주의

⃝형 정직한, 솔직한 (↔ dishonest 정직하지 못한)

Be **honest**, and keep your promises.

정직하고, 약속을 잘 지켜 주세요.

honesty[ánisti] ⃝명 정직(성), 솔직함

honest를 발음할 때 주의하세요. h는 묵음으로, 발음하지 않는답니다.

0082 ++
calm
[kɑːm]
발음주의

⃝형 차분한, 침착한

You can't always stay **calm**!

사람이 항상 **차분함**을 유지할 수는 없어!

calm이라는 단어는 down과 합쳐져서도 굉장히 많이 쓰인답니다. calm down은 '진정하다'라는 뜻으로, 누군가가 흥분했을 때 "진정해~"라는 의미로 많이 사용됩니다.

0083 ++
shy
[ʃai]

⃝형 부끄러운, 수줍은

Shy people don't talk much.

수줍음을 **타는** 사람들은 말이 별로 없다.

shyness[ʃáinis] ⃝명 수줍음, 숫기 없음

0084 ++
busy
[bízi]

⃝형 바쁜

He's **busy** with his work.

그는 일로 **바쁘다**.

0085 ++
hurry
[hə́ːri]

⃝동 서두르다 ⃝명 서두름, 급함

There is no need to **hurry**.

서두를 필요가 없다.

She is always in a **hurry**.

그녀는 항상 **서두른다**.

Hurry up!은 '서둘러'라는 뜻으로 자주 쓰이는 표현이에요.

0086 ++
lazy
[léizi]

⃝형 게으른 (↔ diligent 부지런한)

Don't be **lazy**. Do something.

게으름 부리지 마. 뭐라도 해.

laziness[léizinəs] ⃝명 게으름, 나태함

일을 하고 싶어 하지 않거나 어떤 노력도 하지 않는 것을 의미해요.

0087 + +

alone
[əlóun]

형 부 혼자

Leave me **alone**. I want to play this game.
나 **혼자** 있게 내버려 둬. 나는 이 게임을 하고 싶어.

alone(혼자)과 lonely(외로운)는 뜻이 비슷한 듯 다르죠? alone은 주로 '혼자서(by oneself)'라는 의미로 쓰이고, lonely는 '외로운'이라는 의미예요.

인지·능력

0088 + +

wise
[waiz]

형 현명한, 지혜로운 (↔ foolish 어리석은)

A **wise** man knows himself to be a fool.
현명한 사람은 자기가 무지하다는 것을 안다.

wisdom[wízdəm] 명 지혜

뉘앙스 ▶ wise는 지식과 경험이 풍부해서 올바른 판단을 내리고 상황에 대처할 수 있음을 의미합니다. 머리 회전이 빨라서 영리한 것은 clever를 써요.

0089 + +

clever
[klévər]

형 영리한, 똑똑한

She is **clever** and wins almost every math competition.
그녀는 **영리해서** 거의 모든 수학 경시 대회에서 우승한다.

뉘앙스 ▶ clever는 특히 머리의 회전이 빠르고 영리한 것을 뜻해요.

0090 +

sure
[ʃuər]

형 확신하는

I am **sure** that she will be here tonight.
나는 그녀가 오늘밤에 여기에 올 것이라고 **확신한다**.

surely[ʃúərli] 부 확실히

뉘앙스 ▶ sure는 무슨 일이 있을 것이 확실하거나 무엇이 사실임이 틀림없을 때 사용해요.

0091

stupid
[stʃúːpid]

형 어리석은

Only **stupid** people waste their money.
어리석은 자만이 돈을 낭비한다.

돈을 쓸데없이 낭비한 경우를 보고 '스튜핏', 현명하게 잘 쓰면 '그뤠잇'을 외치는 TV 프로그램이 있었지요.

0092 +

able
[éibl]

형 ~할 수 있는 (↔ unable ~할 수 없는)

My brother is **able** to reach the top shelf.
남동생은 선반 맨 위에 손이 닿을 **수 있다**.

ability[əbíləti] 명 능력
enable[inéibl] 동 ~을 할 수 있게 하다

0093 + +

thirst
[θə́ːrst]

몡 갈증

The desert traveler suffered from **thirst**.
사막 여행자는 **갈증**으로 고생했다.

thirsty [θə́ːrsti] 혱 목이 마른, 갈증이 나는

갈증은 몸 안에 수분이 부족해 수분을 섭취하고 싶어 하는 상태이죠.

0094 +

tire
[táiər]

동 피로해지다, 피곤하게 만들다

Listening to long speeches **tires** me.
긴 연설을 듣는 것은 나를 **피곤하게 만든다**.

tired [táiərd] 혱 피로한, 피곤한

뉘앙스 ▶ tire vs. bore
tire는 감당하기 어려운 일로 인해 몸과 마음이 고갈되어 피로해지는 것을 말해요. bore는 특히 말을 너무 많이 해서 지루하고 따분하게 만드는 것을 의미해요.

0095 + +

hungry
[hʌ́ŋgri]

혱 배고픈 (↔ full 배부른)

The cat looks so **hungry**.
그 고양이는 몹시 **배고파** 보인다.

0096 +

alive
[əláiv]

혱 살아 있는

Jack isn't dead. He is still **alive**.
잭은 죽지 않았다. 그는 아직 **살아 있다**.

live의 뜻이 '살다'임을 상기해보세요.

0097

lively
[láivli]

혱 활기 넘치는, 활발한

Susan is a **lively** young girl.
수잔은 **활기 넘치는** 소녀이다.

어원 ▶ live(살다) + -ly가 합쳐져 형용사가 되었네요. 부사로 혼동하지 않도록 주의합시다.

0098 + +

alright
[ɔːlráit]
철자주의

혱 괜찮은

Everything will be **alright** in the end.
결국 모든 것이 **괜찮을** 거야.

all right에서 나온 말이에요. 격식을 차리는 글에서는 잘 쓰지 않는답니다.

0099 +

awake

[əwéik]

형 잠들지 않은, 깨어 있는

Eric stayed **awake** last night to study for the exam.

에릭은 어젯밤 시험공부를 하기 위해 **깨어** 있었다.

어원 a(= in) + wake(깨다) = 깨어 있는

0100 +

asleep

[əslíːp]

형 잠이 든

Jim fell **asleep** in 10 seconds.

짐은 10초 만에 **잠이 들었다.**

어원 a(= in) + sleep(자다) = 자고 있는, 잠이 든

 # Apply, Check & Exercise

Answer Key p.316

A 영어는 우리말로, 우리말은 영어로 쓰세요.

1	dull	_____	2	crazy	_____

1   dull   _____   2   crazy   _____

3   busy   _____   4   lazy   _____

5   alone   _____   6   sure   _____

7   able   _____   8   tire   _____

9   hungry   _____   10 alive   _____

11 lively   _____   12 stupid   _____

13 asleep   _____   14 지루하게 하다   _____

15 부끄러운   _____   16 용감한   _____

17 침착한   _____   18 서두르다   _____

19 현명한   _____   20 영리한   _____

21 정직한   _____   22 갈증   _____

23 편안한   _____   24 괜찮은   _____

25 깨어 있는   _____

B 다음 빈칸에 알맞은 단어를 쓰세요.

1 bore : bored = 지루하게 하다 : _____

2 comfortable : _____ = 편안한 : 불편한

3 mad : _____ = 미친 : 미친, 열광하는

4 honesty : _____ = 정직성 : 정직한

5 diligent : _____ = 부지런한 : 게으른

6 stupid : _____ = 어리석은 : 영리한

7 able : _____ = ~할 수 있는 : ~을 할 수 있게 하다

8 full : _____ = 배부른 : 배고픈

9 thirst : thirsty = 갈증 : _____

10 alive : lively = 살아 있는 : _____

C 다음 중 단어의 영영 풀이가 <u>잘못된</u> 것을 <u>있는 대로</u> 고르세요.

① tire: make someone tired

② dull: exciting or interesting

③ brave: showing no fear

④ calm: not angry or upset

⑤ busy: slowly doing something

D 배운 단어를 이용하여 빈칸에 알맞은 말을 넣으세요.

1 서두르지 않으면 우리는 기차를 놓칠 거야.

→ If we don't _____ we'll miss our train.

2 그는 몇 년간 혼자 살았다. → He lived _____ for years.

3 그는 매우 현명해서, 모두가 그를 사랑한다.

→ He is very _____, so everybody loves him.

4 괜찮을 거라고 나는 확신한다. → I'm _____ that it will be alright.

5 나는 어렸을 때, 수줍음이 많고 조용한 성격이었다.

→ When I was young, I was _____ and quiet.

6 커피를 마시면 잠들지 못할 수 있다. → Drinking coffee can keep you _____.

Unit 05 신체 동작

🔊 발음 익히기

셀프 스터디

리스닝 훈련

암기 Tip

0101 ++

act
[ækt]

📖 행동, 행위 📖 행동하다

We thanked her for her many **acts** of kindness.
우리는 그녀에게 많은 친절한 **행동**에 대해 감사를 표했다.

Think before you **act**.
행동하기 전에 생각해라.

action[ǽkʃən] 📖 행동, 조치

어떤 act or action?
이 두 단어는 뜻은 '행동'으로 같지만 쓰임새가 조금 달라요. act는 'act of kindness(친절한 행동)'처럼 of와 함께 자주 쓰이고, action은 'take an action(행동을 하다)'로 자주 쓰여요.

0102 ++

move
[mu:v]

📖 1. (몸 등이) 움직이다 2. 이사하다

Susan **moves** a lot in her sleep.
수잔은 자면서 많이 **움직인다**.

She **moved** from Busan to Seoul.
그녀는 부산에서 서울로 **이사했다**.

movement[múːvmənt] 📖 움직임

범인을 발견한 경찰이나 형사는 으레 'Don't move!'를 외치죠.

0103 ++

stand
[stænd]
stood-stood

📖 서다, 서 있다

Flamingos **stand** on one leg.
플라밍고들은 한쪽 다리로 **서 있다**.

바닥에 세워 놓는 등을 콩글리시로 스탠드라고 하죠. 영어로는 lamp(램프)라고 해요.

0104 ++

sit
[sit]
sat-sat-sitting

📖 앉다

Jay is **sitting** on a chair with his laptop.
제이는 노트북 컴퓨터를 가지고 의자에 **앉아 있다**.

0105 ++

lie
[lai]
lay[lied]-
lain[lied]-lying

📖 1. 누워 있다 2. 거짓말하다 📖 거짓말

She is **lying** on the sofa. 그녀는 소파에 **누워 있다**.
I don't want to **lie** to you.
나는 너에게 **거짓말하고** 싶지 않아.

Pinocchio kept telling **lies**.
피노키오는 계속 **거짓말**을 했다.

0106 + +
hide
[haid]
hid-hidden

동 1. 감추다, 숨기다 2. 숨다

He **hid** the money under the bed.
그는 돈을 침대 밑으로 **숨겼다**.

Snails can **hide** in their shells.
달팽이는 껍데기 안으로 **숨을** 수 있다.

0107 + +
jump
[dʒʌmp]

동 뛰다, 뛰어오르다

Cats can **jump** very high.
고양이들은 아주 높이 **뛸** 수 있다.

달리기와 같은 의미의 뛰다가 아니라, 무릎을 구부려 바닥을 발로 차면서 뛰어오르는 것을 의미해요.

0108 +
step
[step]
stepped-stepped-
stepping

명 (발)걸음 동 (발걸음을 떼서) 움직이다

He took one **step** forward.
그는 한 **걸음**을 앞으로 내디뎠다.

She **stepped** off the bus.
그녀는 버스에서 내렸다.

지하철과 승강장 사이의 틈을 조심하라는 뜻이죠. Watch your step! '발 조심!'이라고 할 수 있겠어요.

0109 +
follow
[fálou]

동 따라오다, 따라가다

My puppy **followed** me to school.
우리 강아지가 학교로 나를 **따라왔다**.

인스타그램 등과 같은 소셜 미디어에서 follow는 누군가를 따른다는 뜻으로 상대방을 '따라 다니며' 그 사람이 게시한 글을 읽는 것을 뜻해요.

0110 + +
enter
[éntər]

동 들어가다

Enter the theater now to get a good seat.
지금 극장에 **들어가서** 좋은 자리를 맡아.

entrance[éntrəns] 명 입장, 입구

키보드에서 '엔터(enter)키'는 프로그램에 접속하거나 들어가고자 할 때 사용되죠.

0111 + +
pass
[pæs]

동 1. 지나가다 2. 건네주다 3. 합격하다

The girl of my dreams just **passed** by me.
내 이상형의 소녀가 방금 내 옆을 **지나갔다**.

Pass me the salt, please. 소금 좀 **건네주시겠어요**.

I'm sure you'll **pass** the exam.
나는 네가 시험에 **합격할** 거라고 확신해.

공을 다른 선수에게로 건네주는 것을 패스한다고 하죠.

0112 ++
turn
[tə:rn]

동 돌다, 돌리다　명 차례

Please **turn** your face toward me when I'm talking. 제가 말할 때는 제 쪽으로 고개를 **돌리세요**.

It's your **turn** to cook dinner!
네가 저녁을 요리할 **차례**야!

turn vs. spin
둘 다 도는 건 맞지만 spin은 빙글빙글 도는 것을 의미하며 turn은 한 바퀴도 채 안 되게 도는 걸 의미해요.

0113 +
shout
[ʃaut]

동 소리 지르다

The fans **shouted** when their team scored.
응원하는 팀이 득점하자 팬들이 **소리를 질렀다**.

노래를 부를 때 내지르듯이 성량을 극대화해서 고음 발성을 하는 것을 '샤우팅 창법'이라고 하죠.

0114 ++
bite
[bait]
bit-bitten-biting

동 물다, 깨물다

The baby **bit** the apple.
아기가 사과를 **깨물었다**.

0115 ++
hit
[hit]
hit-hit-hitting

동 치다

The cricket player **hit** the ball hard.
그 크리켓 선수는 공을 세게 **쳤다**.

공을 치는 사람, 타자를 hitter 라고 해요.

0116 ++
break
[breik]
철자주의
broke-broken

동 1. 깨다, 부수다 2. 고장 내다
명 (짧은) 휴식

Who **broke** the window? 누가 창문을 **깼나요**?
My watch is **broken**. 내 시계가 **고장 났다**.
Let's take a 10 minute **break**. 10분간 **휴식**합시다.

휴식의 의미는, 계속 이어지던 일이나 작업을 깨거나 부수면 멈추게 되는 것 이므로 서로 의미가 연결될 수 있어요.

0117 ++
catch
[kætʃ]
caught-caught

동 잡다

I **caught** the ball just before it touched the ground. 나는 공이 땅에 닿기 직전에 **잡았다**.

캐치볼(catch ball)은 공을 던지고 받는 운동을 말해요.

0118 + +

hold
[hould]
held-held

동 잡고 있다, 들다

This briefcase is too big to **hold** in one hand. 이 서류 가방은 너무 커서 한 손으로 들 수가 없어.

catch vs. *hold*
catch는 움직이는 물체를 순간적으로 잡을 때 써요. hold는 무언가를 계속 잡거나 쥐고 있을 때 쓴답니다.

0119 + +

carry
[kǽri]
carried-carried

동 1. 나르다, 운반하다 2. 가지고 다니다

Two men are **carrying** a heavy sofa.
두 남자가 무거운 소파를 나르고 있다.

I always **carry** my umbrella.
나는 항상 우산을 가지고 다닌다.

0120 + +

set
[set]
set-set-setting

동 1. 차리다 2. ~을 두다, 놓다
명 한 벌[조], 세트

Vanessa **set** the table for dinner.
바네사는 저녁을 먹으려고 상을 차렸다.

My dad **set** his briefcase on the floor.
우리 아빠는 서류 가방을 마루에 두셨다.

Mom got a **set** of silverware for Christmas.
엄마가 크리스마스에 쓸 은그릇 세트를 사셨다.

set는 두 개 이상의 물건으로 된 세트를 말하기도 해요. 장난감 세트 등의 말을 많이 들어보았죠?

0121 + +

close
동사 [klouz]
형용사 [klous]

동 닫다 (↔ open 열다) 형 가까운

The store **closes** at 9 p.m.
그 상점은 오후 9시에 문을 닫는다.

Is the park **close** to your house?
공원이 너희 집에서 가까워?

close는 close friends(친한 친구들)처럼 사람 사이의 정서적 관계가 가까움을 말할 때도 사용된답니다.

0122 + +

cover
[kʌ́vər]

동 덮다, 씌우다, 가리다

Snow **covered** the entire mountain.
눈이 산 전체를 덮었다.

hide vs. *cover*
hide는 물건이나 감정 등을 숨겨 드러나지 않게 하는 행동이고, cover는 보호하기 위해 덮개를 씌우듯 가리려고 할 때 사용해요.

0123 + +

tear
동사 [tɛər]
명사 [tiər]

tore-torn

동 찢다, 뜯다 명 눈물

Eric **tore** up the letter with his hands.
에릭이 손으로 그 편지를 찢었다.

Her eyes are filled with **tears**.
그녀의 눈에 눈물이 가득하다.

동사로 쓰일 경우와 명사로 쓰일 경우에는 발음도 많이 다르다는 점에 주의하세요.

0124 +

pull

[pul]

동 잡아당기다

The woman is **pulling** a rope.
여자가 밧줄을 **잡아당기고** 있다.

0125 ++

push

[puʃ]

동 1. 밀다 2. 누르다

He received a yellow card after he **pushed**
the defender. 그는 수비수를 **밀친** 후 옐로카드를 받았다.
Push this button to play music.
음악을 재생하려면 이 버튼을 **누르세요**.

Apply, Check & Exercise

Answer Key p.317

A 영어는 우리말로, 우리말은 영어로 쓰세요.

1	act	2	move
3	stand	4	sit
5	jump	6	step
7	pass	8	hit
9	catch	10	hold
11	hide	12	pull
13	push	14	거짓말하다
15	찢다, 뜯다	16	따라오다
17	들어가다	18	돌다, 돌리다
19	소리 지르다	20	깨물다
21	부수다, 고장 내다	22	운반하다
23	차리다, ~을 놓다	24	닫다
25	덮다, 가리다		

B 다음 빈칸에 알맞은 단어를 쓰세요.

1 move : _____ = 움직이다 : 움직임

2 close : _____ = 닫다 : 열다

3 push : _____ = 밀다 : 잡아당기다

4 hold : _____ = 잡고 있다 : (움직이는 물체를) 잡다

5 lie : _____ = 누워 있다 : 서 있다

6 act : action = 행동, 행동하다 : _____

7 break : hit = 깨다, 부수다 : _____

8 enter : entrance = 들어가다 : _____

9 set : carry = ~을 두다, 놓다 : _____

10 hide : cover = 감추다 : _____

C 다음 중 단어의 영영 풀이가 <u>잘못된</u> 것을 <u>있는 대로</u> 고르세요.

① step: a walking movement

② follow: go or come before someone

③ pass: give something to someone using your hands

④ shout: say something quietly

⑤ bite: press down on something with the teeth

D 배운 단어를 이용하여 빈칸에 알맞은 말을 넣으세요.

1 잭은 잔디에 누웠다. → Jack _____ down on the grass.

2 수잔은 열쇠를 돌려서 문을 열었다.

   → Susan _____ the key and opened the door.

3 그는 막대기로 벽을 쳤다. → He _____ the wall with a stick.

4 그 소년은 자신이 훔치지 않았다고 거짓말을 했다.

   → The boy _____ when he said he didn't steal.

5 그는 그 편지를 갈기갈기 찢었다. → He _____ the letter into pieces.

6 식탁이 네 사람을 위해 차려졌다. → The table was _____ for four.

Unit 01-05

Unit 01~Unit 05에서 배운 125단어의 의미를 복습해 볼까요?
뜻이 떠오르지 않거나 시간이 오래 걸리는 것들은
😊에 따라 체크해서 즉시즉시 떠오를 때까지 반복해서 복습해주세요.

0003 ☺☺☺	alike		0072 ☺☺☺	voice
0110 ☺☺☺	enter		0048 ☺☺☺	serious
0067 ☺☺☺	bone		0001 ☺☺☺	appearance
0088 ☺☺☺	wise		0105 ☺☺☺	lie
0084 ☺☺☺	busy		0046 ☺☺☺	nervous
0060 ☺☺☺	hand		0068 ☺☺☺	breathe
0017 ☺☺☺	tall		0073 ☺☺☺	smell
0050 ☺☺☺	excuse		0082 ☺☺☺	calm
0015 ☺☺☺	spot		0097 ☺☺☺	lively
0090 ☺☺☺	sure		0028 ☺☺☺	joy
0098 ☺☺☺	alright		0081 ☺☺☺	honest
0008 ☺☺☺	cute		0054 ☺☺☺	face
0078 ☺☺☺	comfortable		0092 ☺☺☺	able
0047 ☺☺☺	worry		0043 ☺☺☺	thank
0069 ☺☺☺	hear		0019 ☺☺☺	thin
0121 ☺☺☺	close		0044 ☺☺☺	hate
0085 ☺☺☺	hurry		0049 ☺☺☺	sorry
0123 ☺☺☺	tear		0080 ☺☺☺	brave
0111 ☺☺☺	pass		0119 ☺☺☺	carry
0013 ☺☺☺	curly		0045 ☺☺☺	lonely
0091 ☺☺☺	stupid		0074 ☺☺☺	touch
0023 ☺☺☺	pale		0055 ☺☺☺	lip
0011 ☺☺☺	ugly		0099 ☺☺☺	awake
0103 ☺☺☺	stand		0071 ☺☺☺	sound
0037 ☺☺☺	mad		0083 ☺☺☺	shy

125

0058 ⊖⊖⊖	neck	0032 ⊖⊖⊖	smile	0020 ⊖⊖⊖	slim
0036 ⊖⊖⊖	angry	0112 ⊖⊖⊖	turn	0024 ⊖⊖⊖	young
0002 ⊖⊖⊖	image	0118 ⊖⊖⊖	hold	0057 ⊖⊖⊖	hair
0034 ⊖⊖⊖	blue	0059 ⊖⊖⊖	arm	0107 ⊖⊖⊖	jump
0021 ⊖⊖⊖	strong	0009 ⊖⊖⊖	handsome	0063 ⊖⊖⊖	leg
0042 ⊖⊖⊖	respect	0033 ⊖⊖⊖	surprise	0056 ⊖⊖⊖	tooth
0125 ⊖⊖⊖	push	0109 ⊖⊖⊖	follow	0117 ⊖⊖⊖	catch
0066 ⊖⊖⊖	blood	0100 ⊖⊖⊖	asleep	0029 ⊖⊖⊖	happiness
0122 ⊖⊖⊖	cover	0030 ⊖⊖⊖	funny	0104 ⊖⊖⊖	sit
0115 ⊖⊖⊖	hit	0086 ⊖⊖⊖	lazy	0014 ⊖⊖⊖	beard
0012 ⊖⊖⊖	blond(e)	0096 ⊖⊖⊖	alive	0025 ⊖⊖⊖	scent
0093 ⊖⊖⊖	thirst	0010 ⊖⊖⊖	plain	0079 ⊖⊖⊖	crazy
0095 ⊖⊖⊖	hungry	0053 ⊖⊖⊖	head	0007 ⊖⊖⊖	pretty
0040 ⊖⊖⊖	afraid	0077 ⊖⊖⊖	dull	0061 ⊖⊖⊖	finger
0094 ⊖⊖⊖	tire	0101 ⊖⊖⊖	act	0064 ⊖⊖⊖	heart
0113 ⊖⊖⊖	shout	0087 ⊖⊖⊖	alone	0041 ⊖⊖⊖	proud
0016 ⊖⊖⊖	overweight	0108 ⊖⊖⊖	step	0052 ⊖⊖⊖	shoulder
0075 ⊖⊖⊖	taste	0120 ⊖⊖⊖	set	0089 ⊖⊖⊖	clever
0006 ⊖⊖⊖	beauty	0051 ⊖⊖⊖	skin	0070 ⊖⊖⊖	listen
0031 ⊖⊖⊖	laugh	0114 ⊖⊖⊖	bite	0018 ⊖⊖⊖	fat
0035 ⊖⊖⊖	cry	0039 ⊖⊖⊖	fear	0005 ⊖⊖⊖	lovely
0106 ⊖⊖⊖	hide	0062 ⊖⊖⊖	nail	0038 ⊖⊖⊖	upset
0065 ⊖⊖⊖	brain	0116 ⊖⊖⊖	break	0124 ⊖⊖⊖	pull
0076 ⊖⊖⊖	bore	0004 ⊖⊖⊖	charm	0022 ⊖⊖⊖	weak
0027 ⊖⊖⊖	glad	0102 ⊖⊖⊖	move	0026 ⊖⊖⊖	emotion

Part 2   Around Me

Picture Dictionary

Unit 06
grandchild

Unit 07
brush

Unit 07
bookshelf

Unit 07
candle

Unit 08

pot

Unit 08

noodle

Unit 08

boil

Unit 09

exercise

Unit 09

iron

Unit 10

wallet

Unit 06 가족

발음 익히기

셀프 스터디

리스닝 훈련

가족, 가정

암기 Tip

0126 +
household
[háushòuld]

명 가정, 집안 식구

My **household** has five people.
우리 **집안 식구**는 다섯 명이다.

반드시 가족이 아니라도, 한 집에 사는 모든 사람들을 뜻해요. family는 보통 혈연관계의 사람들을 뜻하므로 약간의 차이가 있어요. 실질적으로는 한 가정이 한 가구를 이루는 경우가 많지요.

0127 + +
family
[fǽməli]

명 가족, 가정

You can bring a **family** member to the party. 파티에 **가족**을 데려와도 됩니다.

'Father And Mother I Love You'의 첫 글자만 모으면 FAMILY가 돼요.

0128 + +
husband
[hʌ́zbənd]

명 남편

Husbands should love their wives.
남편은 아내를 사랑해야 한다.

0129 + +
wife
[waif]
복수형 wives

명 아내, 부인

His **wife** needs some time alone.
그의 **아내**는 혼자만의 시간이 필요하다.

0130 + +
parent
[pɛ́(:)ərənt]

명 부모, 어버이, (-s) 양친

Jack never listens to his **parents**.
잭은 **부모님** 말씀을 전혀 듣지 않는다.

어버이날(5월 8일)은 영어로 Parents' Day라고 말해요. Parent는 어머니나 아버지 중 한 사람만을 가리켜요.

0131

infant
[ínfənt]

명 유아, 아기

The flu is very dangerous for **infants**.
감기는 **아기**에게 매우 위험하다.

특히 걷기 이전의 갓난아기를 말할 때 써요.

0132 ++

child
[tʃaild]
복수형 children

명 1. 아이, 어린이 2. 자식

A **child** is waiting for a preschool bus with his mom.
한 **아이**가 자신의 엄마와 함께 유치원 버스를 기다리고 있다.

The couple has two **children**.
그 부부는 **자식**이 두 명 있다.

childish [tʃáildiʃ] 명 어린애 같은, 유치한

0133 ++

kid
[kid]

명 아이, 자녀 동 농담하다

Have you met the new **kid** in our class?
너 우리 반에 새로 온 **애** 만나본 적이 있니?

Don't be so serious. I'm just **kidding**.
그렇게 심각할 것 없어. 그냥 **농담한** 거야.

미국 영어에서 격식을 차리지 않고 쓸 때는 child보다 kid를 더 많이 써요.

0134 ++

daughter
[dɔ́:tər]
철자주의, 발음주의

명 딸

They have three **daughters**.
그들은 **딸**이 세 명 있다.

0135 ++

son
[sʌn]

명 아들

Jesse took pictures of his two **sons**.
제시는 두 **아들**의 사진을 찍었다.

0136

grandparent
[grǽndpɛ̀ərənt]

명 조부모, (-s) 조부모님

My **grandparents** are special to me.
우리 **조부모님**은 나에게 특별하다.

어원 ▶ grand-(1세대 후의) 부모님이니까 조부모님을 가리키죠.

0137 + +

grandfather

[grǽndfɑ̀:ðər]

준말 grandpa

명 할아버지, 외할아버지

What's your **grandfather** saying to the children?

당신 **할아버지**께서 아이들에게 무슨 말씀을 하고 계신가요?

grandpa의 pa는 papa(아빠, 아버지)에서 나온 단어예요.

0138 + +

grandmother

[grǽndmʌ̀ðər]

준말 grandma

명 할머니, 외할머니

Jane went to visit her **grandmother**.

제인은 **할머니**를 방문하러 갔다.

우리는 가족 관계가 아니더라도 연세가 높으신 여자 어른을 '할머니'라고 부르죠? 하지만 영어문화권에서는 가족 관계가 아닌 사람에게는 grandmother라고 잘 쓰지 않는답니다.

0139

grandchild

[grǽndtʃàild]

복수형 grandchildren

명 손주, 외손주

Does she have a **grandchild**?

그녀는 **손주**가 있나요?

자신의 자식을 나타내니까 손주를 나타내는 말이겠죠? 손주는 손자와 손녀를 아울러 이르는 말이에요.

0140 + +

birth

[bə:rθ]

명 탄생, 출생

People wish for the **birth** of a healthy baby. 사람들은 건강한 아기의 **탄생**을 바란다.

0141 + +

care

[kɛər]

동 1. 염려하다, 마음을 쓰다 2. 돌보다

명 1. 주의, 조심, 배려 2. 돌봄 3. 걱정, 근심

My parents always **care** about me.

우리 부모님은 항상 나에게 **마음을 쓰신다**.

Doctors **care** for their patients.

의사는 자신의 환자들을 **돌본다**.

You should handle this glass with **care**.

이 유리를 **조심**해서 다뤄야 한다.

careful [kéərfəl] 형 조심성 있는, 주의 깊은

careless [kéərlis] 형 조심성 없는, 부주의한

아이를 돌볼 때는 주의 깊은 **배려**가 필요하답니다. 또한, 아이에게 무슨 일이 생기진 않을까 **걱정**하지요.

0142 ++
marry
[mǽri]

🔵 **결혼하다**

One day, I'll **marry** you.
언젠가 나는 당신과 **결혼할** 것입니다.

marriage [mǽridʒ] 📦 결혼, 결혼 생활
married [mǽrid] 🔷 결혼한, 기혼의

0143
adopt
[ədɑ́pt]

🔵 1. **입양하다** 2. (특정한 방식이나 태도를) **택하다**

We **adopted** a dog last week.
우리는 지난주에 개 한 마리를 **입양했다**.

The president **adopted** the new law.
대통령은 새로운 법을 **채택했다**.

adoption [ədɑ́pʃən] 📦 1. 입양 2. 채택

입양(adopt)할 수 있는 대표적인 동물로 개(dog)가 있으므로 adopt와 dog에 공통으로 들어가는 알파벳 o를 기억하세요!

형제 관계

암기 Tip

0144
elder
[éldər]

🔷 (가족 관계인 두 사람 중에서) **나이가 더 많은, 손윗사람인** (↔ younger 손아래의, 어린 쪽의)

Susan is his **elder** sister. 수잔은 그의 누나이다.
Mike is the **elder** of her two sons.
마이크는 그녀의 두 아들 중 **큰**아들이다.

elder brother(오빠, 형)처럼 가족 구성원 간의 나이를 비교하는 경우에 자주 쓰여요.

0145 +
twin
[twin]

📦 **쌍둥이** 🔷 **쌍둥이의**

My **twin** looks just like me.
내 **쌍둥이**는 나와 똑 닮았다.
They had **twin** girls. 그들은 **쌍둥이** 딸을 낳았다.

친척 관계

암기 Tip

0146
relative
[rélətiv]

📦 **친척** 🔷 **비교상의, 상대적인**

Many of my **relatives** live in New York.
우리 **친척들**은 뉴욕에 많이 산다.

The value of money is **relative**.
돈의 가치는 **상대적**이다.

relative는 '~와 관련된'이라는 뜻도 있어요. 나와 관련된 가까운 사람이니 친척을 가리키는 말이 되겠죠?

0147 + +

aunt

[ænt]

철자주의

명 이모, 고모, 숙모, 외숙모

She visited her **aunt**'s house.

그녀는 **이모** 댁을 방문했다.

우리말은 '이모', '고모', '숙모'를 가리키는 단어가 모두 다르지만, 영어로는 한 단어로 표현해요.

0148 + +

cousin

[kʌ́zən]

철자주의, 발음주의

명 사촌

My **cousins** are my best friends.

내 **사촌**들은 내 가장 친한 친구들이다.

COUSIN   ME

0149 +

nephew

[néfjuː]

철자주의

명 (남자) 조카

My **nephew** is my sister's only son.

내 **(남자) 조카**는 우리 언니의 외아들이다.

우리말로는 성별을 따로 구분해 부르지 않는데, 영어는 남, 여를 가리키는 각각의 단어가 있어요.

0150 +

niece

[niːs]

철자주의

명 (여자) 조카

The girl with glasses is her **niece**.

안경을 쓴 여자 아이가 그녀의 **(여자) 조카**이다.

남자 이름인 Matthew와 여자 이름인 Janice와 발음이 비슷한 것으로 구별하여 외워보세요.

 Apply, **C**heck & **E**xercise

A 영어는 우리말로, 우리말은 영어로 쓰세요.

1	family	_____	2	wife	_____
3	infant	_____	4	birth	_____
5	child	_____	6	kid	_____
7	son	_____	8	grandchild	_____
9	marry	_____	10	adopt	_____
11	twin	_____	12	care	_____
13	cousin	_____	14	가정, 집안 식구	_____
15	남편	_____	16	부모	_____
17	딸	_____	18	조부모	_____
19	할아버지	_____	20	할머니	_____

21	손윗사람인	_____	22	친척	_____
23	이모, 고모	_____	24	(남자) 조카	_____
25	(여자) 조카	_____			

B 다음 빈칸에 알맞은 단어를 쓰세요.

1   wife : _____   = 부인 : 부인들

2   child : _____   = 자식 : 자식들

3   adoption : _____   = 입양 : 입양하다

4   son : _____   = 아들 : 딸

5   grandparent : _____ = 조부모 : 손주, 외손주

6   grandfather : _____ = 할아버지 : 할머니

7   relative : _____   = 친척 : 사촌

8   nephew : _____   = (남자) 조카 : (여자) 조카

9   birth : _____   = 탄생 : 유아, 아기

10 family : household   = 가족 : _____

C 다음 중 단어의 영영 풀이가 <u>잘못된</u> 것을 <u>있는 대로</u> 고르세요.

① kid: a young person

② elder: younger than another person

③ twin: one of two children born at the same time

④ relative: a person connected by blood or marriage

⑤ parent: a person who has a grandchild

D 배운 단어를 이용하여 빈칸에 알맞은 말을 넣으세요.

1   그들은 20년간 부부였다. → They were _____ and wife for 20 years.

2   중고차를 사는 상대적인 이점은 무엇인가요?

    → What are the _____ advantages of buying a used car?

3   나는 그의 유머가 매우 유치해 보인다. → I find his humor very _____.

4   너 지금 놀리는 거니? → Are you _____ me?

5   그녀는 그의 두 딸 중 작은딸이다. → She's the _____ of his two daughters.

Unit 07 가구, 가정용품

발음 익히기

셀프 스터디

리스닝 훈련

암기 Tip

0151 +
tool
[tu:l]

명 연장, 도구, 공구
Use this **tool** to fix the shower.
샤워기를 고치려면 이 **연장**을 이용해.

컴퓨터 프로그램의 여러 기능을 한데 묶어 놓은 도구 상자를 툴박스(tool box)라고 하지요.

각종 도구들

암기 Tip

0152 +
needle
[ní:dl]

명 바늘
Grandma dropped her sewing **needle**.
할머니가 바느질 **바늘**을 떨어뜨렸다.

떼려야 뗄 수 없는 바늘과 실은 영어로 needle and thread라고 합니다.

0153 +
pin
[pin]
pinned-pinned

명 (옷 등을 고정시키는 데 쓰는) **핀**
동 (핀 등으로) **꽂다, 고정시키다**
She has a box of **pins** with her needles.
그녀는 자신의 바늘과 함께 **핀**을 한 박스 갖고 있다.
He **pinned** a flower to her dress.
그는 꽃을 그녀의 드레스에 **꽂았다**.

뾰족한 부분을 안전하게 처리한 옷핀은 영어로 safety pin(안전핀)이라고 해요.

0154 ++
brush
[brʌʃ]

동 닦다 명 붓, 솔
Should I **brush** my teeth after eating fruit?
과일을 먹은 후에 이를 **닦아야** 하나요?
The painter lost his favorite **brush**.
그 화가는 좋아하는 **붓**을 잃어버렸다.

칫솔을 toothbrush라고 하죠.

0155 ++
chain
[tʃein]

명 1. 사슬, 쇠줄 2. (상점 등의) 체인점
My bicycle **chain** broke. 내 자전거 **체인**이 망가졌다.
Another fast food **chain** opened here.
여기 또 다른 패스트푸드 **체인점**이 문을 열었다.

0156 +
hammer
[hǽmər]

® 망치 ⑧ 망치로 치다

I need a **hammer** to hit the nail.
나는 못을 치기 위해 **망치**가 필요하다.

I **hammered** the nail into the wall.
나는 **망치로** 벽에 못을 **박았다.**

0157 + +
scissors
[sízərz]
철자주의, 발음주의

® 가위

Pass me the **scissors**.
가위를 내게 건네줘.

가위는 언제나 날이 두 개이기 때문에 scissors로 써야 해요. 가위바위보 게임은 영어로 rock-paper-scissors라고 해요. 순서가 바위보가위인 셈이죠.

0158 + +
basket
[bǽskit]

® 바구니

She bought a **basket** of fruit.
그녀는 한 **바구니**의 과일을 샀다.

0159
frame
[freim]

® 1. 틀, 액자 2. (건물 등의) 뼈대

She put the photo in a plastic **frame**.
그녀는 사진을 플라스틱 **액자**에 넣었다.

The **frame** of the boat was made in two weeks. 보트의 **뼈대**가 2주 동안에 만들어졌다.

0160 +
match
[mætʃ]

® 1. 경기 2. 성냥 ⑧ 어울리다

My dad never misses a soccer **match**.
우리 아빠는 축구 **경기**를 절대로 놓치지 않으신다.

He struck a **match**. 그는 **성냥**을 켰다.

I never wear socks that don't **match**!
나는 안 **어울리는** 양말은 절대 안 신어!

Matches match because they are all the same. (성냥들은 모두 똑같이 생겨서 서로 어울려요.)란 문장으로 의미를 기억해 보세요.

0161 +
net
[net]

® 그물, 망, 골문

The ball flew into the **net**.
공이 **골문** 안으로 들어갔다.

속이 들여다보이는 천 같은 것을 말한답니다. 망사나 레이스, 그리고 축구 골대나 테니스장의 네트 등을 의미해요.

0162 +
rope
[roup]

명 밧줄, 로프

A girl is hanging on to a **rope**.
한 소녀가 **밧줄**을 붙잡고 있다.

줄을 뛰어서 넘는 운동, 즉 줄넘기를
jump rope라고 한답니다.

편리한 가정용품들

암기 Tip

0163 ++
battery
[bǽtəri]

명 건전지, 배터리

The **battery** on my laptop is low.
내 노트북의 **배터리**가 부족하다.

"배터리가 없어."라는 표현은 영어로
"It's out of battery."예요.

0164 ++
board
[bɔːrd]

명 1. 판자, -판 2. 위원회, 이사회
동 탑승하다

There's a loose **board** in the office floor.
사무실 바닥에 헐거운 **판자**가 있다.

He is a new member of the **board**.
그는 **위원회**의 새로운 멤버다.

They **boarded** their ship.
그들은 자신들의 배에 **탑승했다**.

칠판(blackboard), 게시판(notice-
board)처럼 다른 단어와 함께 한 단
어처럼 쓰이기도 해요. 특정한 목적을
위해 평평하고 얇은 직사각형 나무나
플라스틱으로 만든 것이에요.

0165 +
bookshelf
[búkʃèlf]
복수형 bookshelves

명 책꽂이, 책장

My father has many books on his
bookshelf. 우리 아버지의 **책꽂이**에는 많은 책이 있다.

shelf는 선반을 말해요. 앞에 book
을 더하면 책(book)을 꽂는 책 선반
(shelf), 즉 책꽂이를 의미해요.

0166 ++
calendar
[kǽləndər]
철자주의

명 달력

Look at the **calendar** and check her
birthday. 달력을 보고 그녀의 생일을 확인해라.

0167 +
sheet
[ʃiːt]

명 1. 침대 시트 2. (종이) 한 장

Aaron beat dust out of the **sheets**.
아론은 **침대 시트**에서 먼지를 털어냈다.

Hand out these **sheets** of paper.
이 **종이들**을 나눠 주세요.

0168 +
soap
[soup]
발음주의

명 비누

It's fun to blow **soap** bubbles.
비눗방울을 부는 것은 재미있다.

집에 있는 비누의 포장지를 한번 살펴 보세요. '솝'이나 soap이란 단어를 쉽게 발견할 수 있을 거예요.

0169 +
towel
[táuəl]

명 수건, 타월

I need a **towel** to dry my wet hair.
나는 젖은 머리카락을 말리기 위해 **수건**이 필요하다.

0170 + +
mirror
[mírər]

명 거울 동 (거울처럼) 잘 보여주다, 반영하다

She likes to look at herself in the **mirror**.
그녀는 **거울**에 자신을 비춰보는 것을 좋아한다.

His art **mirrors** Korean culture.
그의 예술은 한국 문화를 **잘 보여준다**.

휴대폰 케이스 중 뒷면을 거울처럼 쓸 수 있도록 디자인한 것을 '미러 (mirror)케이스라고 하지요.

0171 +
alarm
[əlá:rm]

명 1. 경보(음), 경보기 2. 자명종

The **alarm** went off when she opened the door. 그녀가 문을 열었을 때 **경보**가 울렸다.
Some heavy sleepers don't hear their **alarms**.
잠귀가 어두운 몇몇 사람들은 **자명종** 소리를 듣지 못한다.

0172 + +
lamp
[læmp]

명 램프, 등

Turn off the table **lamp**.
탁자의 **램프**를 꺼라.

0173 + +
candle
[kǽndl]

명 양초

My brother put **candles** on the cake.
내 남동생이 케이크에 **양초**를 꽂았다.

'소이 캔들'은 소이(soybean, 콩) + 캔들 (candle, 양초)에서 알 수 있듯이 콩에 서 추출한 재료로 만들어서 건강하고 산뜻한 향을 내는 양초예요.

0174 ++

television

[téləvìʒən]

명 텔레비전

Watching too much **television** is bad.

텔레비전을 너무 많이 보면 안 좋다.

어원 ▶ tele-는 '먼, 멀리'를 의미하고 vision은 '영상'을 의미해요. 멀리 영상을 보내는 것이죠.

0175 ++

umbrella

[ʌmbrélə]

철자주의

명 우산, 양산

Yellow **umbrellas** can protect you from car accidents.

노란 **우산**이 교통사고를 막을 수 있다.

 # Apply, Check & Exercise

Answer Key p.317

A 영어는 우리말로, 우리말은 영어로 쓰세요.

1	pin	_____	2	brush	_____
3	chain	_____	4	basket	_____
5	match	_____	6	net	_____
7	rope	_____	8	board	_____
9	bookshelf	_____	10	candle	_____
11	lamp	_____	12	towel	_____
13	television	_____	14	도구	_____
15	바늘	_____	16	가위	_____
17	틀, 액자	_____	18	건전지	_____
19	달력	_____	20	침대 시트	_____
21	비누	_____	22	거울	_____
23	자명종	_____	24	망치	_____
25	우산	_____			

B 다음 빈칸에 알맞은 단어를 쓰세요.

1 pin : _____   = 핀 : 바늘
2 chain : _____   = 사슬 : 밧줄
3 match : _____   = 성냥 : 건전지
4 net : _____   = 그물 : 바구니
5 brush : _____   = 솔 : 비누
6 sheet : _____   = (종이) 한 장 : 판자
7 umbrella : _____   = 우산 : 수건, 타월
8 hammer : _____   = 망치 : 가위
9 candle : _____   = 양초 : 등, 램프
10 tool : _____   = 도구 : 틀, 뼈대

C 다음 중 단어의 영영 풀이가 <u>잘못된</u> 것을 <u>있는 대로</u> 고르세요.

① scissors: a tool for holding paper, cloth, etc.
② calendar: a chart of the days and months of a year
③ towel: a material used for drying your hands or body
④ mirror: a glass that hides the image of something
⑤ umbrella: a covering used for keeping rain off the head

D 배운 단어를 이용하여 빈칸에 알맞은 말을 넣으세요.

1 이를 닦을 시간이다. → It's time to _____ your teeth.
2 이 스커트가 네 피부색에 어울린다. → This skirt _____ your skin tone.
3 그는 도시 기획 위원회에 속해 있다. → He is on the city's planning _____.
4 그녀는 표지판을 벽에 꽂았다. → She _____ a sign on the wall.
5 화재경보기가 한밤중에 울렸다.
   → The fire _____ went off in the middle of the night.

Unit 08 부엌

발음 익히기

셀프 스터디

리스닝 훈련

암기 Tip

0176 ++
kitchen
[kítʃən]

명 부엌, 주방

Mom prepares dinner in the **kitchen**.
엄마가 **부엌**에서 저녁을 준비하신다.

주방에서 물기나 기름 등을 닦는 데 사용하는 천을 '키친타월(kitchen towel)'이라고 하지요.

그릇, 조리도구 등

암기 Tip

0177 ++
bottle
[bátl]

명 병

He can open a **bottle** without an opener.
그는 병따개 없이 **병**을 열 수 있다.

액체를 담을 수 있는 다양한 사이즈와 모양이 있어요. 요즘 개인용 물병으로 많이 들고 다니는 '마이보틀'이 유명해요.

0178 ++
bowl
[boul]

명 그릇, 사발

Would you like a **bowl** of soup?
수프 한 **그릇** 드실래요?

bowl(그릇)은 밥이나 국을 담을 수 있는 깊이가 깊고 우묵한 그릇을 말해요.

0179 ++
dish
[diʃ]

명 1. 접시, 그릇 2. 요리

She always has a **dish** full of candy.
그녀는 언제나 사탕이 가득 담긴 **접시**를 갖고 있다.

What is your favorite Italian **dish**?
네가 가장 좋아하는 이탈리아 **요리**가 뭐니?

dish는 다양한 깊이의 접시뿐만이 아니라 wash[do] the dishes(설거지하다)에서도 볼 수 있듯이 '그릇' 전반을 나타낼 수 있어요. 우리가 흔히 말하는 납작한 접시는 plate라고 해요.

0180 ++
glass
[glæs]

명 1. 유리 2. 유리잔

Glass is made from sand.
유리는 모래로 만든다.

I'd like to have a **glass** of water.
물 한 **잔** 주세요.

0181 +
jar
[dʒɑːr]

명 (잼·꿀 등을 담아 두는) **병**

He filled the **jar** with sweet honey.

그는 **병**을 달콤한 꿀로 채웠다.

0182 +
pan
[pæn]

명 (손잡이가 달린 얕은) **냄비, 팬**

She uses a frying **pan** to cook eggs every morning.

그녀는 아침마다 계란을 요리하기 위해 프라이**팬**을 사용한다.

반죽을 팬에 얇고 납작하게 구워내는 빵을 팬케이크(pancake)라고 하지요.

0183 +
pot
[pɑt]

명 **냄비, 솥, 항아리**

Use that big **pot** to boil water.

물을 끓이려면 저 큰 **냄비**를 이용해.

차를 맛있게 우려내기 위해서 사용되는 주전자를 티포트(teapot)라고 해요.

0184 ++
knife
[naif]
철자주의
복수형 knives

명 **칼, 나이프**

Be careful with **knives**!

칼을 조심해!

단어를 쓸 때 묵음 k를 빼먹지 않도록 주의하세요!

먹거리

암기 Tip

0185 ++
meat
[miːt]

명 **고기**

He doesn't eat red **meat**.

그는 붉은색 **고기**를 먹지 않는다.

사람들이 요리하고 먹기 위한 고기를 말해요. 소고기나 돼지고기는 red meat, 닭고기는 white meat으로 부르기도 해요.

0186 ++
beef
[biːf]

명 **소고기**

Most Indians don't eat **beef**.

대부분의 인도인은 **소고기**를 먹지 않는다.

소고기로 만든 음식으로는 비프스테이크, 로스트비프 등이 있어요.

0187 +

pork
[pɔːrk]

명 돼지고기

Eating uncooked **pork** is dangerous.
돼지고기를 익혀 먹지 않으면 위험하다.

포크커틀릿(Pork cutlet), 폭 찹(Pork chop) 등은 모두 돼지고기로 만든 음식이에요.

0188 ++

vegetable
[védʒitəbl]

명 채소, 야채

Jesse bought fresh **vegetables**.
제시는 신선한 **야채**를 샀다.

0189 +

noodle
[nuːdl]

명 국수, 면

Long **noodles** mean a long life in China.
긴 **면**은 중국에서 장수를 의미한다.

면으로 만든 요리의 이름에는 noodles가 붙어요. 라면은 instant noodles, 냉면은 cold noodles예요.

0190 ++

bean
[biːn]

명 콩

Beans are good for your heart.
콩은 심장에 좋다.

Jellybean을 알고 있나요? 젤리가 콩 모양으로 생겼죠? 그래서 Jelly(젤리) bean(콩)이에요.

0191

cabbage
[kǽbidʒ]

명 양배추

Cabbage is good for stomach health.
양배추는 위 건강에 좋다.

0192 +

nut
[nʌt]

명 1. 견과 2. 너트, 암나사

Some **nuts** are hard to crack.
어떤 **견과류**는 잘 깨지지 않는다.

Nuts have a hole in the middle for a bolt.
너트는 중간에 볼트를 위한 구멍이 있다.

애니메이션 <넛잡(The Nut Job)>에서는 다람쥐 설리와 친구들이 견과류인 땅콩을 훔치기 위해 펼치는 좌충우돌 스토리를 담고 있죠.

0193 ++
honey
[hʌ́ni]

🅜 1. 꿀, 벌꿀 2. 《호칭》 여보, 자기

I always add **honey** to my tea.
나는 차에 늘 **꿀**을 넣는다.

Glenn calls his girlfriend "**honey**."
글렌은 여자 친구를 '**자기**'라고 부른다.

0194 +
powder
[páudər]

🅜 가루, 분말

Stir in curry **powder** with hot water.
카레 **가루**를 뜨거운 물에 잘 저으세요.

아기들이 바르는 분은 베이비파우더 (baby powder), 밀가루 반죽을 부풀리려고 넣는 하얀 가루는 베이킹파우더 (baking powder)지요.

0195
pepper
[pépər]

🅜 1. 후추 2. 고추, 피망

Can you pass me the **pepper**, please?
후추를 저에게 건네주시겠어요?

Add onion, lemon and green **pepper**.
양파와 레몬, **피망**을 넣으세요.

다양한 조리법

암기 Tip

0196 ++
bake
[beik]

🅥 (빵 등을) 굽다

Let's **bake** some cookies!
쿠키를 **굽자**!

baker[béikər] 🅜 제빵사 **bakery**[béikəri] 🅜 빵집

제과점을 흔히 베이커리(bakery)라고 많이 부르죠? bake에서 나온 말이랍니다.

0197 ++
boil
[bɔil]

🅥 끓다, 끓이다

My mom **boiled** water to cook noodles.
우리 엄마는 국수를 만들기 위해 물을 **끓이셨다**.

추울 때 켜는 보일러(boiler)는 물을 끓여(boil) 뜨거운 증기를 만들어서 따뜻하게 해주는 것이죠. 그래서 boil 하는 기계, 즉 boiler라고 해요.

0198 ++
burn
[bəːrn]
burned[burnt]-
burned[burnt]

🅥 1. (불이) 타오르다 2. 데다, 타다, 태우다

Large fires are **burning** throughout the country. 큰 불이 전국 각지에서 **타오르고** 있다.

Heather **burned** her hand on the stove.
헤더가 난로에 손을 **데었다**.

fry
[frai]

동 튀기다, (기름에) 굽다, 부치다

Ned **fried** the shrimp in oil.
네드가 새우를 기름에 **튀겼다**.

프라이드치킨(fried chicken)은 튀긴 닭고기를 뜻하죠.

0200 +
mix
[miks]

동 섞다, 혼합하다 **명** 섞인 것, 혼합 가루

Mix eggs and flour to make pancakes.
달걀과 밀가루를 **섞어서** 팬케이크를 만드세요.

I bought a box of cake **mix** to make a cake.
나는 케이크를 만들기 위해 케이크 **혼합 가루**를 한 상자 샀다.

섞어서 먹는 비빔밥은 mixed rice라고도 해요.

 Apply, **C**heck & **E**xercise

Answer Key p.318

A 영어는 우리말로, 우리말은 영어로 쓰세요.

1	bottle	_____	2	dish	_____
3	glass	_____	4	cabbage	_____
5	meat	_____	6	beef	_____
7	jar	_____	8	pot	_____
9	honey	_____	10	pepper	_____
11	boil	_____	12	fry	_____
13	mix	_____	14	부엌	_____
15	그릇, 사발	_____	16	(손잡이가 달린 얕은) 냄비	_____
17	칼, 나이프	_____	18	돼지고기	_____
19	채소	_____	20	견과	_____
21	콩	_____	22	가루	_____
23	(빵 등을) 굽다	_____	24	(불이) 타오르다	_____
25	국수	_____			

B 다음 빈칸에 알맞은 단어를 쓰세요.

1 bowl : _____   = 그릇, 사발 : 접시, 요리

2 pork : _____   = 돼지고기 : 소고기

3 vegetable : _____   = 채소 : 양배추

4 _____ : bottle   = 유리(잔) : 병

5 jar : _____   = 병 : 꿀, 벌꿀

6 pan : _____   = 냄비 : 솥, 항아리

7 nut : _____   = 견과 : 콩

8 fry : _____   = 튀기다 : 끓이다

9 powder : _____   = 가루, 분말 : 섞인 것

10 knife : _____   = 칼 : 고기

C 다음 중 단어의 영영 풀이가 <u>잘못된</u> 것을 <u>있는 대로</u> 고르세요.

① kitchen: a room where food is cooked

② bake: cook in an oven using dry heat

③ pepper: a vegetable that has a sour flavor

④ pan: a usually deep container with a handle

⑤ mix: shake two or more things together

D 배운 단어를 이용하여 빈칸에 알맞은 말을 넣으세요.

1 나는 저녁으로 내가 가장 좋아하는 요리를 만들었다.

→ I made my favorite _____ for dinner.

2 그 건물이 불타고 있다. → The building is _____.

3 그녀는 혼합 가루에 달걀을 넣어 케이크를 만들었다.

→ She made a cake from a _____ by adding eggs.

4 그는 훌륭한 제빵사이다. → He is a very good _____.

5 여보, 나 집에 왔어요! → _____, I'm home!

Unit 09 일상

발음 익히기

셀프 스터디 리스닝 훈련

암기 Tip

0201 +
usual
[júːʒuəl]

형 일반적인, 일상의 (↔ unusual 특이한, 흔치 않은)

Is it **usual** to wait over an hour?
한 시간 이상 기다리는 것이 **일반적**인가요?

usually [júːʒuəli] 분 대개, 평소에

'일반적'이라는 것은 일부에 한정되지 않고 전체에 걸치는 것을 말하고, '일상'은 날마다 반복되는 생활을 말해요.

0202 +
ordinary
[ɔ́ːrdəneri]

형 평범한, 보통의 (↔ special 특별한, 소중한)

She wears an **ordinary** pair of shoes to take a walk. 그녀는 산책하기 위해 **평범한** 신발을 신는다.

비범하다는 것과 대비되는 개념이에요. 즉, an ordinary person은 '비범한 사람'이 아니고 그냥 평범한 사람'이란 뜻이지요.

0203 +
regular
[régjələr]

형 1. 규칙적인, 정기적인
2. 보통의, 평상시의, 표준 크기의

Regular meetings will be held at 10 o'clock. 정기 회의가 10시 정각에 열릴 예정입니다.

Sue came home before her **regular** dinnertime.
수는 **평상시의** 저녁식사 시간이 되기 전에 집에 왔다.

regularly [régjələrli] 분 규칙적으로, 정기적으로

피자집에 주문하려고 보면 크기가 보통 레귤러(regular)와 라지(large) 두 가지가 있죠? 레귤러가 기본이 되는 표준 크기이고, 라지는 큰 것이죠.

0204
routine
[ruːtíːn]
철자주의

명 일과 형 일상적인

This is Anderson's daily **routine**.
이것이 앤더슨의 하루 **일과**이다.

Fried eggs and milk are my **routine** breakfast. 달걀 프라이와 우유가 내 **일상적인** 아침식사이다.

뉘앙스 ▶ 일과는 '날마다 규칙적으로 하는 일정한 일'을 뜻해서 daily routine 이라고도 해요. 으레 하는 판에 박힌 것이라서 지루함, 지겨움 등의 부정적인 뉘앙스도 있어요.

0205 ++
drive
[draiv]
drove-driven

동 운전하다

Use GPS to **drive** in a busy city.
혼잡한 도시에서 **운전할** 때는 GPS를 사용하세요.

자동차를 타고 근교 등으로 나가 구경하듯 주위를 둘러보는 것을 '드라이브'한다고 하죠?

0206 + +
exercise

[éksərsaiz]

명 운동, 연습 동 운동하다

Running is my favorite **exercise**.
달리기는 내가 가장 좋아하는 **운동**이다.

She needs to **exercise** every day.
그녀는 매일 **운동할** 필요가 있다.

뉘앙스 ● exercise는 연습을 의미하는 일반적인 단어이고 practice는 규칙적으로 반복하는 연습을 말해요.

0207 +
contact

[kántækt]

명 1. 연락 2. 접촉 동 연락하다

Do you and Dan still keep in **contact**?
너와 댄은 아직도 서로 **연락**하고 지내니?

Avoid **contact** with skin and hands.
피부와 손에 **닿지** 않게 하십시오.

Contact your sales person for more information. 자세한 내용은 판매 사원에게 **문의하십시오**.

콘택트렌즈(contact lens)는 안경과 달리 우리 눈에 직접 접촉하여 시력을 보완해주는 도구를 말하죠.

0208 + +
habit

[hǽbit]

명 습관, 버릇

Bad **habits** are hard to break.
나쁜 **습관**은 고치기 어렵다.

a good[bad] habit은 좋은[나쁜] 습관, an old habit은 오래된 습관을 말해요.

0209 + +
diary

[dáiəri]

명 일기

She kept a **diary** while she was traveling.
그녀는 여행하는 동안 **일기**를 썼다.

일정 관리를 위해 사용하는 수첩 등은 '플래너(planner)'라고 하고, 다이어리 (diary)는 그날그날 겪은 일이나 생각을 적는 것이에요.

0210 + +
bath

[bæθ]

명 1. 목욕 2. 욕조

I don't want to go out after taking a **bath**.
나는 **목욕**을 하고 나면 외출하고 싶지 않다.

The child was going to get into the **bath**.
그 아이는 **욕조**에 들어가려고 했다.

bathe [beið] 동 몸을 씻다, 목욕하다

목욕을 하는 욕조는 bathtub이라고도 해요. bathroom은 욕조가 있는 욕실을 말해요.

0211 +
shower

[ʃáuər]

명 1. 샤워, 샤워기 2. 소나기 동 샤워를 하다

He is in the **shower**. 그는 **샤워** 중이다.

After a **shower** in the morning, the sun came out. 아침에 **소나기**가 내린 후에 해가 나왔다.

Please **shower** before using the pool.
풀장을 사용하기 전에 **샤워를 하세요**.

샤워(shower)를 하는 것처럼 비가 쏟아지는 것을 소나기(shower)라고 하죠.

0212 + +

wash

[waʃ]

동 씻다, 세탁하다

My dad likes to **wash** the dishes for my mom. 우리 아빠는 엄마를 위해서 **설거지하는** 걸 좋아하신다.

0213

laundry

[lɔ́ːndri]

철자주의

명 세탁물, 빨래

Kate brought in the **laundry**. 케이트가 **빨래**를 걷었다.

세탁 세제의 용기를 잘 살펴보면, laundry라고 적힌 걸 발견할 수 있을 거예요.

0214

iron

[áiərn]

동 다림질하다 명 철, 쇠

It's not easy to **iron** clothes. 옷을 **다림질하는** 것은 쉽지 않다.

The door was made of **iron**. 그 문은 **쇠**로 만들어졌다.

철로 만든 갑옷을 입은 히어로, 아이언맨(Iron Man)이죠.

0215 +

lock

[lɑk]

동 잠그다 명 자물쇠

I **locked** the door when I left home. 나는 집을 나설 때 문을 **잠갔다**.

Someone broke the **lock**! 누군가 **자물쇠**를 부숴 버렸어!

'락앤락'이라는 이름의 밀폐용기가 있어요. 잠그고 또 잠가서(lock & lock) 절대 새지 않는다는 의미지요.

0216 +

tie

[tai]

동 (끈 등을) 묶다, 매다

명 1. 끈, 매듭 2. 넥타이

Can you **tie** a knot? 너는 매듭을 **묶을** 수 있니?

I need a hair **tie** for my hair. 나는 내 머리카락을 위해 머리 **끈**이 필요해.

I bought a **tie** for my dad's birthday. 나는 아빠의 생신에 **넥타이**를 샀다.

넥타이는 목(neck)에 매서(tie) 매듭을 짓는 띠 모양의 천이죠.

0217 + +

fix

[fiks]

동 1. 고치다 2. 고정하다

Can you **fix** this bicycle? 이 자전거를 **고쳐** 주실 수 있어요?

The table was **fixed** to the floor. 탁자는 마루에 **고정되었다**.

일정/날짜/시간을 '픽스'한다라는 말을 들어본 적 있나요? 여기서의 'fix(픽스)'는 고정한다는 의미로 쓰여 일정/날짜/시간 등을 확실히 정한다는 표현이에요.

0218 +
repair
[ripéər]

동 고치다, 수리하다 명 수리

He needed to **repair** a damaged ceiling.
그는 훼손된 천장을 **수리해야** 했다.
This old house is in need of **repair**.
이 오래된 집은 **수리**가 필요하다.

0219 +
trash
[træʃ]

명 쓰레기

This city is so clean. There is no **trash** anywhere.
이 도시는 정말 깨끗하다. 어디에도 **쓰레기**가 없다.

쓰레기란 의미에서 더 나아가, 영화, 책, TV 프로그램이 정말 질이 낮을 때 자주 사용됩니다.

0220
wipe
[waip]

동 닦다, 가볍게 문지르다

Please **wipe** the table after dinner.
저녁 식사 후 식탁을 **닦아** 주세요.

자동차에 보면 와이퍼(wiper)가 있죠? 비나 눈이 올 때 왔다 갔다 하면서 차 유리를 닦아 준답니다.

0221
sweep
[swi:p]
swept-swept

동 쓸다, 청소하다

Benny **swept** the kitchen floor.
베니가 부엌 바닥을 **쓸었다**.

스포츠 경기에서 완승을 거둘 때도 'sweep'이라고 해요. 한 마디로 경기를 싹 쓸어버렸다는 표현이죠.

0222 +
rest
[rest]

동 쉬다, 휴식을 취하다 명 휴식, 수면

The worker **rested** for ten minutes.
그 근로자는 10분간 **쉬었다**.
Get some **rest**. 휴식을 좀 취해라.

R.I.P.는 Rest In Peace(평화 속에서 편히 쉬기를)의 약자로, 애도를 표할 때 쓰는 말이에요.

0223
nap
[næp]

명 낮잠

We took a **nap** after finishing all the chores. 우리는 집안일을 모두 마치고 **낮잠**을 잤다.

'낮잠을 자다'는 동사 take를 써서 'take a nap'이라고 말해요.

0224 ++
sleep
[sli:p]
slept-slept

동 자다 명 잠

Not everyone **sleeps** or wakes the same way.
모든 이가 동일한 방법으로 **잠들거나** 잠에서 깨지는 않는다.

Get some **sleep**. 잠을 좀 자거라.
sleepy[slí:pi] 형 졸린, 졸음이 오는

0225 ++
wake
[weik]
woke-woken-waking

동 (잠에서) 깨다, 깨우다

I **woke** up late this morning.
나는 오늘 아침에 늦게 **일어났다**.

 # Apply, Check & Exercise

Answer Key p.318

A 영어는 우리말로, 우리말은 영어로 쓰세요.

1	usual	_____	2	drive	_____
3	exercise	_____	4	contact	_____
5	habit	_____	6	shower	_____
7	wash	_____	8	sweep	_____
9	fix	_____	10	trash	_____
11	rest	_____	12	sleep	_____
13	tie	_____	14	평범한, 보통의	_____
15	규칙적인	_____	16	일과, 일상적인	_____
17	일기	_____	18	목욕	_____
19	세탁물	_____	20	다림질하다	_____
21	잠그다	_____	22	수리하다, 수리	_____
23	닦다	_____	24	낮잠	_____
25	깨다, 깨우다	_____			

B 다음 빈칸에 알맞은 단어를 쓰세요.

1 usual : unusual = 일상의 : _____

2 ordinary : special = 평범한 : _____

3 regular : _____ = 규칙적인 : 규칙적으로

4 sleep : _____ = 잠 : 졸린, 졸음이 오는

5 bath : _____ = 목욕 : 몸을 씻다, 목욕하다

6 sweep : _____ = 쓸다 : 닦다

7 shower : wash = 샤워를 하다 : _____

8 exercise : _____ = 운동하다 : 휴식을 취하다

9 fix : _____ = 고치다 : 고치다, 수리하다

10 diary : routine = 일기 : _____

C 다음 중 단어의 영영 풀이가 <u>잘못된</u> 것을 <u>있는 대로</u> 고르세요.

① drive: guide and control a car
② contact: call or write to someone
③ habit: something that you don't do often
④ laundry: clothes, towels, etc., that need to be washed
⑤ nap: a long period of sleep during the night

D 배운 단어를 이용하여 빈칸에 알맞은 말을 넣으세요.

1 그녀는 내 셔츠를 다렸다. → She _____ my shirt.

2 보통 크기의 피자로 드릴까요, 큰 거로 드릴까요?
   → Do you want a _____ or a large pizza?

3 떠날 때는 문을 잠가라. → _____ the door when you leave.

4 쓰레기를 주우세요. → Please pick up the _____ .

5 웨이터가 테이블을 깨끗하게 닦았다. → A waiter _____ the table clean.

Unit 10 패션

발음 익히기

셀프 스터디

리스닝 훈련

패션

암기 Tip

0226 ++
fashion
[fǽʃən]

圆 1. 패션 2. 유행

I have good **fashion** sense. 나는 **패션** 감각이 좋다.
The dress is out of **fashion** now.
그 드레스는 이제 **유행**이 지났다.

fashionable [fǽʃənəbl] 웹 유행하는

옷을 좋아하고, 관심이 많아서 옷을 잘 입는 사람을 '패피'라고 부르죠? 'fashionable people'의 줄임말이랍니다.

0227 ++
design
[dizáin]
철자주의

동 디자인하다, 고안하다 명 디자인

Mia is **designing** furniture.
미아는 가구를 **디자인하고** 있다.

The **design** of the aircraft is fantastic.
이 항공기의 **디자인**은 환상적이다.

designer [dizáinər] 웹 디자이너

디자인 또는 설계를 전문으로 하는 사람을 '디자이너(designer)'라고 말하지요.

0228 +
model
[mɔ́dl]

圆 1. 모델 2. (보통 실물보다 작게 만든) 모형

Fashion **models** never smile on the
runway. 패션**모델들**은 무대 위에서 절대 웃지 않는다.
He made a one-foot-tall **model** of the
building. 그는 1피트 높이의 건물 **모형**을 만들었다.

0229 ++
style
[stail]

圆 1. 스타일 2. 방식

A haircut can change your **style**.
머리를 자르면 **스타일**이 달라 보일 수 있다.
A 2G cell phone suits his **style** of living.
2G 휴대 전화가 그의 생활 **방식**과 어울린다.

style은 옷이나 머리의 모양뿐만 아니라 '나는 독서실에서 집중을 잘 하는 스타일이야.'처럼 일정한 방식을 말하기도 해요.

0230 +
item
[áitəm]

圆 1. 항목 2. 물품, 품목

We have three **items** to talk about today.
우리는 오늘 얘기할 **항목**이 세 개 있어요.
This **item** is on sale. 이 **품목**은 할인 중입니다.

어떤 목록 안에 포함된 하나하나의 항목들을 뜻해요.

0231 +
brand
[brænd]

명 상표, 브랜드

Popular **brands** often cost more.
유명 **상표**가 흔히 더 비싸다.

brand는 상품이나 단체의 이름을 쉽고 널리 알리기 위해 나타낸 상징으로 글자, 숫자, 이미지 등으로 표시해요.

0232 +
magazine
[mǽɡəziːn]

명 잡지, 매거진

Time **magazine** is popular in America.
타임 **매거진**은 미국에서 인기 있다.

잡지의 성격에 따라 다양한 내용의 글이 실려요.

옷, 의복

0233 + +
clothes
[klouðz]
발음주의

명 옷, 의복

These **clothes** should be washed by hand. 이 **옷들**은 손빨래를 해야 한다.

cloth는 천이나 옷감을 의미해요. cloth를 가지고 clothes를 만드는 것이죠.

0234 + +
dress
[dres]

명 드레스, 원피스

You look great in that **dress**.
그 **드레스**가 너에게 잘 어울린다.

결혼식 때 신부가 입는 옷을 '웨딩드레스(wedding dress)'라고 하죠.

0235 + +
jacket
[dʒǽkit]

명 재킷, (짧은) 상의

This **jacket** doesn't look good on you.
이 **재킷**은 네게 어울리지 않는다.

0236 + +
pants
[pænts]

명 바지

I can run faster in **pants**.
나는 **바지**를 입으면 더 빨리 달릴 수 있다.

반바지는 shorts라고 해요.

0237 ++
jeans
[dʒiːnz]

명 청바지

You can wear **jeans** in every season.
청바지는 어느 계절에나 입을 수 있다.

0238 ++
shirt
[ʃəːrt]

명 셔츠

This tie will match your **shirt**.
이 넥타이가 네 **셔츠**와 어울릴 것이다.

와이셔츠는 콩글리시이고 shirt나 dress shirt라고 합니다. 티셔츠(T-shirt)는 T자 모양의 상의를 가리켜요.

0239 ++
cotton
[kátən]

명 1. 면, 솜 2. 목화

A **cotton** shirt is easy to wash.
면 셔츠는 세탁하기가 쉽다.
She grows **cotton**. 그녀는 **목화**를 기른다.

솜사탕은 cotton candy라고 해요.

0240 ++
pocket
[pákit]

명 주머니

His **pocket** is full of coins.
그의 **주머니**는 동전으로 가득하다.

유명한 애니메이션인 포켓몬스터(pocket monster)의 주인공들은 몬스터 볼에 넣어 주머니에 쏙 넣고 다니죠.

0241 ++
button
[bátən]

명 단추

You lost a **button** from your blouse!
너 블라우스 **단추** 한 개를 잃어버렸구나!

액세서리

암기 Tip

0242 +
scarf
[skɑːrf]
복수형 scarves[scarfs]

명 스카프

Scarves will keep you warm.
스카프가 몸을 따뜻하게 해 줄 거야.

우리는 스카프(scarf)를 장식용 얇은 천으로, 머플러(muffler)를 두툼한 목도리로 구분하여 사용하지만, 영미 문화권에서는 scarf와 muffler를 구분 없이 사용해요.

0243 +

purse
[pəːrs]

명 (여성용) 지갑

She left her **purse** at home.
그녀는 집에 **지갑**을 두고 왔다.

우리가 흔히 핸드백이라고 부르는, 여자들이 들고 다니는 작은 가방을 미국에서는 purse라고도 해요.

0244 +

wallet
[wάlit]

명 지갑

I picked up a brown **wallet** on the subway.
나는 지하철에서 갈색 **지갑**을 주웠다.

신분증, 카드, 지폐를 넣을 수 있도록 다양한 크기의 칸이 있고, 반으로 접을 수 있는 지갑을 말해요.

0245 ++

ring
[riŋ]
rang-rung

명 1. 고리 2. 반지 동 (종을[이]) 울리다

I need a key **ring**. 난 열쇠**고리**가 필요해.
Ned bought a **ring** for his girlfriend.
네드는 여자 친구에게 줄 **반지**를 샀다.
Your phone is **ringing**. 네 전화기가 **울리고** 있어.

커플끼리 맞춰 끼는 반지를 커플링 (couple ring)이라고 해요.

0246 ++

glove(s)
[glʌv(z)]

명 장갑

The doctor is wearing **gloves**.
그 의사는 **장갑**을 끼고 있다.

야구 경기에서 수비수들이 공을 잡기 위해 착용하는 장갑인 야구 글러브 (baseball glove)를 많이 들어보았죠?

0247 ++

socks
[sɑːks]

명 양말

I bought a pair of thick **socks** for winter.
나는 겨울용으로 두꺼운 **양말** 한 켤레를 샀다.

어법 ▶ 양말 한 짝은 a sock, 두 짝은 socks로 한 켤레가 되죠. 한 켤레는 a pair of socks라고 한답니다.

0248 ++

shoes
[ʃuːz]

명 신발

Those **shoes** do not fit you. They're too big. 저 **신발**은 너에게 맞지 않아. 너무 커.

어법 ▶ 신발 한 짝은 a shoe라고 해요. 신발은 보통 두 짝이 한 켤레가 되니 shoes가 되는 것이죠.

0249 + +

boot(s)

[bu:t(s)]

📖 목이 긴 신발[구두], 부츠

You should wear warm **boots** in snow.
눈 속에서는 따뜻한 **부츠**를 신어야 한다.

비가 올 때 신는 장화를 '레인부츠(rain boots)'라고 해요.

0250 + +

wear

[wεər]

wore-worn

📖 입고[신고·쓰고] 있다

Bill Gates **wears** glasses.
빌 게이츠는 안경을 **쓴다.**

뉘앙스 ▶ wear은 단순히 옷만 입는 것이 아니라 모자, 장갑, 신발, 선글라스, 넥타이, 장신구 등을 착용할 때도 사용할 수 있어요.

 Apply, **C**heck & **E**xercise

Answer Key p.318

A 영어는 우리말로, 우리말은 영어로 쓰세요.

1	fashion	_____	2	model	_____
3	style	_____	4	pants	_____
5	jeans	_____	6	shirt	_____
7	wallet	_____	8	purse	_____
9	ring	_____	10	shoes	_____
11	boots	_____	12	glove	_____
13	wear	_____	14	디자인하다	_____
15	항목, 품목	_____	16	상표, 브랜드	_____
17	옷, 의복	_____	18	원피스, 드레스	_____
19	잡지	_____	20	면, 솜	_____
21	주머니	_____	22	단추	_____
23	스카프	_____	24	재킷	_____
25	양말	_____			

B 다음 빈칸에 알맞은 단어를 쓰세요.

1 shirt : _____ = 셔츠 : 바지

2 purse : _____ = (여성용) 지갑 : 지갑

3 item : _____ = 물품, 품목 : 상표

4 shoes : _____ = 신발 : 목이 긴 신발, 부츠

5 design : _____ = 디자인 : 스타일, 방식

6 fashion : _____ = 유행, 패션 : 모델

7 pocket : button = 주머니 : _____

8 glove : socks = 장갑 : _____

9 jacket : _____ = 재킷 : 청바지

10 cotton : clothes = 면 : _____

C 다음 중 단어의 영영 풀이가 <u>잘못된</u> 것을 <u>있는 대로</u> 고르세요.

① item: a single thing on a list
② brand: a type of goods made by a company
③ scarf: a long piece of cloth that is worn around your waist
④ ring: a round thing to be worn on your head
⑤ wear: have on one's body

D 배운 단어를 이용하여 빈칸에 알맞은 말을 넣으세요.

1 그 아이는 작은 벨을 울렸다. → The child _____ the little bell.

2 그들은 밭에서 목화를 따고 있다. → They are in the field picking _____.

3 그 소년은 모형 비행기를 조립했다. → The boy put together a _____ plane.

4 나는 비누 같은 가정용품이 필요하다.
   → I need some household _____ like soap.

5 그녀는 패션계를 이끄는 디자이너 중의 한 명이다.
   → She is one of the leading _____ in the fashion world.

Final Check

FINISH

Unit 06~Unit 10에서 배운 125단어의 의미를 복습해 볼까요?
뜻이 떠오르지 않거나 시간이 오래 걸리는 것들은
◎에 따라 체크해서 즉시즉시 떠오를 때까지 반복해서 복습해주세요.

0212 ◎◎◎	wash		0159 ◎◎◎	frame
0222 ◎◎◎	rest		0239 ◎◎◎	cotton
0217 ◎◎◎	fix		0203 ◎◎◎	regular
0152 ◎◎◎	needle		0147 ◎◎◎	aunt
0179 ◎◎◎	dish		0170 ◎◎◎	mirror
0171 ◎◎◎	alarm		0167 ◎◎◎	sheet
0190 ◎◎◎	bean		0136 ◎◎◎	grandparent
0180 ◎◎◎	glass		0184 ◎◎◎	knife
0229 ◎◎◎	style		0187 ◎◎◎	pork
0242 ◎◎◎	scarf		0245 ◎◎◎	ring
0200 ◎◎◎	mix		0216 ◎◎◎	tie
0246 ◎◎◎	glove(s)		0153 ◎◎◎	pin
0178 ◎◎◎	bowl		0220 ◎◎◎	wipe
0225 ◎◎◎	wake		0191 ◎◎◎	cabbage
0145 ◎◎◎	twin		0232 ◎◎◎	magazine
0228 ◎◎◎	model		0224 ◎◎◎	sleep
0248 ◎◎◎	shoes		0249 ◎◎◎	boot(s)
0176 ◎◎◎	kitchen		0226 ◎◎◎	fashion
0241 ◎◎◎	button		0157 ◎◎◎	scissors
0193 ◎◎◎	honey		0240 ◎◎◎	pocket
0209 ◎◎◎	diary		0182 ◎◎◎	pan
0231 ◎◎◎	brand		0162 ◎◎◎	rope
0140 ◎◎◎	birth		0151 ◎◎◎	tool
0218 ◎◎◎	repair		0233 ◎◎◎	clothes
0155 ◎◎◎	chain		0210 ◎◎◎	bath

250

0163 ○○○	battery	0208 ○○○	habit	0211 ○○○	shower
0204 ○○○	routine	0237 ○○○	jeans	0195 ○○○	pepper
0143 ○○○	adopt	0129 ○○○	wife	0236 ○○○	pants
0148 ○○○	cousin	0197 ○○○	boil	0164 ○○○	board
0165 ○○○	bookshelf	0134 ○○○	daughter	0135 ○○○	son
0138 ○○○	grandmother (grandma)	0141 ○○○	care	0144 ○○○	elder
		0142 ○○○	marry	0154 ○○○	brush
0223 ○○○	nap	0238 ○○○	shirt	0137 ○○○	grandfather (grandpa)
0250 ○○○	wear	0158 ○○○	basket		
0230 ○○○	item	0188 ○○○	vegetable	0234 ○○○	dress
0202 ○○○	ordinary	0219 ○○○	trash	0150 ○○○	niece
0181 ○○○	jar	0206 ○○○	exercise	0160 ○○○	match
0161 ○○○	net	0174 ○○○	television	0166 ○○○	calendar
0213 ○○○	laundry	0126 ○○○	household	0186 ○○○	beef
0189 ○○○	noodle	0132 ○○○	child	0205 ○○○	drive
0146 ○○○	relative	0173 ○○○	candle	0149 ○○○	nephew
0192 ○○○	nut	0235 ○○○	jacket	0196 ○○○	bake
0247 ○○○	socks	0172 ○○○	lamp	0131 ○○○	infant
0156 ○○○	hammer	0133 ○○○	kid	0139 ○○○	grandchild
0128 ○○○	husband	0168 ○○○	soap	0177 ○○○	bottle
0130 ○○○	parent	0207 ○○○	contact	0194 ○○○	powder
0183 ○○○	pot	0243 ○○○	purse	0127 ○○○	family
0198 ○○○	burn	0201 ○○○	usual	0215 ○○○	lock
0244 ○○○	wallet	0227 ○○○	design	0185 ○○○	meat
0214 ○○○	iron	0175 ○○○	umbrella	0221 ○○○	sweep
0199 ○○○	fry			0169 ○○○	towel

Final Check **97**

Part 3

School Life & Sports

Picture⁺
. Dictionary

Unit 11

graduate

Unit 11

uniform

Unit 11

learn

Unit 12

playground

Unit 13

call

Unit 13

hug

Unit 14

doubt

Unit 15

sweat

Unit 15

strike

Unit 15

whistle

Unit 11 학교와 수업 1

발음 익히기

셀프 스터디

리스닝 훈련

학교와 학생

암기 Tip

0251 ++
college
[kάlidʒ]

명 대학(교)

Sam goes to **college** in L.A.
샘은 엘에이에서 **대학**을 다닌다.

우리나라에서는 종합대학교를 의미하는 university를 더 많이 쓰지만, 미국에서는 일반적으로 대학교를 college로 표현하는 경우가 더 많답니다.

0252
university
[jùːnəvə́ːrsəti]

명 대학교

She's studying music at Yale **University**.
그녀는 예일**대학교**에서 음악을 공부하고 있다.

0253 ++
class
[klæs]

명 1. 학급, 반 2. 수업 3. 계급

There are 30 students in the **class**.
그 **학급**에는 30명의 학생들이 있다.

The next **class** begins at 11 a.m.
다음 **수업**은 오전 11시에 시작된다.

There are four social **classes** in the country. 그 나라에는 네 가지의 사회적 **계급**이 있다.

어원 ▶ class는 라틴어 classis에서 온 단어예요. '로마 국민의 분류·등급'을 의미하죠. 그래서 class에는 '계급'이라는 의미도 있어요.

0254 ++
classroom
[klǽsrù(ː)m]

명 교실

My **classroom** is on the 4th floor.
우리 **교실**은 4층에 있다.

class(학급)와 room(방)이 합쳐진 단어예요.

0255
homeroom
[hóumrùːm]

명 반, 교실 (학급 전원이 모이는 학교생활 지도 교실)

We have art class in our **homeroom**.
우리는 **교실**에서 미술 수업이 있다.

학교 내에서 home이 되는 room(공간)은 학급, 반, 교실이겠죠. 그래서 담임 선생님을 homeroom teacher라고 해요.

0256 +
grade
[greid]

형 1. 학년 2. 성적 3. 등급

What **grade** are you in? 너는 몇 **학년**이니?

Bad study habits may cause low **grades**.
나쁜 공부 습관이 낮은 **성적**의 원인일 수 있다.

That store sells the best **grades** of tea.
저 상점은 최상 **등급**의 차를 판매한다.

어원 라틴어에서 '계단'이라는 뜻의 단어가 발전된 것이에요.

0257
teenage
[tíːnèidʒ]

형 십 대의

Many **teenage** boys have part-time jobs.
많은 **십 대** 소년들이 아르바이트를 한다.

teenager[tíːnèidʒər] 명 십 대, 청소년

teen은 '10···'의 뜻으로 13~19의 수를 말해요. teen+age(나이)가 합쳐진 단어로, '10대의 나이'를 가리키네요.

0258 +
vacation
[veikéiʃən]

명 1. 방학 2. 휴가

Summer **vacation** is just around the corner. 여름**방학**이 곧 시작된다.

They're on **vacation** in Berlin.
그들은 베를린에서 **휴가**를 보내고 있다.

vacation은 학교 방학이나 개인적으로 쉬는 휴가를 말해요. holiday는 법적으로 지정되어 학교나 회사를 갈 필요가 없는 휴일을 말해요.

0259
graduate
[grǽdʒuèit]

동 졸업하다

My sister will **graduate** in June.
우리 언니는 6월에 **졸업할** 예정이다.

graduation[grǽdʒuéiʃən] 명 졸업

어원 grade에 동사를 만드는 -ate가 합쳐져 '계단, 단계를 밟아 학위를 딴 것', 즉 '졸업하다'는 의미가 되었어요.

0260 ++
smart
[smɑːrt]

형 1. 똑똑한, 영리한 2. 단정한, 멋진

Reading books makes you **smart**.
책을 읽으면 **똑똑해**진다.

He looks **smart** in his new suit.
그는 새 정장을 입으니 **멋져** 보인다.

우리가 쓰는 스마트폰(smartphone)도 똑똑한 기능이 많죠.

0261 ++
ready
[rédi]

형 준비가 된

Our kids are **ready** to attend school.
우리 아이들은 학교에 다닐 **준비가 되어** 있다.

0262

textbook
[tékstbùk]

📖 교과서

I forgot to bring my **textbook**.
나는 **교과서**를 가져오는 것을 깜빡했다.

교과서(textbook)는 공부를 하기 위한 내용의 글(text)들로 이루어진 책(book)이지요.

0263 +

dictionary
[díkʃənèri]

📖 사전

I looked up some words in the **dictionary**.
나는 **사전**에서 단어 몇 개를 찾아보았다.

어원 dict는 '말'을 의미해요. dictionary는 우리가 사용하는 모든 말을 담아놓은 책이죠.

0264

blackboard
[blǽkbɔːrd]

📖 칠판

She took some chalk and wrote on the **blackboard**. 그녀는 분필을 들고 **칠판**에 썼다.

진한 녹색의 칠판은 blackboard, 하얀 칠판은 화이트보드(whiteboard)라고 해요.

0265 + +

glue
[gluː]

📖 접착제, 풀 동 (접착제로) 붙이다

Wait for the **glue** to dry before you sit on it. 거기에 앉기 전에 **접착제**가 마르기를 기다려라.
I **glued** the handle onto the cup.
나는 손잡이를 컵에 **붙였다**.

0266 +

uniform
[júːnəfɔ̀ːrm]

📖 1. 유니폼, 제복 2. 교복

Pilots wear a **uniform**. 조종사는 **제복**을 입는다.
We prefer to wear school **uniforms**.
우리는 **교복** 입는 것을 선호한다.

어원 uniform은 '하나'를 뜻하는 uni-와 '형태'를 뜻하는 form으로 이루어진 단어예요. '형태가 하나인' 옷이라는 뜻이 되지요.

학교수업 1

0267

schoolwork
[skúːlwə̀rk]

📖 학업, 학교 공부

I'm tired of **schoolwork**!
나는 **학교 공부**가 지겨워!

0268 ++
lesson
[lésən]

명 1. 수업 2. 과 3. 교훈
They offer free **lessons** online.
그들은 온라인으로 무료 **수업**을 제공한다.

The book has 12 **lessons**. 그 책에는 열두 **과**가 있다.
I learned a good **lesson** from the cartoon.
나는 그 만화에서 좋은 **교훈**을 얻었다.

피아노 레슨, 바이올린 레슨… 이런 말들을 많이 쓰죠? 수업을 받으면 무언가 배우는 것이 있으니까 '교훈'이라는 뜻과도 연결되네요.

0269 ++
learn
[ləːrn]

동 배우다, 학습하다
It is never too late to **learn**.
배움에는 절대 늦음이 없다.

study를 통해 어떤 지식이나 기술을 가지게 된 것을 말해요.

0270
major
[méidʒər]

명 전공 형 주요한
Are you happy with your **major**?
너는 네 **전공**에 만족하니?

She played a **major** role in the project.
그녀는 그 프로젝트에서 **중요한** 역할을 맡았다.

유능한 과학자가 되기 위해 대학에서 과학을 공부하는 학생에게는 과학이 바로 그의 전공이에요.

0271 ++
fact
[fækt]

명 사실
This story is based on **fact**.
이 이야기는 **사실**에 근거한다.

truth는 거짓과 반대되는 의미의 '진실'이고 fact는 이론이나 상상이 아닌 '실제 일어난 일'이라고 할 수 있어요.

0272 +
title
[táitl]

명 제목, 표제
The **title** of my favorite book is *The Giver*.
내가 가장 좋아하는 책의 **제목**은 〈기억 전달자〉이다.

0273 ++
example
[igzæmpl]

명 예, 보기
Can you give me an **example**?
예를 들어 주실 수 있나요?

줄여서 ex.라고 쓴답니다. e.g.는 for example(예를 들어)을 나타내요.

0274

basis

[béisis]

명 근거, 이유

What is the **basis** of your opinion?

네 의견의 **근거**는 무엇이니?

basic[béisik] 형 기초의, 기본적인

basis와 basic은 모두 base(맨 밑바닥)에서 나온 말이랍니다.

0275 + +

word

[wəːrd]

명 단어, 낱말

Put the **words** in the correct order.

단어를 알맞은 순서로 놓아라.

알파벳(alphabet)이 모여 단어(word)가 되고, 단어가 모여 문장(sentence)이 되죠.

 Apply, **C**heck & **E**xercise

Answer Key p.319

A 영어는 우리말로, 우리말은 영어로 쓰세요.

1	class	_____	2	classroom	_____
3	homeroom	_____	4	vacation	_____
5	blackboard	_____	6	university	_____
7	textbook	_____	8	dictionary	_____
9	schoolwork	_____	10	lesson	_____
11	fact	_____	12	basis	_____
13	college	_____	14	단어, 낱말	_____
15	학년, 성적	_____	16	졸업하다	_____
17	똑똑한	_____	18	준비가 된	_____
19	십 대의	_____	20	제목, 표제	_____
21	접착제	_____	22	유니폼, 제복	_____
23	전공, 주요한	_____	24	예, 보기	_____
25	배우다	_____			

B 다음 빈칸에 알맞은 단어를 쓰세요.

1 class : _____ = 학급, 수업 : 교실

2 schoolwork : _____ = 학교 공부 : 학년, 성적

3 graduate : _____ = 졸업하다 : 졸업

4 university : _____ = 대학교 : 전공

5 learn : lesson = _____ : 수업, 과

6 basis : basic = 근거, 이유 : _____

7 textbook : dictionary = 교과서 : _____

C 다음 중 단어의 영영 풀이가 <u>잘못된</u> 것을 <u>있는 대로</u> 고르세요.

① college: a school that you go to after middle school

② title: the name of a book, film, or song

③ vacation: a time period away from work or school

④ fact: a piece of false information

⑤ uniform: a special type of shoes worn by all the members of a group

D 배운 단어를 이용하여 빈칸에 알맞은 말을 넣으세요.

1 대학에서 그의 전공은 무엇이었니? → What was his _____ in college?

2 그 책은 흥미로운 사실들로 채워져 있다.

   → The book is filled with interesting _____.

3 예를 하나 들어 줄게. → Let me give you an _____.

4 이번 과에서는 색을 나타내는 단어를 배울 것입니다.

   → In this _____ you will learn some words for colors.

5 배울 준비가 되어 있나요? → Are you _____ to learn?

6 레베카는 똑똑한 학생이다. → Rebecca is a _____ student.

Unit 12 학교와 수업 2

발음 익히기

셀프 스터디

리스닝 훈련

학교수업 2

암기 Tip

0276 + +
math
[mǽθ]

명 **수학**

Math is important in everyday life.
수학은 일상생활에서 중요하다.

mathematics를 줄여 math라고 해요.

0277 + +
science
[sáiəns]

명 **과학**

Science explains natural events.
과학은 자연현상을 설명한다.

scientific[sàiəntífik] 형 과학의, 과학적인

0278 + +
history
[hístəri]

명 **역사**

We need to know the **history** of our
nation. 우리는 우리나라의 **역사**를 알아야만 한다.

historic[histɔ́rik] 형 역사적으로 중요한
historical[histɔ́rikəl] 형 역사적, 역사상의

단어를 자세히 보면 hi와 story로 나누
어져요. story(이야기)를 높이(high)
쌓아 올리면 역사(history)가 되겠지
요.

0279
grammar
[grǽmər]

명 **문법** (말의 구성이나 사용할 때의 규칙)

My homework is 40 **grammar** questions.
문법 문제 40개가 내 숙제야.

'천일문 GRAMMAR, GRAMMAR Q,
Grammar Line'과 같이 영어 문법 교
재 이름에는 대부분 grammar가 들어
가요.

0280 + +
teach
[tiːtʃ]
taught-taught

동 **가르치다**

My friend from Canada **teaches** me
English. 캐나다에서 온 친구가 나에게 영어를 **가르친다**.

뉘앙스 학교에서 가르치는 것 외에도
방법이나 교훈을 알려주는 것 등에 두
루 쓰여요.

0281 +

explain
[ikspléin]

동 설명하다

The teacher **explained** it three times.
교사는 그것을 세 번 **설명했다**.

어원 ex-(밖으로)+plain(명백한) → 밖으로 명백히 하다 → explain(설명하다)

0282 +

note
[nout]

명 1. 메모, 필기 2. 편지, 쪽지

Please make a **note** of the point.
요점을 **필기**하세요.

He sent a thank-you **note** for the gift.
그는 선물을 준 것에 대해 감사 **쪽지**를 보냈다.

note는 기억을 돕기 위한 메모나 필기를 말해요. memo는 특히 회사에서 사람들에게 무언가를 알리기 위해 돌리는 짤막한 메시지나 메모를 말해요.

0283 + +

keep
[ki:p]

kept-kept

동 1. (상태를) 유지하다 2. ~을 계속하다
3. 보유하다

They **kept** silent in class.
그들은 수업 중에 조용히 **있었다**.

Keep on smiling! 계속 웃으세요!
I'll **keep** the change. 잔돈은 내가 **가질게**.

하우스 키핑(house keeping)이란 '가사, 가정'을 뜻하는 말이에요. 집(house)을 잘 유지(keeping)하는 것을 의미하지요.

0284 + +

finish
[fíniʃ]

동 끝나다, 마치다 명 마지막 부분, 끝

The class **finishes** at 3 p.m.
그 수업은 오후 3시에 **끝난다**.

The trip was exciting from start to **finish**.
여행은 처음부터 **끝**까지 신났다.

달리기의 결승점에 도착하면 finish 라인을 통과하죠.

0285 + +

bring
[briŋ]

brought-brought

동 가져오다, 데려오다

I forgot to **bring** my homework.
나는 숙제를 **가져오는** 것을 잊어버렸다.

 시험

암기 Tip

0286 + +

test
[test]

명 시험, 테스트 동 시험하다

The final **test** is just around the corner.
학기말 **시험**이 곧 시작된다.

The company will **test** the safety of the product. 회사는 상품의 안전성을 **시험할** 것이다.

0287 +

quiz

[kwiz]

명 퀴즈, (간단한) 시험

We have a **quiz** at the end of the class.

수업이 끝날 때쯤 **퀴즈**가 있다.

어원 ▶ 퀴즈(quiz)란 라틴어로 '당신은 누구인가'라는 뜻의 '쿠이스(quis)'에서 왔다고 해요. 현재는 '어떤 질문에 대한 답을 알아맞히는 놀이나 질문'이라는 의미로 확장되었죠.

0288 +

level

[lévəl]

명 1. 수준, 단계 2. 높이

My sister's English **level** is high.

내 여동생의 영어 **수준**은 높다.

Check the **level** of the water in the bottle.

병 속의 물 **높이**를 확인해 봐라.

게임에서도 '레벨'이 있고, 학원에서도 '레벨' 테스트가 있지요.

0289 + +

problem

[prάbləm]

명 문제

She has a weight **problem**.

그녀는 체중에 **문제**가 있다.

problem은 다루거나 이해하기 힘든 문제와 시험에 나오는 문제를 모두 가리켜요.

0290

puzzle

[pʌzl]

명 1. 퍼즐 2. 수수께끼

This is a book of **puzzles** for children.

이것은 아동용 **퍼즐** 책이다.

What happened to the ship is still a **puzzle**.

그 배에 무슨 일이 있었는지는 여전히 **수수께끼**이다.

테트리스, 애니팡, 지뢰 찾기, 스도쿠, 십자말풀이, 끝말잇기 등 모두 문제를 풀거나 해결책을 찾아가는 퍼즐 게임이에요.

0291 + +

question

[kwéstʃən]

명 질문, 의문 동 질문하다

I know the answer to the **question**.

저는 그 **문제**에 대한 답을 알고 있습니다.

The police **questioned** me about the case.

경찰은 나에게 그 사건에 관해 **물어보았다**.

질문이 생기면, 물음표(question mark)가 마구 생기죠.

0292 + +

answer

[ǽnsər]

명 답, 대답 동 대답하다

Rachael wrote the wrong **answer**.

레이첼은 틀린 **답**을 썼다.

I am waiting for you to **answer**.

나는 네가 **대답하는** 것을 기다리고 있다.

Q&A에서 Q는 질문을 의미하는 question, A는 대답을 의미하는 answer랍니다.

0293 ++
write
[rait]
wrote-written

동 쓰다, 작성하다

The girl **wrote** a letter to the teacher.
그 소녀는 선생님께 편지를 **썼다**.

0294 ++
mark
[mɑːrk]

동 1. 표시하다 2. 채점하다
명 1. 표시 2. 자국, 흔적

Mark the destination on the map.
지도에 목적지를 **표시해라**.

The teacher **marked** our tests.
선생님께서 우리 시험지를 **채점**하셨다.

A question **mark** is used at the end of a question. 물음표는 질문 끝에 쓰인다.

My dog left dirty **marks** on the floor.
내 강아지는 바닥에 더러운 **자국**을 남겼다.

채점은 답안에 동그라미나 엑스를 표시하는 것이죠.

0295 ++
check
[tʃek]

동 1. 살피다, 점검하다 2. 확인하다
명 확인, 점검

Check your work before handing it in.
과제를 제출하기 전에 **점검해라**.

Let's go to **check** the lunch menu.
점심 메뉴를 **확인하러** 가자.

I always do a quick **check** of my work.
나는 항상 내 일에 대해 빠른 **확인**을 한다.

체크리스트(checklist)는 해야 하는 일이나 계획을 확인할 때 활용할 수 있어요.

0296 ++
fail
[feil]

동 1. 실패하다 2. (시험에) 떨어지다

Dream big and dare to **fail**.
꿈을 크게 갖고 **실패**를 두려워하지 마라.

Mary **failed** the test again.
메리는 시험에 또 **떨어졌다**.

failure[féiljər] 명 실패

시험지에 적힌 F는 fail을 의미해요. 이때는 '불합격하다'라는 의미랍니다.

0297 +
mistake
[mistéik]

명 실수, 잘못

You can learn a lot from a **mistake**.
실수로부터 많이 배울 수 있다.

어원 mis-(잘못된, 나쁜) + take(택하다) → 잘못 택하다 → mistake(실수)

0298
playground
[pléigràund]

명 운동장, 놀이터
They're running in the **playground**.
그들이 **운동장**에서 달리고 있다.

0299 + +
contest
[kántest]

명 대회, 경연
Julia won the dance **contest**.
줄리아가 댄스 **대회**에서 우승했다.

0300
award
[əwɔ́ːrd]

명 상, 상금
She received an **award** for her design
work. 그녀는 자신의 디자인 작품으로 **상**을 받았다.

 # **A**pply, **C**heck & **E**xercise

Answer Key p.319

A 영어는 우리말로, 우리말은 영어로 쓰세요.

1	grammar	_____	2	teach	_____
3	note	_____	4	keep	_____
5	bring	_____	6	test	_____
7	quiz	_____	8	contest	_____
9	answer	_____	10	mark	_____
11	fail	_____	12	mistake	_____
13	level	_____	14	수학	_____
15	과학	_____	16	설명하다	_____
17	쓰다	_____	18	끝나다	_____
19	운동장	_____	20	문제	_____
21	퍼즐	_____	22	질문	_____

23 점검하다 _____   24 역사 _____

25 상, 상금 _____

B 다음 빈칸에 알맞은 단어를 쓰세요.

1 science : scientific   = 과학 : _____

2 question : _____   = 질문 : 대답

3 check : mark   = 점검하다 : _____

4 fail : _____   = 실패하다 : 실패

5 test : contest   = 시험 : _____

6 note : _____   = 메모 : 쓰다

7 finish : _____   = 끝나다 : 계속하다

8 problem : _____   = 문제 : 수수께끼

C 다음 중 단어의 영영 풀이가 <u>잘못된</u> 것을 <u>있는 대로</u> 고르세요.

① award: something that is given to someone for being excellent

② playground: a place where children can play

③ mistake: something that was done in the right way

④ bring: to take something to a place

⑤ explain: make something difficult to understand

D 배운 단어를 이용하여 빈칸에 알맞은 말을 넣으세요.

1 그녀는 수학을 잘한다. → She is good at _____.

2 그는 많은 이야기를 썼다. → He _____ a lot of stories.

3 그 메모는 파란색 잉크로 쓰였다. → The _____ was written in blue ink.

4 나는 이 책에서 문법 오류를 찾았다. → I found an error in _____ in this book.

5 그들은 다시 시험을 보게 될 것이다. → They will be _____ again.

Unit 13 친구

발음 익히기 · 셀프 스터디 · 리스닝 훈련

친구 사이

암기 Tip

0301
classmate
[klǽ:smèit]

명 급우, 반 친구

I get along well with my **classmates**.
나는 **반 친구**들과 사이좋게 지낸다.

어원 '학급, 반'을 뜻하는 class에 '친구'라는 의미의 mate가 붙어서 '급우, 반 친구'라는 뜻의 단어가 되었어요.

0302
friendship
[fréndʃip]

명 우정

Life is nothing without **friendship**.
우정이 없으면 인생은 아무것도 아니다.

단어에 -ship이라는 말이 붙으면 추상적인 의미가 돼요.

0303
relationship
[riléiʃənʃip]

명 관계, 사이

You have to build better **relationships**
with kids. 당신은 아이들과 좀 더 나은 **관계**를 쌓아야 한다.

relation은 '관계'라는 의미인데 -ship이 붙으면 관계로 인해 느끼는 감정, 즉 애정이나 우정 등을 의미해요.

0304 ++
group
[gru:p]

명 무리, 집단

There are many advantages to studying in
groups. 그룹으로 공부를 하면 여러 이점이 있다.

0305 +
member
[mémbər]

명 구성원, 회원

I saved 15% with my **member** discount.
나는 **회원** 할인을 받아서 15%를 절약했다.

우리나라 아이돌 그룹의 멤버(member) 수는 초기에는 서너 명이던 것이 요새는 열 명이 넘는 경우도 흔해졌어요.

0306 +
manner
[mǽnər]

명 1. 태도 2. 예의 3. 방법, 방식

Treat others in a friendly **manner**.
타인을 친근한 **태도**로 대해 주세요.

Manners should be taught at an early age. **예절**은 어린 나이에 배워야 한다.

Hit the ball in this **manner**. 이런 **식**으로 공을 쳐라.

예의가 바르고 태도가 좋은 사람을 '매너가 좋다'라고 하죠.

0307
dear
[diər]
철자주의

형 사랑하는, 소중한

Jack is one of my **dear** friends.
잭은 나의 **소중한** 친구 중 한 명이다.

deer(사슴)와 철자를 헷갈리지 않도록 주의해야 해요.

0308 +
favor
[féivər]

명 호의(에서 하는 일), 친절

Can I ask you a **favor**?
부탁 하나 해도 될까요?

ask a favor는 호의를 요청하는 것이므로 주로 정중하고 가벼운 부탁을 할 때 쓴답니다.

0309 +
helpful
[hélpfəl]

형 도움이 되는

Good manners are **helpful** when meeting new people. 예절은 새로운 사람들을 만날 때 **도움이 된다**.

어원 help(돕다)라는 단어에 -ful이 붙어 '도움이 가득한 상태', 즉 '도움이 되고 유용한'이라는 뜻의 형용사가 되었네요.

친구와 어울리기

0310 + +
together
[təgéðər]

부 함께, 같이

We've been **together** for 10 years.
우리는 10년 동안 **함께** 해 왔다.

대용량 아이스크림인 '투게더'는 함께 먹으면 더 맛있다는 의미가 있겠죠?

0311 +
gather
[gǽðər]

동 1. ~을 모으다 2. 모이다, 집결하다

Jack **gathered** his toys.
잭은 자신의 장난감들을 **모았다**.

Family members **gather** on holidays.
가족들이 휴일에 **모인다**.

collect는 어떤 목적을 가지고 가치가 있는 물건을 수집한다는 의미인데, gather는 목적이나 가치에 상관없이 두루 쓰는 표현이에요.

++
join

[dʒɔin]

동 1. 가입하다, 참여하다 2. 연결하다

Matt **joined** his school's soccer team.
매트가 교내 축구부에 **가입했다**.

Seven bridges **join** the two sides of the river. 일곱 개의 다리가 강 양쪽을 **연결한다**.

0313 ++
visit

[vízit]

동 방문하다, 찾아가다 명 방문

She'll **visit** me later next week.
그녀는 다음 주 후반에 나를 **방문할** 것이다.

This is my first **visit** to Japan.
이번이 나의 첫 번째 일본 **방문**이다.

visitor[vízitər] 명 방문객

0314 ++
meet

[miːt]

met-met

동 만나다

I'm sure we'll **meet** again.
나는 우리가 다시 **만날** 것을 확신해.

meeting[míːtiŋ] 명 회의

회의(meeting)를 하려면 **만나야** (meet) 하지요.

0315 ++
call

[kɔːl]

동 1. ~라고 부르다 2. 전화하다

Just **call** me Bob. 그냥 밥이라고 **불러**.
Don't **call** me late at night.
밤늦게 나한테 **전화하지** 마.

콜택시(call taxi)는 전화로 호출해서 이용하는 택시예요.

0316 +
message

[mésidʒ]

명 메시지

Would you like to leave a **message**?
메시지를 남기시겠어요?

말이나 글로 된 짧은 정보를 뜻합니다. 우리가 휴대 전화로 주고받는 문자 메시지는 text message, 또는 줄여서 text라고 해요.

0317
nickname

[níknèim]

명 별명, 애칭

Stop calling me by that **nickname**!
나를 그 **별명**으로 부르지 마!

뉘앙스 친구같이 허물없고 편안한 사이에 부르는 이름을 말해요.

Part 3 School Life & Sports

0318 +
trick
[trik]

명 1. 속임수 2. 장난, 농담

Don't send her money. It might be a **trick**.
그녀에게 돈을 보내지 마. **속임수**일 수도 있어.

He played a **trick** on me. 그는 나에게 **장난**을 쳤다.

tricky[tríki] 형 다루기 까다로운, 힘든

마술에도 트릭(trick)이 있죠? 마술 트릭은 속임수 같은 묘기로 여러분을 즐겁게 해준답니다.

0319 +
promise
[prámis]

동 약속하다 명 약속

Promise that you'll wait for me.
날 기다리겠다고 **약속해**.

Ironically, **promises** are made to be broken. 아이러니하게도 **약속**은 깨지기 위해 있는 것이다.

0320 +
secret
[síːkrit]

명 비밀 형 비밀의

Don't tell anyone! It's a **secret**.
아무에게도 말하지 마! 그것은 **비밀**이야.

Her **secret** wish is to become a writer.
그녀의 **비밀스런** 소망은 작가가 되는 것이다.

0321 + +
fight
[fait]

동 싸우다 명 싸움

Kids often **fight** as they grow up.
아이들은 자라면서 종종 **싸운다**.

Did you have a **fight** with your friend?
네 친구와 **싸웠니**?

0322
apologize
[əpálədʒàiz]
철자주의

동 사과하다

You should **apologize** to your sister.
너는 네 여동생에게 **사과해야** 해.

apology[əpálədʒi] 명 사과

0323 +
forgive
[fərgív]
forgave-forgiven

동 용서하다 (= pardon ~을 용서하다)

Forgiving friends can be difficult when they upset us.
친구들이 우리를 속상하게 하면 **용서하기** 힘들 수 있다.

뉘앙스 남의 죄나 잘못에 대한 분노의 감정을 버리고 용서하는 것을 뜻해요.

0324 +
hug
[hʌg]
hugged-hugged

동 껴안다, 포옹하다

Ella **hugged** her baby brother.
엘라는 어린 남동생을 **껴안았다.**

한동안 프리 허그(Free Hugs) 열풍이 불었죠? 사람들을 공짜로 안아주는 훈훈한 캠페인이에요.

0325 +
post
[poust]

명 우편, 우편물 (= mail)
동 우편물을 발송하다

I got the book through the **post.**
나는 그 책을 **우편**으로 받았다.

I went to **post** a birthday card.
나는 생일 카드를 **부치러** 갔다.

우편 업무를 맡는 곳을 post office(우체국)라고 해요.

 # Apply, Check & Exercise

Answer Key p.319

A 영어는 우리말로, 우리말은 영어로 쓰세요.

1	group	2	member
3	manner	4	helpful
5	join	6	visit
7	meet	8	call
9	trick	10	secret
11	fight	12	hug
13	post	14	반 친구
15	우정	16	관계
17	소중한	18	호의
19	함께	20	~을 모으다
21	메시지	22	별명
23	약속하다	24	사과하다
25	용서하다		

B 다음 빈칸에 알맞은 단어를 쓰세요.

1 help : _____ = 돕다 : 도움이 되는

2 apologize : _____ = 사과하다 : 사과

3 trick : tricky = 속임수, 장난 : _____

4 visit : _____ = 방문하다 : 방문객

5 meet : _____ = 만나다 : 회의

6 friendship : relationship = 우정 : _____

7 meet : _____ = 만나다 : 참여하다

8 forgive : _____ = 용서하다 : 싸우다

9 message : _____ = 메시지 : 우편

10 together : gather = 함께 : _____

C 다음 중 단어의 영영 풀이가 <u>잘못된</u> 것을 <u>있는 대로</u> 고르세요.

① classmate: a member of the same class in a school

② manner: the way that a person acts while with other people

③ dear: not liked very much

④ favor: a bad act that you do to someone

⑤ join: become a member of a group

D 배운 단어를 이용하여 빈칸에 알맞은 말을 넣으세요.

1 친구들은 그녀를 키티라고 부른다. → Her friends _____ her "Kitty."

2 제임스의 별명은 짐이다. → James's _____ is Jim.

3 아무에게도 말하지 않겠다고 약속해라. → _____ me that you won't tell anyone.

4 한 가지 비밀을 네게 말해줄게. → I'm going to tell you a _____.

5 그는 딸을 껴안았다. → He _____ his daughter.

Unit 14 사고

발음 익히기 　　셀프 스터디　리스닝 훈련

사고와 의견

암기 Tip

0326 +
opinion
[əpínjən]

명 의견

Customers' **opinions** are really important.
고객들의 **의견**은 정말 중요하다.

'오피니언 리더(opinion leader)'는 집
단 내 다른 사람들의 의견에 강한 영
향을 주는 사람을 일컫는 말이에요.

0327 + +
idea
[aidíə]

명 생각, 아이디어

She is full of good **ideas**.
그녀는 좋은 **아이디어**가 풍부하다.

0328 +
point
[pɔint]

명 1. 의견, 주장 2. 요점 동 가리키다

I see your **point**. 네 주장을 알겠어.

I think you missed the **point**.
당신은 **요점**을 놓친 것 같군요.

She **pointed** at the picture on the wall.
그녀는 벽에 있는 그림을 **가리켰다**.

단락에서 가장 중요한 말이나 의견을
뜻하는 a main idea는 a main point라
고도 하죠.

0329 +
consider
[kənsídər]

동 1. 고려하다, 숙고하다 2. ~로 여기다

I am **considering** buying a new camera.
나는 새 카메라를 살지 **생각하는** 중이다.

He **considers** himself to be a great writer.
그는 자신을 위대한 작가**로 여긴다**.

고려하거나 숙고하는 것은 결정하기
전에 곰곰이 생각하는 것을 의미해요.

0330 + +
decide
[disáid]

동 결정하다

I cannot **decide** what to wear every
morning. 나는 매일 아침 무엇을 입을지 **결정하지** 못한다.

decision[disíʒən] 명 결정

0331 + +
guess
[ges]

동 추측하다 명 추측

I **guess** it's time to leave. 떠날 때가 된 **것 같다.**

It was just a **guess** based on my experience. 단지 내 경험에서 온 **추측**이었어.

청바지 브랜드인 '게스'는 역삼각형 바탕에 GUESS란 글자와 물음표가 박혀 있어요. 추측과 물음표 간의 의미가 서로 잘 어울리죠?

0332 +
focus
[fóukəs]

동 1. 집중하다 2. 초점을 맞추다 명 초점

Focus on getting the work done.
그 일을 해내는 데 **집중해라.**

He tried to **focus** the camera.
그는 카메라의 **초점을 맞추려고** 시도했다.

It was the **focus** of the report.
그것이 보도의 **초점**이었다.

카메라의 **초점**을 한 곳에 **집중시켜** 맞추는 것이지요.

0333
doubt
[daut]

명 의심, 의문 동 의심하다

Doubt is the beginning of wisdom.
의심은 지혜의 시작이다.

I began to **doubt** his honesty.
나는 그의 정직성을 **의심하기** 시작했다.

뉘앙스 ▶ 무언가에 대해 확신하지 못하는 느낌을 말해요.

0334 +
wonder
[wʌ́ndər]

동 1. 궁금하다 2. 크게 놀라다
명 감탄, 경이(감)

I **wonder** if there are any aliens in space.
나는 우주에 외계인들이 있는지 **궁금하다.**

I **wondered** at its size. 나는 그것의 크기에 **놀랐다.**
Their eyes were filled with **wonder.**
그들의 눈에는 **경이감**이 가득했다.

감탄과 경이감을 자아내는 불가사의한 것도 wonder를 사용해요. the Seven Wonders of the World는 '세계 7대 불가사의'를 뜻한답니다.

0335 +
imagine
[imǽdʒin]

동 상상하다

Sally **imagined** her new life.
샐리는 **마음속으로** 새로운 인생을 **그려 보았다.**

imagination [imæ̀dʒənéiʃən] 명 상상

어원 ▶ imagine은 image에서 온 말이에요. 이미지를 마음속에 그려 보거나 떠올려 상상하는 것이 바로 imagine이랍니다.

0336 +
prefer
[prifə́ːr]

동 선호하다

I **prefer** to exercise indoors.
나는 실내에서 운동하는 것을 **선호한다.**

뉘앙스 ▶ 두 가지 이상을 비교해 상대적으로 더 좋은 것을 말할 때 써요.

0337 +
concern
[kənsə́ːrn]

명 1. 걱정, 우려 2. 관심사
동 1. ~에 관계가 있다 2. ~을 걱정시키다

Her one **concern** is the health of her mother. 그녀의 한 가지 **걱정**은 어머니의 건강이다.

Parents' **concern** is the safety of their children. 부모님의 **관심사**는 아이들의 안전이다.

The story **concerns** two soldiers.
그 이야기는 두 명의 군인과 **관련이** 있다.

Mary's silence **concerned** us all.
메리의 침묵이 우리 모두를 **걱정시켰다**.

자신과 관계가 있는 사람에 관해서는 관심도 더 많이 두게 되고 걱정도 더 많이 하게 되죠? 관심사가 같아지는 경우도 많고요.

앎과 이해

암기 Tip

0338 +
notice
[nóutis]

명 1. 주목, 알아챔 2. 공고문, 안내문
동 알아차리다, ~을 의식하다

I took **notice** of what you said.
나는 네가 말한 것에 **주의했어**.

The **notice** was about the school play.
그 **공지**는 학교 연극에 관한 것이었다.

I didn't **notice** the car backing up.
나는 그 차가 후진하는 것을 **보지 못했다**.

무엇에 주목하여 알아채는 것을 뜻해요. 공고문이나 안내문도 사람들이 주목해야 하는 것들이지요.

0339 +
familiar
[fəmíljər]

형 익숙한, 친숙한 (↔ unfamiliar 낯선)

That painting looks **familiar**.
저 그림은 **익숙해** 보인다.

어원 단어 철자로 알 수 있듯이 family(가족)에서 나온 말이에요. 가족처럼 친숙하고 또 잘 아는 것은 없겠죠?

0340 + +
understand
[ʌ̀ndərstǽnd]
understood-understood

동 이해하다, 알다

We must try to **understand** other people.
우리는 다른 사람들을 **이해하려고** 노력해야 한다.

의미나 원리, 더 나아가서는 사람을 이해한다는 뜻으로도 광범위하게 쓰인답니다.

0341 + +
memory
[méməri]

명 기억, 기억력

I have a bad **memory** for names.
나는 이름을 잘 **기억**하지 못한다.

memorize[méməràiz] 동 ~을 외우다, 암기하다

기억, 그 자체뿐만이 아니라 기억할 수 있는 능력의 의미도 가지고 있어요.

0342 + +

remember
[rimémbər]

통 기억하다, 기억나다

Jack didn't **remember** my birthday.
잭은 내 생일을 **기억하지** 못했다.

어원 단어를 가만히 들여다보면 memory의 mem이 보이나요? re(=again)와 합쳐져 다시 기억에 있도록 하는 것이에요.

0343 + +

forget
[fərgét]
forgot-forgotten

통 잊다, 잊어버리다

Sarah took notes so she wouldn't **forget** anything. 사라는 무엇도 **잊어버리지** 않도록 메모해 뒀다.

forgive(용서하다)와 비슷하게 생긴 단어예요. 용서와 잊어버리는 것도 서로 연관이 돼요.

0344 + +

mind
[maind]

명 1. 마음, 정신 2. 지성
통 언짢아하다, 상관하다

I want him to change his **mind.**
나는 그가 **마음**을 바꾸면 좋겠다.

She has the sharpest **mind** in the field.
그녀는 이 분야에서 가장 날카로운 **지성**을 지니고 있다.

I don't **mind** how cold it is.
나는 추워도 **상관하지** 않는다.

뉘앙스 mind는 '감정(heart)'보다는 '사고와 판단 능력'에 더 가까워요. 흔히 머리가 좋다, 나쁘다할 때의 '머리'에도 해당하는 단어랍니다.

0345

mental
[méntəl]

형 정신의, 마음의

His **mental** state is not good nowadays.
요즘 그의 **정신** 상태가 좋지 않다.

요새는 우리말로 '멘탈이 강해져야 한다', 강철 멘탈, 유리 멘탈' 등으로도 많이 쓰이고 있어요.

0346 +

attract
[ətrǽkt]

통 마음을 끌다

The tourist spot **attracted** many visitors.
그 관광지는 많은 방문객을 **끌어모았다**.

attractive[ətrǽktiv] 형 매력적인

어원 농기계를 끌거나 차를 견인하는 tractor(트랙터)의 tract에 at-가 더해져서 생겨난 말이에요.

믿음과 바람

암기 Tip

0347 + +

believe
[bilí:v]

통 믿다

Some people **believe** there is a ghost in the old house.
몇몇 사람들은 그 오래된 집에 귀신이 있다고 **믿는다**.

belief[bilí:f] 명 신념, 믿음

무엇이나 누구의 말이 진실 또는 사실이라고 믿는 것을 말해요.

0348 +

expect
[ikspékt]

동 예상하다, 기대하다

We **expect** the economy will get better.
우리는 경기가 나아질 것으로 **예상한다**.

뉘앙스 ▶ 우리말로 '기대하다'는 좋은 일이 일어나기를 바랄 때 쓰지만, expect는 좋은 일이나 나쁜 일에 다 사용할 수 있어요. We expected that he would die. (우리는 그가 사망할 것으로 예상했다.)

0349 ++

hope
[houp]

동 희망하다, 바라다   명 희망

I **hope** you'll join us tonight.
나는 오늘 밤 네가 우리와 합류하기를 **바라**.

She is young and full of **hope**.
그녀는 젊고 **희망**에 가득 차 있다.

wish는 이뤄질 가능성이 낮거나 불가능하다고 생각하는 것을 표현할 때 자주 쓰이며, hope는 충분히 가능하다고 생각하는 것을 바랄 때 쓰여요.

0350 ++

wish
[wiʃ]

명 소망, 바람   동 바라다

Make a **wish** when you blow out the candles. 촛불을 끌 때 **소원을** 빌어.

I **wish** I didn't have to go to school.
나는 학교에 가지 않으면 **좋겠다**.

Apply, Check & Exercise

Answer Key p.319

A   영어는 우리말로, 우리말은 영어로 쓰세요.

1	idea		2	point
3	decide		4	focus
5	wonder		6	notice
7	understand		8	memory
9	forget		10	mind
11	expect		12	hope
13	wish		14	의견
15	고려하다		16	추측하다
17	의심		18	상상하다
19	선호하다		20	걱정, 관심사

21	친숙한	_____	22	기억하다	_____
23	마음을 끌다	_____	24	믿다	_____
25	정신의	_____			

B 다음 빈칸에 알맞은 단어를 쓰세요.

1 believe : _____   = 믿다 : 의심하다

2 familiar : unfamiliar   = 익숙한 : _____

3 memory : _____   = 기억 : ~을 외우다

4 idea : opinion   = 생각 : _____

5 point : _____   = 요점 : 초점

6 decide : _____   = 결정하다 : 결정

7 remember : _____   = 기억하다 : 잊다

8 attract : attractive   = 마음을 끌다 : _____

9 hope : _____   = 바라다 : 예상하다, 기대하다

10 imagine : _____   = 상상하다 : 상상

C 다음 중 단어의 영영 풀이가 <u>잘못된</u> 것을 <u>있는 대로</u> 고르세요.

① consider: think about something to make a decision
② guess: give an answer about something when you are sure
③ wonder: have interest in knowing something
④ prefer: hate something more than something else
⑤ concern: a feeling of worry

D 배운 단어를 이용하여 빈칸에 알맞은 말을 넣으세요.

1 네가 여기 있으면 좋을 텐데. → I _____ you were here.

2 그는 어머니의 정신 건강을 걱정한다.
   → He is worried about his mother's _____ health.

3 당신의 정신을 활동적으로 유지해라. → Keep your _____ active.

4 내가 말하는 것을 이해하니? → Do you _____ what I'm saying?

5 그녀의 빨간 드레스는 주목을 끌었다. → Her red dress attracted _____ .

Unit 15 스포츠

발음 익히기

셀프 스터디

리스닝 훈련

암기 Tip

0351 ++
sport(s)
[spɔːrt(s)]

명 스포츠, 운동
Playing **sports** makes you feel good.
스포츠를 하면 기분이 좋아진다.

영국에서는 sport, 미국에서는 sports 라고 써요.

종목

암기 Tip

0352 ++
soccer
[sάkər]

명 축구
British people call **soccer** football.
영국인들은 **축구**를 풋볼이라고 부른다.

0353 ++
football
[fútbɔ̀ːl]

명 축구, 미식축구
Americans call **football** soccer.
미국인들은 **축구**를 사커라고 부른다.

영국에서는 축구를 football이라고 하지만, 미국에서는 football이라고 하면 미식축구를 가리켜요.

0354 ++
basketball
[bǽskitbɔ̀ːl]

명 농구
Basketball players are tall.
농구 선수들은 키가 크다.

바구니(basket)처럼 생긴 골대를 사용하기 때문에 basketball이라고 해요.

0355 ++
race
[reis]

명 1. 경주, (달리기) 시합 2. 인종, 종족
The students lined up for the **race**.
학생들이 **경주**를 하려고 줄을 섰다.
I wish all **races** could get along.
모든 **인종**이 사이좋게 지내면 좋겠다.

자동차 경주를 하는 사람을 카레이서 (car racer)라고들 하지만 영어로는 racing driver가 맞는 표현이에요.

0356 +
player
[pléiər]

圏 1. 선수 2. 재생 장치

The **players** are wearing uniforms.
선수들이 유니폼을 입고 있다.

My dad wants to get a new car DVD
player.
아빠는 새로운 차량용 디브이디 **재생 장치**를 사고 싶어 하신다.

어원 play(= 놀다, 경기를 하다, 악기를 연주하다) + -er(사람)이 합쳐져 연주자나 선수를 뜻하는 말이 되었어요.

0357
athlete
[ǽθliːt]

圏 (운동)선수

What makes a good **athlete**?
무엇이 훌륭한 **운동선수**를 만드는가?

특히 육상경기를 하는 선수를 뜻하기도 해요.

0358 +
practice
[prǽktis]

圏 1. 연습 2. 실행, 실천 동 연습하다

Trent has basketball **practice** on
Thursdays. 트렌트는 목요일마다 농구 **연습**이 있다.
It's hard to put into **practice**.
그것은 **실행**하기 힘들다.

I am **practicing** for my English test.
나는 내 영어 시험을 위해 **연습** 중이다.

뉘앙스 반복적이고 정기적으로 하는 연습을 말해요. Practice makes perfect. (연습이 완벽을 만든다.)란 말도 있답니다.

0359 +
sweat
[swet]

圏 땀 동 땀을 흘리다

Sweat ran down my back.
땀이 등을 타고 흘러내렸다.

He was **sweating** a lot.
그는 **땀**을 많이 **흘리고** 있었다.

스웨터를 입으면 땀이 난다고 생각해 보세요.

0360
strength
[streŋθ]

圏 1. 힘, 기운 2. 강점 (↔ weakness 약점)

Walking is a way to build your leg
strength. 걷기는 다리 **힘**을 길러주는 방법이다.
What are your **strengths**?
당신의 **강점**은 무엇인가요?

strong [strɔ(ː)ŋ] 圏 강한

0361 +

health

[helθ]

명 건강, 건강 상태

Health is more important than wealth.
건강이 재산보다 더 중요하다.

healthy[hélθi] 형 건강한 (↔ unhealthy 건강하지 못한)

헬스장은 건강(health)과 체력 단련을 위해 다니는 곳이죠. 영어로는 health club, gym, fitness club이라고 해요.

0362

participate

[pɑːrtísəpèit]

동 참가하다, 참여하다

Billy **participated** in the sports event.
빌리가 그 스포츠 행사에 **참여했다**.

이 단어 속에 part(부분, 일부)가 들어가 있는데요, 어딘가에 참여한다는 것은 그곳의 일부가 되는 것이라고 생각해보세요.

0363

compete

[kəmpíːt]

동 경쟁하다

Ten players will **compete** for the trophy.
열 명의 선수들이 트로피를 위해 **경쟁할** 것이다.

competition[kàmpitíʃən] 명 경쟁

0364 + +

kick

[kik]

동 (발로) 차다

The player **kicked** the ball hard.
그 선수는 공을 세게 **찼다**.

바나나가 축구공을 차고(kick) 있네요.

0365 +

strike

[straik]

struck-struck[striken]

동 1. (세게) 치다 2. (공 등을) 치다, 차다

The car **struck** the fence.
그 차는 울타리를 **쳤다**.

You **strike** the ball like David Beckham!
너는 데이비드 베컴처럼 공을 **찬다**!

볼링에서 스트라이크(strike)는 첫 번째 공으로 10개의 핀을 모두 쳐서 쓰러뜨린 것을 말하죠.

0366 +

throw

[θrou]

threw-thrown

동 던지다

How fast can he **throw** a ball?
그는 얼마나 빨리 공을 **던질 수** 있나요?

128　**Part 3** School Life & Sports

0367 +
whistle
[hwísl]

명 1. 호루라기 2. 휘파람 동 휘파람을 불다

The referee blew his **whistle** after the foul.
심판이 파울 후에 자신의 **호루라기**를 불었다.

She gave a loud **whistle**.
그녀는 큰 **휘파람**을 불었다.

The man **whistled** for a taxi.
남자가 택시를 잡으려고 **휘파람**을 불었다.

축구 중계에서 종료 휘슬이라는 말을 들어보았나요? 경기 종료를 알리는 심판의 긴 호루라기 소리를 말해요.

0368 ++
score
[skɔ:r]

명 1. 득점 2. 점수 동 득점하다

Our team's final **score** was five points.
우리의 최종 **득점**은 5점이었다.

What was the **score** of the game?
그 경기의 **점수**는 어떻게 되었니?

He **scored** the first goal in the second half. 그는 후반전에 첫 골을 **득점했다**.

스포츠 중계에서 "현재 스코어는…"이라는 말을 많이 들을 수 있어요.

0369 ++
goal
[goul]

명 1. 골문 2. 골, 득점 3. 목표

In hockey, the **goal** is a metal frame with a net. 하키에서 **골문**은 그물이 있는 금속 프레임이다.

The player scored two **goals** during the game. 그 선수는 경기에서 두 **골**을 넣었다.

What are your **goals** for this year?
당신의 금년 **목표**는 무엇인가요?

우리가 '골대'라고 부르는 것이 영어로는 goal이에요. 이 goal을 지키는 사람이 goalkeeper(골키퍼)지요.

0370 +
cheer
[tʃiər]

명 환호(성)
동 1. 환호하다, 환호성을 지르다 2. 응원하다

Let's give a **cheer** to the kids.
아이들에게 **환호성**을 보냅시다.

All fans **cheered** loudly.
모든 팬들이 크게 **환호성**을 질렀다.

I **cheered** for the German soccer team.
나는 독일 축구팀을 **응원했다**.

치어리더(cheerleader)들은 관중들의 환호와 응원을 이끄는 사람들이에요.

승패

암기 Tip

0371 ++
win
[win]
won-won-winning

동 이기다

Who **won** the race?
누가 그 경주에서 **이겼니**?

win-win(윈-윈) 전략이란 말을 들어본 적이 있나요? 관련되는 모두가 득을 보는, 즉 이기는 전략을 말해요.

0372 +
beat

[biːt]

beat-beat[beaten]

동 1. (게임·시합에서) **이기다** 2. **때리다**

Our soccer team **beat** the other team last night. 어젯밤에 우리 축구팀이 상대 팀을 **이겼다.**

The tall boy **beat** other students.
그 키 큰 소년이 다른 학생들을 **때렸다.**

뉘앙스 beat은 '치다, 때리다'라는 뜻도 있는데 비교적 빠르게 연속해서 치는 것을 말해요. beat the drum (북을 치다)

0373 +
victory

[víktəri]

명 **승리**

Enjoy the thrill of **victory**.
승리의 황홀감을 즐겨라.

승리를 표현할 때 손가락으로 브이(V) 자를 만들기도 하죠.

0374 + +
prize

[praiz]

명 **상, 상품**

Did Bobby win first **prize**?
바비가 1등 **상**을 탔나요?

0375 +
lose

[luːz]

lost-lost-losing

동 1. **잃어버리다** 2. **지다, 패하다**

He **lost** his cell phone.
그는 휴대 전화를 **잃어버렸다.**

We **lost** the game. 우리는 그 경기에 **졌다.**

경기를 **잃었다는** 것은 결국 **패한** 것을 뜻하겠지요.

 Apply, **C**heck & **E**xercise

Answer Key p.320

A 영어는 우리말로, 우리말은 영어로 쓰세요.

1	sports		2	soccer	
3	health		4	race	
5	player		6	kick	
7	score		8	goal	
9	prize		10	win	
11	beat		12	victory	
13	lose		14	축구, 미식축구	
15	농구		16	(운동)선수	
17	연습		18	땀	
19	힘, 강점		20	참여하다	

21	경쟁하다	_____	22	(세게) 치다	_____
23	호루라기	_____	24	환호(성)	_____
25	던지다	_____			

B 다음 빈칸에 알맞은 단어를 쓰세요.

1	strong : strength	= 강한 : _____
2	win : _____	= 이기다 : 패하다
3	football : _____	= 축구, 미식축구 : 축구
4	health : _____	= 건강 : 건강한
5	compete : _____	= 경쟁하다 : 경쟁
6	kick : throw	= 차다 : _____
7	goal : _____	= 골문, 골 : 득점, 점수
8	whistle : _____	= 휘파람을 불다 : 환호성을 지르다
9	sports : _____	= 운동 : 경주, 시합
10	athlete : _____	= 운동선수 : 선수, 재생 장치

C 다음 중 단어의 영영 풀이가 <u>잘못된</u> 것을 <u>있는 대로</u> 고르세요.

① practice: do something once
② participate: take part in an activity
③ throw: make something move with your foot
④ beat: defeat someone in a game
⑤ prize: something that is won in a contest

D 배운 단어를 이용하여 빈칸에 알맞은 말을 넣으세요.

1 그녀의 머리가 땀으로 젖었다. → Her hair was wet with _____.

2 이것은 모든 여성의 승리이다. → This is a _____ for all women.

3 나는 그를 체스 게임에서 이겼다. → I _____ him at chess.

4 그는 일주일에 세 번 연습하기로 목표를 정했다.
   → He set a _____ of practicing three times a week.

5 그녀의 강점은 지혜에 있다. → Her _____ is her wisdom.

Final Check

Unit 11~Unit 15에서 배운 125단어의 의미를 복습해 볼까요?
뜻이 떠오르지 않거나 시간이 오래 걸리는 것들은
☺에 따로 체크해서 즉시즉시 떠오를 때까지 반복해서 복습해주세요.

0251 ☺☺☺	college	
0284 ☺☺☺	finish	
0361 ☺☺☺	health	
0267 ☺☺☺	schoolwork	
0288 ☺☺☺	level	
0372 ☺☺☺	beat	
0274 ☺☺☺	basis	
0277 ☺☺☺	science	
0271 ☺☺☺	fact	
0320 ☺☺☺	secret	
0315 ☺☺☺	call	
0308 ☺☺☺	favor	
0255 ☺☺☺	homeroom	
0370 ☺☺☺	cheer	
0283 ☺☺☺	keep	
0314 ☺☺☺	meet	
0268 ☺☺☺	lesson	
0373 ☺☺☺	victory	
0252 ☺☺☺	university	
0365 ☺☺☺	strike	
0287 ☺☺☺	quiz	
0312 ☺☺☺	join	
0360 ☺☺☺	strength	
0353 ☺☺☺	football	
0338 ☺☺☺	notice	

0310 ☺☺☺	together
0272 ☺☺☺	title
0304 ☺☺☺	group
0327 ☺☺☺	idea
0303 ☺☺☺	relationship
0262 ☺☺☺	textbook
0295 ☺☺☺	check
0318 ☺☺☺	trick
0316 ☺☺☺	message
0317 ☺☺☺	nickname
0324 ☺☺☺	hug
0346 ☺☺☺	attract
0298 ☺☺☺	playground
0302 ☺☺☺	friendship
0276 ☺☺☺	math
0323 ☺☺☺	forgive
0357 ☺☺☺	athlete
0257 ☺☺☺	teenage
0264 ☺☺☺	blackboard
0371 ☺☺☺	win
0341 ☺☺☺	memory
0325 ☺☺☺	post
0282 ☺☺☺	note
0334 ☺☺☺	wonder
0321 ☺☺☺	fight

0278	history	0345	mental	0290	puzzle
0368	score	0348	expect	0280	teach
0270	major	0281	explain	0363	compete
0359	sweat	0355	race	0322	apologize
0352	soccer	0293	write	0331	guess
0358	practice	0269	learn	0332	focus
0369	goal	0254	classroom	0333	doubt
0375	lose	0342	remember	0340	understand
0309	helpful	0350	wish	0261	ready
0273	example	0263	dictionary	0256	grade
0330	decide	0259	graduate	0265	glue
0307	dear	0326	opinion	0319	promise
0305	member	0311	gather	0296	fail
0349	hope	0300	award	0347	believe
0279	grammar	0366	throw	0297	mistake
0351	sport(s)	0306	manner	0362	participate
0275	word	0336	prefer	0301	classmate
0258	vacation	0294	mark	0313	visit
0356	player	0374	prize	0328	point
0367	whistle	0335	imagine	0291	question
0329	consider	0289	problem	0364	kick
0299	contest	0354	basketball	0337	concern
0343	forget	0292	answer	0339	familiar
0266	uniform	0285	bring	0253	class
0286	test	0344	mind	0260	smart

Part 4

Hobby & Leisure

Picture Dictionary

Unit16

ticket

Unit 16

picnic

Unit 17

tea

Unit 17

spicy

Unit 18

statue

Unit 19

luggage

Unit 19

reach

Unit 19

guide

Unit 20

lightning

Unit 20

dew

Unit 16 여가와 취미

발음 익히기

셀프 스터디   리스닝 훈련

암기 Tip

0376
leisure
[líːʒər]
철자주의

명 여가, 한가한 시간

I like to spend my **leisure** time actively.
나는 내 **여가** 시간을 활동적으로 보내는 것을 좋아한다.

여가 활동을 '레저 활동'이라고 말하기도 하고, 특히 강이나 바다에서 하는 것을 '수상 레저'라고 하지요.

0377 + +
hobby
[hábi]

명 취미

Everyone needs to have a **hobby**.
누구나 **취미**를 가질 필요가 있다.

뉘앙스 ▶ 누구나 취미를 가지고 있지는 않을 수 있기 때문에 원어민들은 "What are your hobbies?" 대신 "What do you like to do?"라고 묻는 경우가 훨씬 많다고 해요.

0378 +
event
[ivént]

명 1. 행사 2. (중요한) 사건, 일

The World Cup is a big **event**.
월드컵은 커다란 **행사**이다.

The newspaper reported on important **events**. 신문은 중요한 **사건들**을 보도했다.

어원 ▶ 'event'의 'e'는 'out'을 뜻하고, 'vent'는 'come'을 의미해요. 즉, 밖으로 나타나는 것이므로 '행사'나 '사건'이 되네요.

0379 +
interest
[íntərèst]

명 1. 흥미, 관심, 호기심 2. (금융) 이자

I have an **interest** in playing basketball.
나는 농구하는 것에 **흥미**가 있다.

Why are **interest** rates so low?
이자율이 왜 이렇게 낮아요?

예금할 곳을 알아보는 사람이면 누구나 **이자**가 얼마일지 **흥미와 관심**이 있을 거예요.

0380 +
relax
[rilǽks]

동 1. 휴식을 취하다 (= rest 쉬다, 휴식을 취하다)
2. 긴장을 풀다

She's **relaxing** in the guest room.
그녀는 객실에서 **휴식을 취하고** 있다.

Yoga helps **relax** your body.
요가는 몸의 **긴장이 풀어지도록** 도와준다.

편히 휴식을 취하기 위한 의자를 '릴랙스 체어'라고 하죠.

0381 + +

free

[friː]

형 1. 자유로운 2. 무료의 3. ~이 없는

I want to be **free** like a bird.
나는 새처럼 **자유롭고** 싶어.

This watch will be repaired for **free**.
이 시계는 **무상으로** 수리될 것입니다.

How does fat-**free** milk taste?
무지방 우유 맛이 어때요?

freedom [fríːdəm] 명 자유

축구 경기에서의 '프리킥(free kick)'은 상대방의 방해를 받지 않고 자유롭게 공을 찰 수 있는 기회를 말해요.

0382 + +

enjoy

[indʒɔ́i]

동 즐기다

I **enjoy** playing the guitar.
나는 기타 치는 것을 **즐긴다**.

어원▸ joy가 '기쁨, 즐거움'을 뜻하고 en-은 'make'란 뜻으로 동사를 만드는 접두사예요.

0383 + +

favorite

[féivərit]

형 가장 좋아하는

My **favorite** food is chicken.
내가 **가장 좋아하는** 음식은 치킨이다.

뉘앙스▸ 같은 종류의 것 중에서 가장 좋아하는 것을 말해요.

0384 + +

ticket

[tíkit]

명 표, 입장권, 승차권

I got two free movie **tickets**.
무료 영화**표** 두 장이 생겼다.

표를 사는 매표소를 ticket office라고 해요.

주로 실내에서 하는 취미 활동

암기 Tip

0385

indoor

[índɔ̀ːr]

형 실내의, 실내용의

I like **indoor** badminton courts.
나는 **실내** 배드민턴 장을 좋아한다.

door(문)의 in(안에)이니까, 실내가 되겠죠?

0386 + +

read

[riːd]

read-read

동 읽다

She likes to **read** books.
그녀는 책 **읽는** 것을 좋아한다.

0387 +

cartoon
[kɑːrtúːn]

명 만화

Iron Man is one of the best **cartoon** heroes. 아이언맨은 최고의 **만화** 영웅들 중 하나이다.

여러분은 웹툰 많이 보나요? 인터넷상의 만화를 뜻하는 웹툰은 Web(웹)에 cartoon(만화)이 합쳐진 말이에요.

0388 + +

play
[plei]

동 1. 놀다, (게임·놀이 등을) 하다
2. (악기 등을) 연주하다
명 1. 놀이 2. 연극

Polly was **playing** with her toys.
폴리는 장난감으로 **놀고** 있었다.

Dave **plays** the guitar in a band.
데이브는 밴드에서 기타를 **연주한다**.

Children learn through **play**.
아이들은 **놀이**를 통해 배운다.

The **play** was based on a true story.
그 **연극**은 실제 사건을 토대로 만들어졌다.

player[pléiər] 명 참가자, 선수

뉘앙스 ▸ 특히 장난감을 가지고 놀거나 게임 등에 참여하여 즐거운 시간을 보내는 것을 의미해요.

0389 + +

game
[geim]

명 1. 게임 2. 경기 (= match 경기, 시합)

Many mobile **games** are free.
많은 모바일 **게임**이 무료이다.

There is a tennis **game** this Saturday.
이번 주 토요일에 테니스 **경기**가 있다.

0390 + +

film
[film]

명 영화 동 촬영하다, 찍다

The **film** will make you cry!
그 **영화**를 보면 넌 울고 말 거야!

The scenes were **filmed** in North Carolina.
그 장면들은 노스캐롤라이나에서 **촬영되었다**.

필름 자체를 의미하기도 하고, 필름에 기록된 영상이 재생되는 영화를 뜻하기도 해요.

0391 + +

cinema
[sínəmə]

명 영화관, 극장

I went to the **cinema** to see a movie.
나는 영화 보러 **영화관**에 갔다.

cinema? theater? 둘 다 '영화관'이라는 뜻으로 친숙하죠? 하지만 theater는 좀 더 넓은 범위로 연극 등의 공연도 포함해요.

0392 + +

concert
[kánsə(ː)rt]

명 연주회, 콘서트

A famous pop singer came to Korea for a **concert**. 한 유명한 팝 가수가 **콘서트**를 위해 한국에 왔다.

0393 +
outdoor
[áutdɔːr]

형 야외의 (↔ indoor 실내의)

Do you enjoy **outdoor** sports?
야외 스포츠를 즐기세요?

door(문)의 out(밖에)이니까, 실외예요. 우리나라에서는 등산, 낚시, 스포츠 등 야외 활동을 할 때 입는 옷을 '아웃도어'라고도 해요. 야외 활동성을 높여주는 옷들이지요.

0394 ++
picnic
[píknik]

명 소풍, 피크닉

We'll go on a **picnic** this weekend.
우리는 이번 주말에 **소풍**을 갈 것이다.

야외, 즉 들판이나 숲, 해변 등지에서 음식을 먹는 것을 뜻해요.

0395 ++
camp
[kæmp]

동 야영하다 명 야영지

We're **camping** in the woods.
우리는 숲에서 **야영**하고 있다.

We set up **camp** in the woods.
우리는 숲에 **야영지**를 마련했다.

캠핑카를 타고 캠핑장에 가서 캠프파이어를 하는 장면은 상상만 해도 즐겁네요.

0396 ++
tent
[tent]

명 텐트, 천막

We will put up our **tent** here.
여기에 우리의 **텐트**를 칠 것이다.

0397 ++
climb
[klaim]
발음주의

동 오르다, 기어오르다

Climbing stairs is the cheapest exercise.
계단을 **오르는** 것은 돈이 가장 적게 드는 운동이다.

뉘앙스 ▶ 나무, 사다리, 산 등을 서서히 손발로 기어오르거나 걸어서 오르는 것을 의미해요.

0398 +
hike
[haik]

명 하이킹, 도보 여행 동 하이킹을 가다

We went for a **hike** in a national park.
우리는 국립 공원에 **하이킹**을 갔다.

He spent his vacation **hiking** the Rockies.
그는 록키 산맥을 **하이킹하면서** 휴가를 보냈다.

hiking [háikiŋ] 명 하이킹, 도보 여행

hiking은 등산을 하거나 도보로 가볍게 걷는 것을 의미하고, 암벽 타기처럼 전문 장비를 이용해 산에 오르는 것을 의미하지는 않아요.

0399 + +
swim
[swim]
swam-swum

동 수영하다, 헤엄치다
She **swam** across the lake.
그녀는 그 호수를 **수영하여** 건넜다.
swimming [swímiŋ] 명 수영

- -

0400
fishing
[fíʃiŋ]

명 낚시, 어업
Fishing is boring when you don't catch
anything. 아무것도 못 잡으면 **낚시**가 지겨울 거야.

물고기(fish)를 잡아 올리는 것이 낚시
(fishing)이죠.

Apply, Check & Exercise

Answer Key p.320

A 영어는 우리말로, 우리말은 영어로 쓰세요.

1	interest		2	free	
3	enjoy		4	read	
5	concert		6	play	
7	game		8	ticket	
9	film		10	outdoor	
11	camp		12	tent	
13	swim		14	여가	
15	취미		16	휴식을 취하다	
17	가장 좋아하는		18	실내의	
19	만화		20	행사	
21	영화관, 극장		22	소풍	
23	기어오르다		24	도보 여행	
25	낚시				

B   다음 빈칸에 알맞은 단어를 쓰세요.

1   free : freedom   =   자유로운 : _____

2   swim : _____   =   수영하다 : 수영

3   indoor : _____   =   실내의 : 실외의

4   interest : _____ =   흥미 : 취미

5   concert : _____ =   연주회 : 표, 입장권

6   rest : _____   =   쉬다 : 휴식을 취하다, 긴장을 풀다

7   film : cinema   =   영화 : _____

8   match : _____   =   경기, 시합 : 게임, 경기

9   tent : _____   =   텐트 : 야영지

10 hiking : fishing   =   하이킹 : _____

C   다음 중 단어의 영영 풀이가 <u>잘못된</u> 것을 <u>있는 대로</u> 고르세요.

① climb: go down something using your feet and hands
② favorite: most liked
③ picnic: a trip where you take your food and eat it outdoors
④ cinema: a movie theater
⑤ leisure: time when you are working

D   배운 단어를 이용하여 빈칸에 알맞은 말을 넣으세요.

1   소년들은 마당에서 놀고 있다. → The boys are _____ in the yard.

2   나는 어린 시기에 읽기를 배웠다. → I learned to _____ at an early age.

3   그는 약 1마일을 헤엄쳤다. → He _____ for almost a mile.

4   쉬면서 영화를 즐겨라. → Relax and _____ the movie.

5   몇 시에 연주회가 시작하나요? → What time does the _____ start?

Unit 17 식사와 맛

발음 익히기

셀프 스터디

리스닝 훈련

식사

암기 Tip

0401 +

meal

[mi:l]

📖 식사, 끼니

I hope you enjoy your **meal**!
식사 맛있게 하세요!

맥도널드의 '해피밀(Happy Meal)'이라는 메뉴는 아이들을 위한 '행복한 식사'라는 뜻으로 장난감까지 선물로 준답니다.

0402 ++

breakfast

[brékfəst]

📖 아침 식사

I had **breakfast** before school.
나는 학교에 가기 전에 **아침**을 먹었다.

어원 breakfast의 fast는 '단식'을 의미해요. 밤 동안의 단식(fast)을 깨뜨린다(break)는 의미여서 아침 식사를 뜻하죠.

0403 ++

dinner

[dínər]

📖 1. 저녁 식사 2. 정식, 만찬

Don't use your phone at the **dinner** table.
저녁 식사 중에 휴대전화를 사용하지 마라.

She prepared Thanksgiving **dinner** for us.
그녀는 우리를 위해 추수감사절 **만찬**을 준비했다.

어원 dinner는 '잘 차린 식사를 한다'는 뜻인 dine에서 나온 단어예요.

0404 +

dessert

[dizə́rt]

철자주의

📖 후식

She never skips **dessert**.
그녀는 절대 **후식**을 거르지 않는다.

desert([dézərt] 사막)와 혼동하기 쉬우니 철자와 발음에 주의해야 해요.

Dessert in the desert!

0405 ++

snack

[snæk]

📖 간식, 간단한 식사

Stop having late night **snacks**!
야식을 끊어!

뉘앙스 보통 빨리 조리해서 먹는 간단한 식사를 의미해요.

0406 +

tea

[ti:]

圀 차, 홍차

British people love **tea**.
영국 사람들은 **차**를 좋아한다.

tea라고 하면 보통 홍차를 뜻해요. 홍차는 black tea라고도 하고, 녹차는 green tea라고 해요.

0407

swallow

[swɑ́lou]

동 삼키다, (목구멍으로) 넘기다

A snake is **swallowing** a mouse whole.
뱀이 쥐를 통째로 **삼키고** 있다.

0408 +

prepare

[pripɛ́ər]

동 1. 준비하다 2. 대비하다, 각오하다

Tiffany is **preparing** the table for dinner.
티파니가 저녁을 **차리는** 중이다.

She **prepared** herself for bad news.
그녀는 나쁜 소식에 스스로 **대비했다**.

어원 ▶ pre-는 '앞서, 미리'라는 의미를 가지고 있는 접두사예요. 준비는 미리 마련해서 갖추는 것이므로 pre-의미가 담겨 있어요.

식당(음식점)

0409 + +

restaurant

[réstərənt]

철자주의, 발음주의

圀 음식점, 레스토랑

I like to eat at Italian **restaurants**.
나는 이탈리아 **음식점**에서 식사를 하는 것을 좋아한다.

보통 음식을 서빙해 주는 종업원이 있는 음식점을 말해요. 원래 프랑스어이던 것이 영어에서 쓰이게 된 것이기 때문에 발음과 철자가 독특하게 느껴질 수 있어요.

0410 +

waiter

[wéitər]

圀 (남) 종업원 (↔ waitress (여) 종업원)

The **waiter** brought us our food.
웨이터가 우리에게 음식을 가져다주었다.

손님에게 서비스를 제공할 수 있도록 기다리고(wait)있는 사람(er)이라고 생각하면 되겠죠?

0411 + +

welcome

[wélkəm]

동 환영하다 圀 환영 혱 반가운

Welcome back! How was your trip?
돌아온 것을 **환영해요**! 여행은 어땠어요?

Thank you for your warm **welcome**.
따뜻한 **환영**에 감사드립니다.

That's **welcome** news. 그거 **반가운** 소식이네.

0412 +
order

[ɔ́:rdər]

동 1. 명령하다 2. 주문하다
명 1. 주문 2. 순서

He **ordered** everyone out of the room.
그는 모두 방에서 나가라고 **명령했다**.

Dan **ordered** a green salad.
댄은 야채 샐러드를 **주문했다**.

I'd like to place an **order** for two books.
책 두 권을 **주문**하고 싶어요.

The tables are arranged in **order** of size.
탁자들은 사이즈 **순**으로 배열되어 있다.

패스트푸드점에 가면 줄을 선 순서대로 **주문**을 받고, 점장이나 매니저가 직원에게 이런저런 **명령**을 내리기도 하지요.

0413 +
recommend

[rèkəménd]

동 1. 추천하다 2. 권하다, 권장하다

Always be honest when you **recommend** something. 남에게 무언가를 **추천할** 때는 항상 솔직하세요.
I **recommend** that you get some advice from your teachers.
네가 선생님들께 조언을 받기를 **권한다**.

메뉴에서 음식을 잘 고르지 못할 때는 웨이터에게 'What would you recommend on the menu?'라고 물어서 음식을 추천 받는 것도 좋은 생각이에요.

0414 +
serve

[səːrv]

동 (음식을) 제공하다, (음식을 상에) **차려 주다**

This restaurant only **serves** pizza.
이 음식점은 피자만 **제공한다**.

service[sə́ːrvis] 명 봉사, 수고, 공공사업

serve는 누군가를 위해 도움이 되는 일을 하는 것을 말해요. 따라서 명사형인 service는 우리말에서 '서비스 주세요.'라고 할 때처럼 '공짜로 받는 것'의 의미를 가지고 있지 않아요.

0415 ++
bill

[bil]

명 1. 지폐 2. 계산서, 청구서 3. 법안

Please change this **bill** into coins.
이 **지폐**를 동전으로 바꿔주세요.

The waiter made a mistake on my **bill**.
웨이터가 **계산**상 실수를 했다.

A **bill** does not become law until it is passed. **법안**은 통과될 때까지는 법이 되지 않는다.

미국에서는 '지폐'라는 의미로 가장 많이 사용된답니다. 또한, 식당에서 bill을 달라고 요청할 때는 '계산서'로 쓰이죠. 두 의미 다 '돈'과 관련되네요.

0416
leftover

[léftòuvər]

명 남은 음식

The meal was too big, so we had much **leftover**. 식사의 양이 너무 많아서 **남은 음식**이 많았다.

left는 leave(남다)의 과거형이자 과거분사형으로, '남은 것'이 되네요.

0417 +
flavor
[fléivər]

명 풍미, 향미, 맛 (= taste)

What is your favorite **flavor** of ice cream?
어떤 **맛**의 아이스크림을 가장 좋아하세요?

어원 • 원래 '냄새'라는 뜻을 가진 프랑스어에서 온 말이에요. 맛과 냄새는 떼려야 뗄 수 없는 긴밀한 관계이죠.

0418 + +
delicious
[dilíʃəs]

형 아주 맛있는

The recipe sounds **delicious**!
그 레시피는 **아주 맛있어** 보여!

지하철 역에서 종종 볼 수 있는 델리만쥬(delimanjoo) 과자를 아시나요? delicious와 만쥬(일본식 화과자)가 합쳐진 스낵이에요.

0419 +
excellent
[éksələnt]

형 훌륭한, 탁월한

The dinner was **excellent**.
저녁 식사는 아주 **훌륭했다**.

주로 아이들이 좋아하는 '엑설런트'란 아이스크림이 있어요. 최고급 품질을 지향한다는 의미겠죠?

0420 + +
fresh
[freʃ]

형 1. 신선한 2. 새로운

This fruit juice is very **fresh**.
이 과일주스는 정말 **신선하다**.

I'll make some **fresh** coffee. 새 커피를 좀 만들게.

0421 +
spicy
[spáisi]

형 매운, 양념 맛이 강한

Mexican food is too **spicy** for me.
멕시코 요리는 내게 너무 **맵다**.

spice [spais] 명 양념, 향신료

뉘앙스 • spicy는 양념 맛이 강하다는 의미로 사용하는데, 매운 양념을 많이 넣어 음식 맛이 강한 것을 표현할 때도 쓰여요.

0422 + +
salt
[sɔ:lt]

명 소금

Salt makes ice melt. 소금은 얼음을 녹인다.

salty [sɔ́:lti] 형 소금이 든, 짭짤한

0423 + +
sweet
[swi:t]

형 1. 달콤한 2. 다정한, 온화한

Cotton candy is really **sweet**.
솜사탕은 정말 **달콤하다**.

He is a really **sweet** guy.
그는 정말 **다정한** 남자이다.

0424 ++

sour

[sauər]

ᄒ **1.** (맛이) 신, 시큼한 **2.** (우유가) 상한

I hate lemons. They are too **sour**.

나는 레몬이 너무 싫어. 너무 **시잖아**.

The milk smells a little **sour**.

우유가 약간 **상한** 냄새가 난다.

우유가 상해서 시큼한 맛이 나는 것도 sour, 레몬의 시큼한 맛도 sour라고 한답니다.

0425 +

bitter

[bítər]

ᄒ **1.** 맛이 쓴 **2.** (언쟁이) 격렬한

I like the **bitter** taste of black coffee.

나는 블랙 커피의 **쓴** 맛이 좋다.

The bill was passed after a **bitter** fight.

그 법안은 **격렬한** 싸움 끝에 통과되었다.

너무 써서 뱉어버리고 싶은 느낌으로 bitter를 발음해 보세요.

 # Apply, Check & Exercise

Answer Key p.320

A 영어는 우리말로, 우리말은 영어로 쓰세요.

1	leftover	_____	2	dinner	_____
3	tea	_____	4	waiter	_____
5	welcome	_____	6	order	_____
7	serve	_____	8	bill	_____
9	fresh	_____	10	salt	_____
11	sweet	_____	12	sour	_____
13	bitter	_____	14	식사, 끼니	_____
15	아침 식사	_____	16	후식	_____
17	간식	_____	18	삼키다	_____
19	준비하다	_____	20	음식점	_____
21	추천하다	_____	22	풍미, 맛	_____
23	탁월한	_____	24	매운	_____
25	아주 맛있는	_____			

B 다음 빈칸에 알맞은 단어를 쓰세요.

1 snack : _____ = 간식 : 정식, 만찬

2 meal : dessert _____ = 식사 : _____

3 waiter : _____ = 남자 종업원 : 여자 종업원

4 prepare : _____ = 준비하다 : (음식을) 제공하다

5 spice : spicy _____ = 양념 : _____

6 flavor : excellent _____ = _____ : 훌륭한, 탁월한

7 sweet : _____ = 달콤한 : 맛이 쓴

8 fresh : delicious _____ = 신선한 : _____

9 salt : salty _____ = 소금 : _____

10 order : _____ = 주문 : 계산서

C 다음 중 단어의 영영 풀이가 <u>잘못된</u> 것을 <u>있는 대로</u> 고르세요.

① recommend: say that something is bad

② flavor: the taste of a food or drink

③ restaurant: a place where you can buy and eat a meal

④ welcome: greet someone in a friendly manner

⑤ order: give food to someone in a restaurant

D 배운 단어를 이용하여 빈칸에 알맞은 말을 넣으세요.

1 그것은 삼키기 힘들었다. → It was hard to _____.

2 이 학교에는 훌륭한 선생님들이 많이 계신다.

  → This school has many _____ teachers.

3 이 포도는 약간 맛이 시다. → These grapes are a little _____.

4 차를 한 잔 드시겠어요? → Would you like a cup of _____?

Unit 18 예술

발음 익히기

셀프 스터디

리스닝 훈련

미술과 전시

암기 Tip

0426 ++
art
[ɑːrt]

명 1. 미술(품) 2. 예술
She is very good at **art**. 그녀는 **미술**에 능숙하다.
Art is long, life is short. **예술**은 길고, 인생은 짧다.

손톱에 그림을 그리거나 스티커 등을 붙여 꾸미는 것을 네일아트(nail art)라고 하죠.

0427
artwork
[ɑ́ːrtwə̀ːrk]

명 1. (특히 박물관의) 미술품 2. 삽화
I love the **artwork** of Vincent van Gogh.
나는 빈센트 반 고흐의 **미술품**을 정말 좋아한다.
Artwork and photos from books were also on display. 책의 **삽화**와 사진들도 전시되었다.

예술가들이 손으로 작업한 미술 작품, 소품, 캐릭터 디자인, 삽화를 모두 일컫는 말이에요.

0428 +
create
[kriéit]

동 창조하다, 창작하다
The government needs to **create** more jobs. 정부는 일자리를 더 **창출해야** 한다.
creative[kriéitiv] 형 창조적인, 창의적인
creature[kríːtʃər] 명 생명이 있는 존재

뉘앙스 make와 비슷한 의미예요. 없던 것을 만들어내는 것을 나타냅니다.

0429 ++
picture
[píktʃər]

명 1. 사진 2. 그림
I took **pictures** of my teacher.
나는 우리 선생님의 **사진**을 찍었다.
The room has some **pictures** on the walls.
그 방에는 벽에 **그림**이 몇 점 있다.

'big picture'라는 말을 들어본 적 있나요? 다른 사람들은 한눈에 보기 어려운 큰 그림, 전체적인 상황을 뜻해요.

0430 +
photograph
[fóutəɡræf]

명 사진 동 ~의 사진을 찍다
Your phone takes good **photographs**!
네 전화기는 **사진**이 잘 찍힌다!
I have **photographed** many historic sites.
나는 많은 유적지의 **사진을 찍어** 왔다.

어원 photo(사진)와 graph(~을 쓴 것[그림])가 합쳐진 단어예요. 줄여서 photo라고 하기도 해요.

0431
portrait
[pɔ́ːrtrit]
철자주의

🅜 초상화

He painted a **portrait** of the Queen.
그는 여왕의 **초상화**를 그렸다.

사람의 얼굴을 중심으로 그린 그림을 뜻해요.

0432 + +
paint
[peint]

🅜 페인트 🅥 1. 페인트를 칠하다 2. 그리다

I need more yellow **paint**.
나는 노란색 **페인트**가 더 필요하다.

I'm going to **paint** the room yellow.
나는 방에 노란색 **페인트를 칠하려고** 한다.

My sister **paints** well. 내 여동생은 **그림을** 잘 **그린다.**

색칠을 하면서 그리는 것을 뜻해요.

0433 + +
draw
[drɔː]
drew-drawn

🅥 1. (줄, 선을 그어) 그림을 그리다
2. 끌다, 끌어당기다

He **draws** pictures that look like photos.
그는 사진처럼 보이는 **그림을 그린다.**

I **drew** my chair up closer to the table.
나는 내 의자를 탁자 더 가까이로 **끌어당겼다.**

색칠을 하는 것이 아니라 종이에 연필 등으로 선을 그어 그리는 것을 말해요.

0434 +
statue
[stǽtʃuː]

🅜 동상, 조각상

I saw a **statue** of Napoleon in France.
나는 프랑스에서 나폴레옹의 **동상**을 보았다.

세계적으로 유명한 동상 중 하나인 자유의 여신상은 'Statue of Liberty'라고 부릅니다.

0435 +
gallery
[gǽləri]

🅜 미술관, 화랑

The art **gallery** was built in 1995.
그 **미술관**은 1995년에 세워졌다.

여러분의 스마트폰에서도 '갤러리' 아이콘을 볼 수 있어요. 마치 미술관에 전시된 그림들처럼 사진들이 좍 펼쳐지는, 스마트폰의 사진첩 이름이죠.

0436 +
display
[displéi]

🅥 전시하다 (= exhibit 전시하다), 진열하다
🅜 전시, 진열

He **displayed** a notice on his desk.
그는 책상에 안내문이 **보이게 두었다.**

She looked at new shoes on **display**.
그녀는 **진열된** 새 신발을 바라보았다.

여러 가지 물건을 진열하여 전시하는 것뿐만 아니라, 컴퓨터의 모니터나 TV처럼 무언가를 화면에 나타내는 것도 display라고 합니다.

0437
exhibit
[igzíbit]
철자주의, 발음주의

동 전시하다 명 전시, 전시품

The gallery will **exhibit** Monet's last paintings.
그 미술관은 모네의 마지막 그림들을 **전시할** 것이다.

I enjoyed the photo **exhibit**.
나는 사진 **전시회**가 즐거웠다.

exhibition[èksəbíʃən] 명 1. 전시회 2. 전시

서울의 COEX, 부산의 BEXCO에서 공통적으로 찾을 수 있는 EX는 exhibition을 뜻해요. 두 장소 모두 대규모의 전시회가 개최되는 곳입니다.

0438
reveal
[rivíːl]

동 ~을 드러내다, 밝히다

She **revealed** herself to be an excellent pianist. 그녀는 자신이 뛰어난 피아니스트임을 **드러냈다**.

어떤 것을 사람들이 알도록 만드는 것을 뜻해요. display나 exhibit과도 의미상 관련이 있어요.

음악과 악기

암기 Tip

0439
classic
[klǽsik]

형 (예술품 등이) 일류의, 최고의

Ernest Hemingway wrote many **classic** novels. 어니스트 헤밍웨이는 많은 **일류** 소설을 썼다.

classical[klǽsikəl] 형 고전적인, 전통적인

classic은 같은 종류의 것들 중에서 질적으로 대단히 우수한 것을 말하고, classical은 서양 전통 음악의 한 양식이나 스타일이 전통적인 것들을 묘사할 때 써요. 그러므로 우리가 고전음악이라는 의미로 바흐나 베토벤의 음악을 뜻할 때는 classical music이라고 해야 해요.

0440 +
musical
[mjúːzikəl]

명 뮤지컬 형 음악의, 음악적인

Cats is one of the most famous **musicals**.
〈캣츠〉는 가장 유명한 **뮤지컬** 중 하나이다.

오페라는 대사를 모두 노래로 하지만, 뮤지컬은 일상적인 대화도 많습니다.

0441 +
opera
[áprə]

명 오페라, 오페라단

Riley doesn't enjoy **opera**.
라일리는 **오페라**를 즐기지 않는다.

호주에 있는 '오페라 하우스'는 시드니를 상징하는 유명한 건축물로, 극장, 전시장 등의 공연 시설을 갖추고 있는 오페라 극장입니다.

0442 ++
sing
[siŋ]
sang-sung

동 1. 노래하다 2. (새가) 지저귀다, 울다

I used to **sing** in front of my parents.
나는 부모님 앞에서 **노래를 부르곤** 했다.

Birds **sing** songs in the woods.
새가 숲 속에서 **지저귄다**.

song[sɔ́(ː)ŋ] 명 노래

자신이 직접 작사, 작곡을 하고 노래도 부르는 사람을 '싱어송라이터(singer song-writer)라고 하죠.

0443
chorus

[kɔ́:rəs]

명 1. 합창 2. (노래의) 후렴

The kids sang the last part of the song in **chorus**. 아이들이 노래의 마지막 부분을 **합창**했다.

The **chorus** of this song is easy to sing.
이 노래의 **후렴**은 부르기 쉽다.

0444 +
rhythm

[ríðəm]

철자주의

명 1. 리듬 2. (규칙적으로 반복되는) 변화

Let's dance to the **rhythm** together!
리듬에 맞춰 다 함께 춤추자!

She enjoyed the **rhythms** of country life.
그녀는 시골 생활의 **리듬(주기적 변화)**을 즐겼다.

Rhythm helps your two hands move! (리듬은 당신의 두 손을 움직이게 만들어요!)의 첫글자만 따서 외워보세요.

0445 +
harmony

[háːrməni]

명 1. 조화, 화합 2. (음악) 화음

Cats and dogs can't live in **harmony**.
고양이와 개는 **조화**롭게 살지 못한다.

This song's **harmony** is beautiful.
이 곡은 **화음**이 아름답다.

여자교도소에 수용된 사람들이 합창단을 결성하여 아름다운 화음과 감동의 무대를 만들어 내는 장면을 담은 영화의 제목이 <하모니>였죠.

0446
instrument

[ínstrəmənt]

명 1. 기계, 기구, 도구 2. 악기

A computer is a powerful **instrument**.
컴퓨터는 강력한 **도구**이다.

She plays the piano and other **instruments**.
그녀는 피아노와 다른 **악기들**을 다룬다.

instrumental[ìnstrəméntəl] 형 (어떤 일을 하는 데) 중요한

tool은 톱이나 망치 같은 도구를 가리키고, instrument는 망원경이나 내시경처럼 과학적, 의료적 목적으로 사용되는 기구나 도구를 뜻해요.

0447 ++
guitar

[gitáːr]

명 기타

Jack will take a **guitar** lesson.
잭은 **기타** 레슨을 받을 것이다.

0448 ++
violin

[vàiəlín]

명 바이올린

Einstein liked playing the **violin**.
아인슈타인은 **바이올린** 켜는 것을 좋아했다.

바이올린을 연주하는 연주자를 violinist라고 해요.

0449 +

drum

[drʌm]

명 1. 드럼, 북 2. (원통형) 통, 드럼통

동 북[드럼]을 치다

This **drum** makes a loud beat.
이 **드럼**은 큰 소리를 낸다.

This is a 5-gallon oil **drum**.
이것은 5갤런짜리 기름**통**이다.

0450

trumpet

[trʌ́mpit]

명 트럼펫

The child was blowing a **trumpet** very loudly. 그 아이는 아주 시끄럽게 **트럼펫**을 불고 있었다.

트럼펫은 작은 원통형의 관으로 된 금관 악기예요. 음색이 높고 화려해 환희와 승리, 왕의 권위를 상징해요.

Apply, **C**heck & **E**xercise

Answer Key p.321

A 영어는 우리말로, 우리말은 영어로 쓰세요.

1	art	____	2	picture
3	paint	____	4	draw
5	display	____	6	chorus
7	musical	____	8	opera
9	sing	____	10	violin
11	guitar	____	12	drum
13	trumpet	____	14	미술품, 삽화
15	창조하다	____	16	사진, ~의 사진을 찍다
17	초상화	____	18	동상
19	미술관, 화랑	____	20	(예술품 등이) 일류의
21	~을 드러내다	____	22	리듬
23	조화, 화합	____	24	악기
25	전시, 전시품	____		

B 다음 빈칸에 알맞은 단어를 쓰세요.

1 art : artwork = 예술 : _____

2 picture : photograph = 사진, 그림 : _____

3 paint : _____ = 페인트를 칠하다 : 그림을 그리다

4 exhibit : exhibition = 전시하다 : _____

5 classic : classical = 일류의 : _____

6 song : _____ = 노래 : 노래하다

7 rhythm : _____ = 리듬 : 화음

8 drum : _____ = 드럼 : 기타

9 violin : _____ = 바이올린 : 트럼펫

10 instrument : instrumental = 도구 : _____

C 다음 중 단어의 영영 풀이가 <u>잘못된</u> 것을 <u>있는 대로</u> 고르세요.

① create: make something in an old way

② portrait: a painting of a person

③ statue: an image of a person or animal made from stone or metal

④ gallery: a building in which people look at the stars

⑤ display: put something where people can see it

D 배운 단어를 이용하여 빈칸에 알맞은 말을 넣으세요.

1 커튼을 당겨라. → _____ the curtains.

2 그는 비밀을 밝히지 않았다. → He didn't _____ the secret.

3 사람들은 그 동상을 보기 위해 공원을 찾아간다.

   → People visit the park to see the _____.

4 그는 음악적인 재능이 없다. → He has no _____ ability.

5 그녀는 오페라를 공부하고 있다. → She is studying _____.

Unit 19 여행

발음 익히기

셀프 스터디

리스닝 훈련

암기 Tip

0451 ++
trip
[trip]

📖 여행

Meggie is taking a **trip** to China.
메기는 중국으로 **여행**을 갈 예정이다.

뉘앙스 ▶ 관광 등 어떤 특정한 목적을 위한 여행일 때 많이 써요. 수학여행은 a school trip, 출장은 a business trip이라고 하죠.

0452 ++
travel
[trǽvəl]

📖 1. 여행하다 2. 이동하다
📖 여행, 출장, 이동

I want to **travel** to Mars.
나는 화성으로 **여행**을 가고 싶다.

The car is **traveling** at a high speed.
그 차는 빠른 속도로 **이동**하고 있다.

뉘앙스 ▶ '여행'의 의미로 가장 널리 쓰이는 말이에요. 장거리를 이동해서 여행하는 것을 의미해요.

0453 +
journey
[dʒə́ːrni]

📖 여행, 여정, 이동

Success is a **journey**, not a destination.
성공은 목적지를 향한 **여정**일 뿐 목적지 그 자체가 아니다.

뉘앙스 ▶ 시간도 많이 걸리고 힘도 드는 여행에 잘 써요. '여정'이라는 말로 해석하는 것이 자연스러울 때가 많지요.

0454 ++
adventure
[ədvéntʃər]

📖 모험, 모험심

Tom Sawyer looked for **adventures**.
톰 소여는 **모험**을 기대했다.

실내 테마파크인 롯데월드 어드벤처의 슬로건이 '동화 속 모험과 신비의 나라'예요.

여행 준비

암기 Tip

0455 ++
plan
[plæn]

📖 계획 📖 계획을 세우다, 계획하다

Do you have any **plans** for the weekend?
주말에 어떤 **계획**이 있나요?

We should **plan** for the future.
우리는 미래에 대한 **계획을 세워야** 한다.

보통 계획을 세울 때 '플랜B'도 세워야 한다는 말, 들어보셨나요? 첫 번째 플랜이 성공하지 못할 경우에 진행할 계획을 말하죠.

0456 +
schedule
[skédʒuːl]
철자주의

명 일정, 스케줄 동 일정을 잡다

Will you check the bus **schedule**?
버스 **스케줄**을 확인해 주시겠어요?

The lecture is **scheduled** for this Saturday.
그 강의는 이번 주 토요일로 **일정이 잡혀** 있다.

0457 ++
flight
[flait]

명 1. (비행기) 여행, 비행 2. 항공편

He was tired from the long **flight**.
그는 장시간 **비행**으로 지쳤다.

The **flight** to Hamburg was delayed for an hour. 함부르크로 가는 **항공편**이 한 시간 지연됐다.

어원 '날다'라는 뜻의 fly에서 나온 말이에요. 그런데 사람이 하늘을 날려면 비행기를 타야겠죠? 그래서 비행기 여행, 항공편이라는 뜻도 있는 거예요.

0458 ++
airline
[ɛ́ərlàin]

명 항공사

We used an American **airline** to travel abroad.
우리는 외국으로 여행하기 위해 미국 **항공사**를 이용했다.

항공사의 이름에는 '에어라인(airline)'이 붙는 곳이 많아요. 대한항공은 Korean Air라고 하지만, 아시아나 항공은 Asiana Airlines예요. 이 외에도 싱가포르 Airlines, 아메리카 Airlines 등이 있어요.

0459 +
available
[əvéiləbl]

형 1. 이용할 수 있는
2. (사람들을 만날) 시간이 있는

This coffee shop is **available** 24 hours a day. 이 커피숍은 24시간 **이용할 수 있다.**

I'm sorry, but Mr. Smith is not **available** now. 죄송하지만 스미스씨는 지금 **시간이 되지** 않으셔요.

손에 넣거나 구할 수 있어서 이용할 수 있음을 의미해요. 더 나아가 어떤 일을 할 시간이나 사람을 만날 시간이 있음을 뜻하기도 하지요.

0460 +
pack
[pæk]

동 1. (짐을) 싸다, 꾸리다 (↔ unpack (짐을) 풀다)
2. 포장하다

I'll **pack** my suitcase tonight.
나는 오늘 밤에 여행 가방을 **쌀** 거야.

He **packed** all his books into boxes.
그는 자신의 모든 책을 박스에 넣어 **포장했다.**

여행 등을 가기 위해 가방에 옷이나 기타 물품 등을 넣는 것을 뜻해요.

0461
luggage
[lʌ́gidʒ]

명 (여행용) 수하물, 짐

They checked every piece of **luggage**.
그들은 모든 **수하물**을 검사했다.

수하물(手荷物)은 수화물이라고도 하고, '수(手)'에서 알 수 있듯이 손에 간편하게 들고 다닐 수 있는 작고 가벼운 짐을 말해요.

0462 +

passport
[pǽspɔ:rt]

명 여권

Look after your **passport**.
여권을 잘 챙기세요.

우리나라가 아닌 외국에 갈 때는 우리의 신분을 증명해주는 여권이 꼭 필요하답니다. 항구(port), 즉 다른 나라를 통과(pass)할 수 있게 만들어 주는 것이지요.

0463 +

delay
[diléi]

동 1. 미루다 2. 지연시키다 명 지체

Don't **delay**. Do your homework now!
미루지 마라. 당장 숙제를 해라!

The flight was **delayed** because of rain.
비 때문에 항공편이 **지연되었다**.

This must be done without **delay**.
이 일은 **지체** 없이 진행되어야 합니다.

정확한 시간에 출발해야 하는 교통편은 여러 사정으로 인해 지연되는 경우가 있는데, 안내판에 delay라고 표시되지요.

0464 +

cancel
[kǽnsəl]

동 취소하다

Hugh wants to **cancel** his plane ticket.
휴는 비행기 티켓을 **취소하고** 싶어 한다.

0465 +

spoil
[spɔil]

spoiled[spoilt]-
spoiled[spoilt]

동 1. 망치다, 버려 놓다 2. 음식이 상하다

Our field trip was **spoiled** by poor weather.
우리 수학여행은 날씨가 안 좋아서 **망쳤다**.

The fruit was beginning to **spoil**.
과일이 **상하기** 시작했다.

부정적인 영향을 주어 모두 다 안 좋게 만든다는 의미예요.

0466 ++

leave
[li:v]

left-left-leaving

동 1. 떠나다 2. 남기다 명 휴가

Chen **left** for Hong Kong last week.
첸은 지난주에 홍콩으로 **떠났다**.

President Lincoln **left** a mark on history.
링컨 대통령은 역사에 자취를 **남겼다**.

The manager is on sick **leave**.
그 관리인은 병**가** 중이다.

떠날 때는 뒤에 **남겨 두는** 것도 있겠죠?

0467 +

reach
[ri:tʃ]

동 1. ~에 도달하다, ~에 이르다
2. (어떤 것을 잡기 위해 손이나 팔을) 뻗다

Finally, we **reached** our destination.
마침내 우리는 목적지에 **도착했다**.

She **reached** into her bag.
그녀는 자신의 가방 속으로 **손을 뻗었다**.

어떠한 장소에 도착하는 것뿐 아니라, 손을 뻗어 무언가에 닿는 것, 어떤 목표에 도달하는 것 등을 의미합니다.

0468 ++
arrive
[əráiv]

동 도착하다, (물건이) 배달되다

Our plane will **arrive** on time in New York.
우리가 탄 비행기는 뉴욕에 제 시간에 **도착할** 것이다.

arrival [əráivəl] 명 도착

Arrivals(도착) 표시가 보이나요? 공항에서 도착한 항공편들을 보여주는 전광판이에요.

	From	Flight	
	Paris	A701	□
	Seoul	M1237	□
	Tokyo	TR193	□

관광과 활동

암기 Tip

0469 ++
tour
[tuər]

명 1. 여행, 관광 2. 순회 공연
동 관광하다

We took a **tour** of the castle.
우리는 그 성을 **관광**했다.

The band will be here on **tour**.
그 밴드는 이곳에 **순회 공연**을 올 것이다.

They spent two days **touring** America.
그들은 미국을 **관광하면서** 이틀을 보냈다.

뉘앙스 ▶ 관광 등을 목적으로 계획에 따라 여러 곳을 돌아다니는 여행을 말해요.

0470
tourist
[tú(:)ərist]

명 관광객

The **tourists** were busy taking pictures.
관광객들은 사진을 찍느라 바빴다.

0471 ++
guide
[gaid]

명 1. 안내(서) 2. 가이드, 안내인
동 안내하여 데려가다

The book is a useful street **guide**.
그 책은 유용한 거리 **안내서**이다.

The tour **guide** has visited many countries.
그 여행 **가이드**는 여러 나라를 방문했다.

My father **guided** me through the forest.
아빠는 나를 숲 속으로 **데려갔다**.

여행을 계획할 때 숙박, 맛집, 교통 등을 참고할 수 있는 안내 책자를 가이드북(guide book)이라고 해요.

0472 ++
map
[mæp]

명 지도, 약도

I learned how to read **maps**.
나는 **지도** 읽는 법을 배웠다.

여행을 다니면서 길을 찾아야 할 때 구글맵(Google maps)을 사용하죠. 실시간으로 길을 찾을 수 있어 여행자에게는 필요한 앱이에요.

0473 +
view
[vju:]

명 1. 경관, 전망 2. 견해, 생각

I lived in a house with a **view** of the sea.
나는 바다가 내다 보이는 **전망**을 가진 집에 살았다.

In my **view**, the plan will succeed.
내 **견해**로는 그 계획은 성공할 것이다.

호텔 방을 고를 때 sea[ocean] view는 바다가 보이는 전망, mountain view는 산이 보이는 전망이에요. 여러분은 어떤 전망의 방을 고르시겠어요?

0474 ++

stay

[stei]

동 계속 있다, 머무르다 명 머무름, 방문

That guest house is a good place to **stay**.
저 게스트하우스는 **지내기** 좋은 곳이다.

Jane enjoyed her **stay** in Korea.
제인은 한국에 **머무르는 것**이 즐거웠다.

홈스테이(Homestay)는 외국의 유학생이 그 나라의 일반 가정에서 체류하며 그 나라의 언어와 문화를 배우는 것을 말해요.

0475 ++

return

[ritə́ːrn]

동 1. 돌아오다 2. 반납하다 명 돌아옴, 귀환

Billy just **returned** from his business trip.
빌리가 출장에서 막 **돌아왔다**.

Please **return** it to the address below.
아래 주소로 그것을 **반납해** 주세요.

I booked my **return** flight yesterday.
나는 어제 **돌아오는** 항공편을 예약했다.

어원 ▶ re-(다시) + turn(돌리다, 돌다)
→ return(다시 돌아가다[오다])

 # Apply, Check & Exercise

Answer Key p.321

A 영어는 우리말로, 우리말은 영어로 쓰세요.

1	trip	_____	2	travel	_____
3	plan	_____	4	airline	_____
5	pack	_____	6	leave	_____
7	reach	_____	8	tour	_____
9	guide	_____	10	map	_____
11	view	_____	12	stay	_____
13	passport	_____	14	여정, 여행	_____
15	모험	_____	16	일정, 스케줄	_____
17	비행기 여행	_____	18	이용할 수 있는	_____
19	취소하다	_____	20	도착하다	_____
21	관광객	_____	22	돌아오다	_____
23	망치다	_____	24	미루다, 지연시키다	_____
25	수하물, 짐	_____			

B 다음 빈칸에 알맞은 단어를 쓰세요.

1 travel : journey = 여행하다 : _____
2 plan : schedule = 계획 : _____
3 flight : _____ = 항공편 : 항공사
4 pack : unpack = 짐을 꾸리다 : _____
5 delay : cancel = 연기하다 : _____
6 leave : reach = 떠나다 : _____
7 arrive : _____ = 도착하다 : 도착
8 map : _____ = 지도 : 안내서

C 다음 중 단어의 영영 풀이가 <u>잘못된</u> 것을 <u>있는 대로</u> 고르세요.

① adventure: a boring experience
② available: able or willing to talk to someone
③ luggage: the bags that a person carries when traveling
④ trip: a journey from one place to another
⑤ spoil: have a good effect on something

D 배운 단어를 이용하여 빈칸에 알맞은 말을 넣으세요.

1 그는 하루 종일 집에 머물렀다. → He _____ home all day.
2 그녀가 돌아왔을 때는 비가 오고 있었다. → It was rainy when she _____.
3 그녀는 자신의 여권을 찾을 수 없었다. → She could not find her _____.
4 고기가 상했다. → The meat has _____.
5 숙제에 대한 여러분의 견해는 어떻습니까?
   → What are your _____ on homework?

Unit 20 날씨

발음 익히기　　셀프 스터디　리스닝 훈련

암기 Tip

0476 ++
weather
[wéðər]

📖 날씨, 기상

Rainy **weather** makes me sad.
비 오는 **날씨**는 나를 슬프게 한다.

weather forecast(일기예보)는 날씨(weather)를 예측(forecast)해 우리에게 알려주지요.

0477 +
forecast
[fɔ́ːrkæst]

forecast[forecasted]-
forecast[forecasted]

📖 예보, 예측 📗 예보하다, 예측하다

I didn't believe the weather **forecast**.
나는 일기**예보**를 믿지 않았다.

The newspaper **forecasts** a white
Christmas. 신문에서 화이트 크리스마스를 **예보한다**.

어원 fore(= before) + cast(= throw), '(주사위를) 먼저 던져 점쳐 보다'라는 의미에서 '예측, 예측하다'라는 뜻이 되었어요.

0478 +
climate
[kláimit]

📖 1. 기후, 기상 여건 2. 분위기, 풍조

Why is **climate** change happening now?
요즘 왜 **기후** 변화가 일어날까요?

The business **climate** is not so bad now.
사업 **분위기**는 지금 그렇게 나쁘지는 않다.

뉘앙스 weather는 일기예보처럼 특정한 날의 기상 여건(날씨)을 뜻하지만, climate는 특정 지역의 전형적인 기상 여건(기후)을 의미해요.

기상 상태

암기 Tip

0479 +
temperature
[témpərətʃər]

📖 1. 기온, 온도 2. 체온

Today's **temperature** is 33 degrees.
오늘의 **기온**은 33° 이다.

Did you take her **temperature**?
그녀의 **체온**을 재어 보았나요?

온도계로 잰 온도를 뜻해요. 공기 온도를 온도계로 잰 것은 기온, 사람의 온도를 온도계로 잰 것이 체온이죠.

0480 +
degree
[digríː]

명 1. (온도 단위) 도 2. 정도, 범위 3. (대학의) 학위

Pure water will begin to freeze at 0 **degrees** Celsius.
순수한 물은 섭씨 0**도**에서 얼기 시작한다.

To what **degree** is she interested in fashion? 어느 **정도**로 그녀가 패션에 흥미가 있나요?

She has a **degree** in computer science.
그녀는 컴퓨터 과학 분야에 **학위**가 있다.

어원 ▶ 원래 '계단'의 의미를 가진 프랑스어에서 유래했다고 해요. 온도나 정도, 학위 모두 계단처럼 구분되어 있거나 단계적으로 올라가야 하는 것이죠.

0481 ++
warm
[wɔːrm]

형 따뜻한, 따스한 동 따뜻하게 하다, 데우다

Warm weather will return soon.
날이 곧 다시 **따뜻해질** 것이다.

She turned on the heater to **warm** up the room. 그녀는 방을 **데우기** 위해서 히터를 켰다.

봄하고 어울리는 단어예요. Warm spring이라는 어구를 자주 볼 수 있어요.

0482 +
sunshine
[sʌ́nʃàin]

명 햇빛, 햇살

Let's go out and enjoy the **sunshine**!
밖에 나가서 **햇살**을 즐기자.

sun과 shine(빛나다)이 합쳐진 말이죠. 해가 빛나는 것이니, '햇빛, 햇살'이 되네요.

0483 +
shine
[ʃain]
shone[shined]-
shone[shined]

동 빛나다, 반짝이다 명 빛

Make hay while the sun **shines**.
해가 **비칠** 때 건초를 말려라(기회를 잘 살려라).

샤이니(SHINee)라는 그룹이 있죠? 바로 이 단어를 바탕으로 만든 이름이랍니다. '빛을 받는 사람'이라는 뜻의 이름이에요.

0484 ++
cool
[kuːl]

형 1. 서늘한, 시원한 2. 멋진, 끝내 주는
동 식다, 식히다

We had a **cool** summer last year.
작년 여름은 **시원했다**.

You look **cool** with your new glasses!
새 안경을 쓰니 **멋져** 보여!

뉘앙스 ▶ 주로 가을과 어울리는 단어예요. 일상 대화에서 "멋진"이란 뜻으로도 많이 쓰여요.

0485 +
freeze
[friːz]
froze-frozen

동 얼다, 얼리다

Lake Erie has **frozen** over.
이리 호수가 꽁꽁 **얼어붙었다**.

경찰들이 범인을 쫓을 때 "Freeze!"라고 하면 꼼짝 말라는 뜻이죠. '얼음 땡'에서의 '얼음'과 같은 의미겠지만, 경찰과 범인은 '놀이'를 하는 게 아니에요.^^

0486

lightning
[láitniŋ]

명 번개, 번갯불
Lightning struck the clock tower.
번개가 시계탑을 세게 쳤다.

번개는 빛(light)처럼 반짝하지요.

0487 +

storm
[stɔːrm]

명 폭풍, 폭풍우
A **storm** warning means that a **storm** is about to happen.
폭풍우 경보가 울리면 **폭풍**이 막 발생하고 있다는 뜻이다.

비가 심하게 오고 바람도 강하면서 천둥이나 번개도 흔히 동반하는 아주 좋지 못한 날씨를 말해요.

0488

thunder
[θʌ́ndər]

명 천둥
Loud **thunder** shook the windows.
요란한 **천둥**이 창문을 뒤흔들었다.

천둥과 번개는 항상 함께 발생한다는 것을 알고 있나요? 번쩍하는 빛이 번개이고, 우레와 같은 소리를 내는 것이 천둥이랍니다.

0489

raindrop
[réindràp]

명 빗방울
Raindrops hung from the flower after the storm. 폭풍이 지나간 후에 꽃에 **빗방울**이 매달려 있었다.

비(rain)의 방울(drop)이므로 빗방울(raindrop)이죠.

0490 + +

wet
[wet]

형 1. 젖은 2. 비가 많이 오는, 궂은
Her hair is still **wet**. 그녀의 머리는 아직 **젖어 있다**.
It has been a **wet** summer.
비가 많이 오는 여름이었다.

0491 + +

fog
[fɔ(ː)g]

명 안개
Don't drive in **fog**.
안개가 끼었을 때는 운전하지 마세요.

foggy[fɔ́(ː)gi] 형 안개가 낀

대기오염 현상 중에 '스모그(smog)'는 매연이 안개에 섞인 것을 말하는데요, 연기를 뜻하는 smoke와 안개를 뜻하는 fog가 합쳐진 말이랍니다.

0492 +

dew
[duː]

명 이슬
Dew forms at night.
이슬은 밤에 형성된다.

아침 일찍 풀잎 위에 물방울이 매달려 있는 걸 본 적 있나요? 밤사이 따뜻한 수증기가 차가운 물체를 만나 식어서 만들어진 '이슬'이죠. 이런 아침이슬을 morning dew라고 해요.

0493
drought
[draut]

📖 가뭄

The river dried up during the **drought.**
가뭄 동안에 강이 말라버렸다.

비가 안 오면 땅이 건조해지기(dry) 시작해요. 그 기간이 길어져 땅바닥이 갈라질 정도가 되면 '가뭄(drought)'이라고 하죠. dry의 명사형이랍니다.

0494 ++
wind
[wind]

📖 바람

Cold **wind** blows in from Siberia.
시베리아에서 찬 **바람**이 불어온다.

windy[wíndi] 📖 바람이 많이 부는

윈드서핑은 판(board) 위에 세워진 돛에 바람을 받으며 파도를 타는 해양 스포츠예요.

0495 ++
rainbow
[réinbòu]

📖 무지개

The **rainbow** has seven colors.
무지개는 일곱 색깔이다.

계절

암기 Tip

0496 ++
season
[síːzn]

📖 1. 계절 2. 시기, 철, 시즌
📖 (양념을) 넣다, 치다

Some countries have only two **seasons.**
어떤 나라에는 두 **계절**만 있다.

Our team had a good **season** this year.
우리 팀은 금년에 좋은 **시즌**을 보냈다.

The chef **seasoned** the dish with pepper powder. 요리사는 요리에 고춧가루 **양념을 넣었다.**

'계절' 뿐 아니라 스포츠 시즌, 게임 시즌, 드라마 시즌 등 어떤 활동이 활발하게 이루어지는 시기를 '시즌(season)'이라고 하죠.

0497 ++
spring
[spriŋ]

📖 1. 봄 2. 스프링, 용수철 3. 샘
📖 휙 움직이다, (갑자기) 뛰어오르다

Spring brings lots of rain to Chicago.
봄에 시카고에는 비가 많이 온다.

Some of the **springs** are broken.
스프링이 몇 개 부러졌다.

There are some hot **springs** in the area.
그 지역에는 온**천**들이 좀 있다.

봄(spring)이 되면 새싹들이 스프링(spring)처럼 땅속에서 튀어 올라 싹을 틔운다고 생각해보세요.

0498 ++
summer
[sʌ́mər]

📖 여름

Trees grow quickly in **summer.**
나무는 **여름**에 빨리 자란다.

유럽에서는 서머 타임(summer time)제를 시행해요. 여름철 낮이 긴 것을 이용해서 시계바늘을 1시간 앞당겼다가 다시 가을이 되면 되돌리는 제도랍니다.

fall

[fɔːl]

fell-fallen

명 1. 가을 2. 넘어짐, 떨어짐 3. 폭포
동 1. 떨어지다, 빠지다 2. 넘어지다

Fall is baseball season.
가을은 야구 시즌이다.

Raindrops keep **falling** on my head.
빗방울이 머리 위로 계속 **떨어진다**.

Niagara **Falls** is one of the biggest waterfalls in the world.
나이아가라 폭포는 세계에서 가장 큰 **폭포** 중 하나이다.

I got hurt because I **fell** over.
나는 **넘어져서** 다쳤다.

가을(fall)은 나뭇잎이 우수수 **떨어지**는(fall) 계절이죠.

winter

[wíntər]

명 겨울

Winter is a good season for hot tea.
겨울은 뜨거운 차를 마시기 좋은 계절이다.

Apply, Check & Exercise

Answer Key p.321

A   영어는 우리말로, 우리말은 영어로 쓰세요.

1	degree	_____	2	dew	_____
3	warm	_____	4	shine	_____
5	thunder	_____	6	cool	_____
7	drought	_____	8	raindrop	_____
9	wet	_____	10	fog	_____
11	wind	_____	12	fall	_____
13	winter	_____	14	날씨	_____
15	예보, 예측	_____	16	기후	_____
17	기온	_____	18	햇빛	_____
19	얼다, 얼리다	_____	20	번개	_____
21	폭풍	_____	22	무지개	_____
23	계절	_____	24	여름	_____
25	봄	_____			

B 다음 빈칸에 알맞은 단어를 쓰세요.

1 weather : climate = 날씨 : _____

2 degree : temperature = (온도 단위) 도 : _____

3 sunshine : shine = _____ : 빛나다

4 warm : _____ = 따뜻한 : 서늘한, 시원한

5 spring : _____ = 봄 : 가을

6 storm : lightning = 폭풍 : _____

7 fog : foggy = 안개 : _____

8 summer : _____ = 여름 : 겨울

9 wind : windy = 바람 : _____

C 다음 중 단어의 영영 풀이가 <u>잘못된</u> 것을 <u>있는 대로</u> 고르세요.

① forecast: say that something will happen in the future

② shine: give off light

③ freeze: become hard because of the hot temperature

④ drought: a long period of time when there is little or no rain

⑤ wet: having very little water

D 배운 단어를 이용하여 빈칸에 알맞은 말을 넣으세요.

1 오늘 무지개가 나왔다. → A _____ came out today.

2 여름은 내가 가장 좋아하는 계절이다. → Summer is my favorite _____.

3 봄이 시작되는 몇 주는 따뜻했다.

→ The first few weeks of _____ were warm.

4 그는 얼음에 넘어졌다. → He _____ on the ice.

5 그 나라의 기후는 포도를 기르기에 좋다.

→ The country's _____ is good for growing grapes.

Uuit 16-20

Unit 16~Unit 20에서 배운 125단어의 의미를 복습해 볼까요?
뜻이 떠오르지 않거나 시간이 오래 걸리는 것들은
😊에 따라 체크해서 즉시즉시 떠오를 때까지 반복해서 복습해주세요.

0496 ☺☺☺	season		0466 ☺☺☺	leave
0481 ☺☺☺	warm		0432 ☺☺☺	paint
0461 ☺☺☺	luggage		0423 ☺☺☺	sweet
0477 ☺☺☺	forecast		0465 ☺☺☺	spoil
0447 ☺☺☺	guitar		0429 ☺☺☺	picture
0471 ☺☺☺	guide		0378 ☺☺☺	event
0454 ☺☺☺	adventure		0424 ☺☺☺	sour
0399 ☺☺☺	swim		0379 ☺☺☺	interest
0418 ☺☺☺	delicious		0467 ☺☺☺	reach
0414 ☺☺☺	serve		0400 ☺☺☺	fishing
0469 ☺☺☺	tour		0377 ☺☺☺	hobby
0484 ☺☺☺	cool		0486 ☺☺☺	lightning
0396 ☺☺☺	tent		0403 ☺☺☺	dinner
0478 ☺☺☺	climate		0449 ☺☺☺	drum
0435 ☺☺☺	gallery		0394 ☺☺☺	picnic
0472 ☺☺☺	map		0386 ☺☺☺	read
0485 ☺☺☺	freeze		0479 ☺☺☺	temperature
0430 ☺☺☺	photograph		0381 ☺☺☺	free
0483 ☺☺☺	shine		0427 ☺☺☺	artwork
0453 ☺☺☺	journey		0402 ☺☺☺	breakfast
0482 ☺☺☺	sunshine		0455 ☺☺☺	plan
0425 ☺☺☺	bitter		0410 ☺☺☺	waiter
0391 ☺☺☺	cinema		0450 ☺☺☺	trumpet
0422 ☺☺☺	salt		0428 ☺☺☺	create
0459 ☺☺☺	available		0448 ☺☺☺	violin

0376 ⊘⊘⊘ leisure	0433 ⊘⊘⊘ draw	0388 ⊘⊘⊘ play
0387 ⊘⊘⊘ cartoon	0490 ⊘⊘⊘ wet	0445 ⊘⊘⊘ harmony
0458 ⊘⊘⊘ airline	0397 ⊘⊘⊘ climb	0392 ⊘⊘⊘ concert
0442 ⊘⊘⊘ sing	0489 ⊘⊘⊘ raindrop	0417 ⊘⊘⊘ flavor
0476 ⊘⊘⊘ weather	0473 ⊘⊘⊘ view	0393 ⊘⊘⊘ outdoor
0401 ⊘⊘⊘ meal	0493 ⊘⊘⊘ drought	0408 ⊘⊘⊘ prepare
0462 ⊘⊘⊘ passport	0488 ⊘⊘⊘ thunder	0390 ⊘⊘⊘ film
0382 ⊘⊘⊘ enjoy	0470 ⊘⊘⊘ tourist	0404 ⊘⊘⊘ dessert
0452 ⊘⊘⊘ travel	0487 ⊘⊘⊘ storm	0434 ⊘⊘⊘ statue
0389 ⊘⊘⊘ game	0405 ⊘⊘⊘ snack	0474 ⊘⊘⊘ stay
0497 ⊘⊘⊘ spring	0498 ⊘⊘⊘ summer	0411 ⊘⊘⊘ welcome
0380 ⊘⊘⊘ relax	0420 ⊘⊘⊘ fresh	0384 ⊘⊘⊘ ticket
0444 ⊘⊘⊘ rhythm	0421 ⊘⊘⊘ spicy	0419 ⊘⊘⊘ excellent
0491 ⊘⊘⊘ fog	0383 ⊘⊘⊘ favorite	0499 ⊘⊘⊘ fall
0416 ⊘⊘⊘ leftover	0409 ⊘⊘⊘ restaurant	0446 ⊘⊘⊘ instrument
0439 ⊘⊘⊘ classic	0495 ⊘⊘⊘ rainbow	0492 ⊘⊘⊘ dew
0443 ⊘⊘⊘ chorus	0436 ⊘⊘⊘ display	0407 ⊘⊘⊘ swallow
0413 ⊘⊘⊘ recommend	0457 ⊘⊘⊘ flight	0463 ⊘⊘⊘ delay
0431 ⊘⊘⊘ portrait	0415 ⊘⊘⊘ bill	0494 ⊘⊘⊘ wind
0412 ⊘⊘⊘ order	0480 ⊘⊘⊘ degree	0440 ⊘⊘⊘ musical
0475 ⊘⊘⊘ return	0426 ⊘⊘⊘ art	0460 ⊘⊘⊘ pack
0398 ⊘⊘⊘ hike	0500 ⊘⊘⊘ winter	0468 ⊘⊘⊘ arrive
0406 ⊘⊘⊘ tea	0464 ⊘⊘⊘ cancel	0441 ⊘⊘⊘ opera
0437 ⊘⊘⊘ exhibit	0451 ⊘⊘⊘ trip	0456 ⊘⊘⊘ schedule
0438 ⊘⊘⊘ reveal	0395 ⊘⊘⊘ camp	0385 ⊘⊘⊘ indoor

Part 5   Work

Picture⁺
. Dictionary

Unit 21

elderly

Unit 22

vet

Unit 22

pilot

Unit 22

scientist

speak

complain

office

document

penny

saving

Unit 21 호칭

발음 익히기

셀프 스터디

리스닝 훈련

성별, 나이 구분

암기 Tip

0501 +
male
[meil]

명 1. 남성 2. 수컷

It is easy to find **male** nurses these days.
요즘은 **남성** 간호사를 보는 것이 어렵지 않다.

A **male** chicken is called a rooster.
수컷 닭은 수탉이라고 불린다.

0502 +
female
[fíːmeil]

명 1. 여성 2. 암컷

A **female** student joined our club.
여학생이 우리 동아리에 가입했다.

Male birds are more colorful than **female** birds. 수컷 조류는 **암컷**보다 색채가 더 화려하다.

0503 ++
lady
[léidi]

명 여성, 숙녀

A nice **lady** helped the little boy.
한 친절한 **여성**이 그 어린 소년을 도와주었다.

젊은 여성 또는 여성에 대한 존칭을 의미해요.

0504 ++
gentleman
[dʒéntlmən]

명 신사

Ladies and **gentlemen**, welcome to our show.
신사 숙녀 여러분, 저희 쇼에 오신 것을 환영합니다.

gentle(예의 바르고 다정한)과 man(남자)이 합쳐진 말이에요. lady에 대응되는 말로서 상류사회의 남성, 예절을 갖춘 교양 있는 남성에 대한 존칭이에요.

0505 ++
prince
[prins]

명 왕자

Do you think **Prince** William will be a king?
윌리엄 **왕자**께서 왕이 될 거라고 생각하세요?

프랑스 작가 생텍쥐페리의 '어린 왕자'는 영어로 'The Little Prince'라고 해요.

0506 +
princess

[prínsis]

명 공주

Princess Anne is the only daughter of Queen Elizabeth II.
앤 **공주**가 엘리자베스 여왕 2세의 외동딸이다.

눈처럼 하얀 백설 공주를 Princess Snow White라고 해요.

0507 ++
adult

[ədʌ́lt]

명 성인, 어른

The book is great for both kids and **adults**.
그 책은 아이들과 **어른들** 모두에게 아주 좋다.

키덜트(kidult)는 kid + adult의 합성어로, 아이 같은 취향을 가진 어른을 가리키는 말이에요.

0508
elderly

[éldərli]

형 연세가 드신 명 어르신들, 연세 드신 분들

The **elderly** man needs a cane to walk.
그 **노**인은 걸으려면 지팡이가 필요하다.

I deliver meals to the **elderly**.
나는 **어르신들**께 식사를 배달해 드린다.

뉘앙스 ○ old보다 정중한 표현이에요.

책임자, 주인 등

암기 Tip

0509 ++
captain

[kǽptən]

명 1. 선장, (항공기의) 기장 2. (스포츠 팀의) 주장

He was the **captain** of the ship.
그는 그 배의 **선장**이었다.

Students are cheering for the team **captain**. 학생들이 팀 **주장**을 응원하고 있다.

captain은 배, 항공기, 스포츠 팀 등을 맡고 있는 책임자예요.

0510
chief

[tʃiːf]

명 (조직·단체의) 장, 우두머리
형 주된, 가장 중요한 (= main)

My father is **chief** of the fire department.
우리 아빠는 소방서**장**이다.

Helping the poor is the **chief** idea of Pope Francis.
가난한 이들을 돕는 것이 프랜시스 교황의 **주된** 생각이다.

단체나 조직을 맡고 있는 책임자예요.

0511 +
expert

[ékspəːrt]

명 전문가

Dad called a car **expert**.
아빠가 자동차 **전문가**에게 전화하셨다.

특정한 기술이 있거나, 어떤 주제에 대해 굉장히 많이 아는 사람을 뜻해요. '생활의 달인'이라는 프로그램에 나오는 분들도 experts라고 할 수 있어요.

---

master

0512 +
master
[mǽstər]

명 1. 주인, 지배자 2. 달인, 명수

We are **masters** of our own future.
우리는 우리 미래의 **주인**이다.

Charles Fazzino is a **master** of 3D pop art.
찰스 파지노는 3D 팝아트의 **대가**이다.

쿵푸 팬더에 나오는 시푸는 쿵푸의 달인, 마스터라고 불리죠.

0513 +
owner
[óunər]

명 주인, 소유주

Who's the **owner** of that house?
저 집의 **주인**은 누구니?

어원▶ own(소유하다)와 -er(사람)가 합쳐져 '소유하는 사람'을 의미하는 것이에요.

0514 +
guest
[gest]

명 (가정집이나 행사의) **손님, 하객**

How many **guests** will you invite?
얼마나 많은 **손님**을 초대하실 건가요?

상점에 방문한 손님(customer)과는 다른 의미예요.

0515 +
partner
[páːrtnər]

명 1. 동반자 2. 파트너, 동업자

Bring your **partner** to the party.
파티에 당신의 **동반자**와 함께 오세요.

We chose our **partners** for class.
우리는 수업을 하기 위해 **파트너**를 선택했다.

part(동등하게 나누다)에서 발전했어요. 그래서 partner는 나와 동등한 부분을 나누는 상대방을 의미해요.

0516 +
beggar
[bégər]

명 거지

A **beggar** asked me for money.
거지가 내게 돈을 달라고 요청했다.

어원▶ beg(구걸하다) + g + -ar(사람)로서 구걸하는 사람, 즉 거지를 의미해요.

사람

암기 Tip

0517 ++
everyone
[évriwʌ̀n]

대 모든 사람, 모두

Everyone has a chance to win.
모든 사람이 이길 가능성이 있다.

everybody[évribàdi] **대** 각자 모두, 누구든지

어법▶ everyone은 모든 사람, 모두라는 뜻이지만 단수 취급해요.

0518 ++

someone

[sʌ́mwʌn]

때 어떤 사람, 누군가

There is **someone** at the door.
문에 **누군가** 와 있어.

somebody [sʌ́mbàdi] 때 어떤 사람, 누군가

어법 • someone은 어떤 특정한 '누군가'로 평서문에 주로 쓰여요.

0519 ++

anyone

[éniwʌn]

때 누구, 아무

Is **anyone** there?
거기 **누구** 있어요?

anybody [énibàdi] 때 누구든지, 아무도

어법 • 주로 부정문이나 의문문에서 someone 대신에 쓰여요.

0520 +

nobody

[nóubàdi]

때 아무도 …않다, 한 사람도 …않다

Nobody knew what to say.
아무도 무슨 말을 해야 할지 몰랐다.

no one과 같은 뜻으로서, 말을 할 때는 no one보다 더 많이 쓰여요.

0521 +

person

[pə́ːrsən]

명 (개개의) 사람, 개인

A **person** needs new experiences.
사람은 새로운 경험이 필요하다.

personal [pə́ːrsənəl] 형 개인의, 개인적인

person이 모이면 people이 돼요.

0522 ++

guy

[gai]

명 1. 남자 (= man)
2. (남녀 구분 없이) **사람들, 여러분**

I was working with a nice **guy**.
나는 친절한 한 **남자**와 함께 일을 하고 있었다.

Hi, **guys**, how are you doing?
안녕, **여러분**, 잘 지내고 있나요?

특히 미국에서는 남녀 상관없이 무리 지어 있는 사람들한테 guys, you guys 라고 부르는 경우가 많아요.

0523

rival

[ráivəl]

명 경쟁자, 경쟁 상대

They don't like each other. They are **rivals**.
그들은 서로를 좋아하지 않는다. 그들은 **경쟁 상대**다.

0524 +

neighbor

[néibər]

철자주의

명 이웃(사람)

You should be nice to your **neighbors**.

여러분은 **이웃들**을 친절히 대해야 합니다.

이웃에 사는 사람뿐 아니라 가까이 있는 사람도 뜻할 수 있어요.

0525

resident

[rézidənt]

명 거주자, 주민

She is a **resident** of London.

그녀는 런던 **주민**이다.

어원 ▶ reside(살다, 거주하다) + -ent(사람)로, '거주자'를 의미해요.

 # Apply, Check & Exercise

Answer Key p.322

A 영어는 우리말로, 우리말은 영어로 쓰세요.

1	lady	_____	2	prince	_____
3	princess	_____	4	adult	_____
5	expert	_____	6	master	_____
7	owner	_____	8	partner	_____
9	everyone	_____	10	someone	_____
11	anyone	_____	12	guy	_____
13	person	_____	14	남성	_____
15	여성	_____	16	신사	_____
17	연세가 드신	_____	18	선장, 기장	_____
19	(조직의) 장	_____	20	손님	_____
21	거지	_____	22	아무도 …않다	_____
23	거주자, 주민	_____	24	경쟁자	_____
25	이웃	_____			

B   다음 빈칸에 알맞은 단어를 쓰세요.

1   male : female   =   남성 : _____

2   gentleman : _____   =   신사 : 숙녀

3   prince : _____   =   왕자 : 공주

4   person : personal   =   개인 : _____

5   man : _____   =   남자 : (남녀 구분 없이) 사람들, 남자

6   guest : _____   =   손님 : 주인, 소유주

7   master : _____   =   달인, 주인 : 전문가

8   captain : _____   =   (스포츠 팀의) 주장 : (단체의) 장

C   다음 중 단어의 영영 풀이가 <u>잘못된</u> 것을 <u>있는 대로</u> 고르세요.

① adult: a fully-grown person

② elderly: old or rather old

③ neighbor: a person who lives far from another person

④ partner: one of the employees of a business

⑤ chief: more important than anything else

D   배운 단어를 이용하여 빈칸에 알맞은 말을 넣으세요.

1   모든 사람이 준비되면, 나는 시작할 것이다. → If _____ is ready, I'll begin.

2   어떤 사람이 네게 메시지를 남겼다. → _____ left you a message.

3   누군가 전화하면 메시지를 받아주세요. → If _____ calls, take a message.

4   여기엔 아무도 없다. → There's _____ here.

5   주차 공간은 거주자들만 이용할 수 있다. → Parking spaces are for _____ only.

Unit 22 직업

발음 익히기　　셀프 스터디　리스닝 훈련

암기 Tip

0526 ++
job
[dʒɑb]

명 일, 직장, 일자리
Young people use SNS to look for **jobs**.
젊은이들이 **일자리**를 구하기 위해 SNS를 사용한다.

정기적으로 보수를 받고 하는 일이나 직장을 뜻해요.

0527
occupation
[àkjupéiʃən]

명 직업
Would you let me know your **occupation**?
직업을 알려주시겠습니까?

뉘앙스 ▶ 오랜 기간 보수를 받아가며 하는 일을 뜻해요. 비교적 정중한 표현이에요.

병원 관련 직업

암기 Tip

0528 ++
nurse
[nəːrs]

명 간호사
Doctors need help from **nurses**.
의사는 **간호사**의 도움이 필요하다.

어원 ▶ nurse는 nourish(영양분을 공급하다)에서 왔어요. 사람들의 건강 유지와 증진을 도와주는 간호사는 '영양분을 공급해주는 것'과 비슷한 역할을 하죠.

0529 ++
dentist
[déntist]

명 치과 의사, 치과 (= dentist's)
Visit your **dentist** at least twice a year.
1년에 적어도 두 번은 **치과 의사**를 방문해라.

I am afraid to go to the **dentist**.
나는 **치과**에 가는 것이 무섭다.

0530 +
vet
[vet]

명 수의사
She brought her cat to the **vet**.
그녀는 자신의 고양이를 **수의사**에게 데려갔다.

veterinarian(수의사)을 줄여 vet이라고 해요. vet은 '동물병원'을 가리키기도 해요.

예술 관련 직업

0531 +
artist
[á:rtist]

명 화가, 예술가

My favorite **artist** is Pablo Picasso.
내가 가장 좋아하는 **화가**는 파블로 피카소이다.

어원 ▶ art(미술, 예술) + -ist(사람)

0532 +
painter
[péintər]

명 1. 화가 2. 페인트공

The **painter** painted a picture of a woman.
그 **화가**는 한 여자의 그림을 그렸다.

He is a house **painter**.
그는 주택 **페인트공**이다.

painter는 paint(칠하다)를 전문적으로 하는 사람(-er)이죠. 그래서 화가가 될 수도 있고, 건물에 페인트칠하는 사람들도 될 수 있어요.

0533 +
musician
[mju(:)zíʃən]

명 음악가

He wants to be a **musician**.
그는 **음악가**가 되고 싶어 한다.

music(음악)을 직업적으로 삼는 사람(-ian)이므로 연주자, 작곡가, 가수를 모두 가리켜요.

0534 +
actor
[ǽktər]

명 배우

The **actor** plays the old king in the movie.
그 **배우**는 그 영화에서 늙은 왕을 연기한다.

연기하는(act) 배우는 성별에 따라 단어가 달라요. 남자 배우는 actor, 여자 배우는 actress라고 한답니다.

0535 +
director
[diréktər]

명 (영화·연극의) **감독, 연출가**

The film **director** knows how to use
music. 그 영화**감독**은 음악을 어떻게 이용해야 하는지를 안다.

어원 ▶ direct (영화·연극을) 감독하다, 연출하다 + -or(사람)

그 외 직업

0536 ++
clerk
[klə:rk]

명 1. (회사) **사무원, 직원** 2. (가게) **점원**

My mom works as an office **clerk**.
엄마는 한 사무실의 **직원**으로 일하신다.

The **clerk** helped Jim to find the blue
shirts. 그 **점원**은 짐이 파란색 셔츠를 찾는 것을 도와주었다.

사무실이나 은행, 법정에서 기록물이나 수자 관련 장부를 맡는 사람을 뜻해요.

0537
cashier
[kǽʃiər]

명 계산원, 점원

She works part time as a **cashier**.
그녀는 **계산원**으로 파트타임 근무를 한다.

어원 현금(cash)을 다루는 사람(-er)이죠.

0538
secretary
[sékrətèri]
철자주의

명 비서, 서기

The **secretary** called his office.
비서가 그의 사무실로 전화를 걸었다.

회사에서 문서 입력이나 전화응대, 회의 일정을 잡는 등의 일을 하거나 회사의 기록 문서를 보관하는 사람을 뜻해요.

0539 + +
driver
[dráivər]

명 운전사, 기사

You can tip a taxi **driver** if you want.
원하시면 택시 **기사**에게 팁을 주셔도 됩니다.

어원 drive(운전하다) + -er(사람)

0540 +
pilot
[páilət]

명 조종사, 비행사

Great **pilots** are made, not born.
훌륭한 **조종사**는 태어나는 것이 아니라 만들어진다.

'파일럿'하면 비행기 조종사가 가장 먼저 떠오르죠? 배를 조종하는 사람도 파일럿이랍니다.

0541
flight
attendant
[fláit ətèndənt]

명 비행기 승무원

The **flight attendant** made an announcement.
그 **비행기 승무원**은 안내 방송을 했다.

attendant는 공공장소에서 사람들의 편의를 돌보는 종업원을 말해요. 그래서 비행기 승무원은 flight attendant가 되네요.

0542 + +
engineer
[èndʒiníər]

명 엔지니어, 기술자

Engineers design bridges and buildings.
엔지니어는 다리와 건물을 설계한다.

기계, 도로, 교량 등을 설계하고 건축하는 기사 또는 기계를 다루는 기술자를 뜻해요.

0543 +
mechanic
[məkǽnik]

명 (특히 차량 엔진) 정비공

The car **mechanic** checked the tire.
자동차 **정비공**이 바퀴를 점검했다.

정비공은 차량을 비롯한 각종 기계 등의 점검, 정비 등을 하는 사람을 뜻해요.

0544 +
professor
[prəfésər]

명 교수

The college **professor** teaches physics.
그 대학 **교수**는 물리학을 가르친다.

어원 ▸ pro(앞에, 앞으로) + fess(말하다) + or가 합쳐진 단어예요. 자신의 연구 결과를 근거로 학생들에게 말할 (profess) 수 있는 사람(-or), '교수'를 뜻해요.

0545
detective
[ditéktiv]

명 형사, 수사관

Detectives need strong and clear minds.
형사는 강인하고 냉철한 두뇌가 필요하다.

어원 ▸ detect는 어려운 것을 찾아내거나 알아내는 것을 의미해요. 거기에 사람을 뜻하는 -ive가 붙어서 생겨난 단어예요. 나쁜 짓을 한 사람들을 찾아내는 건 쉬운 일이 아니겠죠?

0546 ++
scientist
[sáiəntist]

명 과학자

She is an English **scientist**.
그녀는 영국의 **과학자**이다.

어원 ▸ science(과학) + -ist(사람)인데 중간에 -ce 대신 -t-가 들어가 있어요.

0547 ++
writer
[ráitər]

명 작가

Writers must read many books.
작가는 책을 많이 읽어야 한다.

어원 ▸ write(쓰다) + -er(사람)

0548 ++
farmer
[fáːrmər]

명 농부, 농장주

Many **farmers** sell direct these days.
요즘은 많은 **농부들**이 직접 판매를 한다.

어원 ▸ farm(농장) + -er(사람)

cook

[kuk]

명 요리사 동 요리하다

What is the difference between a chef and a **cook**? 셰프와 요리사의 차이가 뭔가요?

Have you **cooked** rice before?
밥을 **지어 본** 적이 있니?

요리를 하는 모든 사람을 cook이라 할 수 있고, chef는 호텔이나 고급 식당에서 일하는 전문 요리사나 주방장을 말해요. cook a meal은 열을 가하여 음식을 조리하는 것을 뜻합니다.

hairdresser

[héərdrèsər]

명 미용사 (= barber 이발사)

The **hairdresser** is cutting the woman's hair. 미용사는 여자의 머리를 자르고 있다.

hairdresser는 주로 여성 고객의 머리를 해주는 미용사를 말해요.
barber는 주로 남성 고객의 머리카락을 자르고 면도 등의 서비스를 제공하는 이발사를 말해요.

Apply, Check & Exercise

Answer Key p.322

A 영어는 우리말로, 우리말은 영어로 쓰세요.

1	job		2	cashier
3	vet		4	painter
5	director		6	driver
7	pilot		8	flight attendant
9	writer		10	farmer
11	cook		12	hairdresser
13	actor		14	직업
15	간호사		16	치과 의사
17	예술가		18	음악가
19	사무원, 점원		20	비서
21	엔지니어		22	정비공
23	교수		24	과학자
25	형사			

B 다음 빈칸에 알맞은 단어를 쓰세요.

1 job : occupation　　　　　　　= 일, 직장 : _____

2 driver : _____　　　= 운전사 : 비서

3 dentist : _____　　 = 치과 의사 : 수의사

4 painter : artist　　　　　　　 = 화가, 페인트공 : _____

5 director : _____　　= 감독 : 배우

6 engineer : mechanic　　　　　= 기술자 : _____

7 clerk : cashier　　　　　　　 = 사무원, 직원 : _____

8 flight attendant : _____　= 비행기 승무원 : 조종사

C 다음 중 단어의 영영 풀이가 <u>잘못된</u> 것을 <u>있는 대로</u> 고르세요.

① musician: a person who plays sports well

② professor: a teacher of the highest rank at a college

③ scientist: a person who is trained in a science

④ writer: someone whose work is to write books

⑤ hairdresser: a person who only cuts men's hair

D 배운 단어를 이용하여 빈칸에 알맞은 말을 넣으세요.

1 어디서 요리하는 것을 배웠니? → Where did you learn to _____?

2 그는 50년 동안 농부로 살아왔다. → He has been a _____ for 50 years.

3 형사는 그 도둑에 대한 정보를 찾았다.

　　→ The _____ found information about the thief.

4 나는 치과에 가는 것이 무서워. → I am afraid of going to the _____.

5 간호사는 그에게 독감 주사를 놓았다. → The _____ gave him a flu shot.

Unit 23 의사소통

발음 익히기

셀프 스터디

리스닝 훈련

대화

암기 Tip

0551 +

conversation

[kὰnvərséiʃən]

명 대화

I had a telephone **conversation** with my friend. 나는 친구와 전화 통화를 했어.

어원 ▶ 영어 교과서에서 해당 과 (lesson)에서 배운 내용을 친구들과 대화하며 익힐 수 있는 conversation 코너를 볼 수가 있죠. con-에는 '함께'라는 의미가 있답니다.

0552 + +

dialog(ue)

[dáiəlɔ̀(:)g]

명 대화

The **dialog** was very helpful.
그 **대화**는 많은 도움이 되었다.

특히 책, 연극, 영화 속의 대화나 대립 관계에 있는 집단 사이의 대화를 말해요.

0553 +

greet

[gri:t]

동 환영하다, 맞이하다

My teacher **greeted** me with a smile.
선생님이 미소로 나를 **맞아 주셨다**.

greeting [grí:tiŋ] 명 인사, 안부의 말

새해 인사를 나누고 안부를 전하는 연하장을 greeting card라고 해요.

0554

bow

동사 [bau]
명사 [bou]
발음주의

동 (존경의 표시로 고개를) **숙이다** 명 활

In some Asian countries, people **bow** to each other.
일부 아시아 국가에서는 사람들이 서로 **고개를 숙여 인사한다**.

bow는 활처럼 고개나 허리를 **숙여** 인사를 하는 것이라고 연결지어 생각해 볼 수 있어요.

0555 + +

introduce

[ìntrədjú:s]

동 소개하다, 들여오다

Introduce yourself to us.
우리에게 자신을 **소개해주세요**.

The policy was **introduced** last year.
그 정책은 작년에 **도입되었다**.

introduction [ìntrədʌ́kʃən] 명 도입, 소개

어원 ▶ intro-에는 '안으로'라는 의미가 있어요. 외부에 있던 것을 안으로 들여오는 것이니, '소개하다, 도입하다'의 의미와 연결이 되네요.

0556 +

chat
[tʃæt]
chatted-chatted-chatting

동 이야기를 나누다

We are **chatting** about the new teacher.
우리는 새로 오신 선생님에 대해 **이야기를 나누고** 있다.

우리에게 친숙한 말 '채팅(chatting)'을 떠올리면 의미를 기억하기 쉬울 거예요.

0557 + +

speak
[spi:k]
spoke-spoken

동 1. 이야기하다, 말을 주고받다 2. 말하다

Can I **speak** with you for a moment?
잠깐만 **얘기** 할 수 있을까요?

In Quebec, some people **speak** French only. 퀘벡에서 일부 사람들은 불어로만 **말한다**.

영어 말하기 시험을 speaking test라고 해요.

0558 +

reply
[riplái]

명 1. 대답 2. 답장
동 1. 대답하다 2. 답장을 보내다

Thank you for your quick **reply**.
빠른 **답변**에 감사드립니다.

I was about to **reply** to your email.
네 이메일에 막 **답장하려던** 참이었어.

우리가 인터넷에서 누군가의 게시물에 다는 댓글을 '리플'이라고 하죠? 그것이 바로 reply를 줄인 말인데, 콩글리시랍니다.

0559

express
[iksprés]

동 표현하다 형 급행의

Sometimes I **express** myself by dancing.
가끔씩 나는 춤추는 것으로 자신을 **표현한다**.

The **express** delivery came in just two days. **빠른**우편은 단 이틀 만에 도착했다.

expression [ikspréʃən] 명 표현

택배를 하는 차들은 보통 express라고 커다랗게 쓰여 있답니다. 급행으로, 빠르게 우리에게 물건을 배달해준다는 뜻이지요.

0560 +

repeat
[ripí:t]

동 반복하다

Julia **repeated** the yoga positions.
줄리아가 요가 자세를 **반복했다**.

TV에서 다시 하는 재방송도 repeat이라고 한답니다.

0561 +

praise
[preiz]

명 칭찬, 찬사 동 칭찬하다

The audience was full of **praise**.
관객들의 **찬사**가 자자했다.

The people **praised** their king.
백성들이 왕을 **찬양했다**.

prize를 알고 있나요? '상, 상금'이라는 뜻의 단어인데요, praise와 prize 모두 무언가를 잘 해냈을 때 받는 것이죠.

0562 + +

please
[pliːz]

🔢 부디, 제발　🔢 기쁘게 하다

Please come in. 어서 들어오세요.

She wants to **please** her teacher.

그녀는 선생님을 **기쁘게 해 드리고** 싶어 한다.

부탁할 때 사용되는 부사로서의 please 말고도, 누군가를 기쁘게 한다는 뜻의 동사로도 많이 쓰인답니다.

0563 +

joke
[dʒouk]

🔢 농담, 우스갯소리

That's the funniest **joke** I've ever heard.

그것은 내가 들었던 것 중에 가장 웃긴 **농담**이다.

뉘앙스 ▶ 유머(humor)가 큰 개념의 단어라면 조크(joke)는 구체적인 개념의 단어예요.

0564 +

accent
[ǽksənt]

🔢 1. 말씨, 악센트, 억양　2. 강조
🔢 강조하다

He speaks with an English **accent**.

그는 영국식 **악센트**로 말을 한다.

The program places an **accent** on fun.

그 프로그램은 재미에 **역점**을 둔다.

말을 할 때의 높낮이나 세기의 강약을 말해요.

0565 +

gesture
[dʒéstʃər]

🔢 몸짓, 제스처

Some **gestures** can be misunderstood abroad. 어떤 **제스처**들은 외국에서 오해받을 수 있다.

토론과 의견

암기 Tip

0566 +

discuss
[diskʌ́s]

🔢 논의하다, 토론하다

The leaders met to **discuss** global issues.

지도자들이 전 세계적인 사안을 **논의하려고** 모였다.

discussion[diskʌ́ʃən] 🔢 논의

뉘앙스 ▶ 대개, 어떤 결론에 도달하기 위해서 대화하는 것을 말해요.

0567 +

argue
[áːrgjuː]

🔢 말싸움하다, 다투다

The customer **argued** with the clerk over the price. 그 고객은 점원과 가격에 대해 **말다툼했다**.

argument[áːrgjəmənt] 🔢 1. 논쟁　2. 언쟁, 말다툼

서로 의견이 달라서 화가 난 상태로 말을 주고받는 것이지요.

0568 +
subject
[sʌ́bdʒikt]

📕 1. (논의 등의) **주제, 화제, 대상** 2. **과목**

I haven't decided the **subject** of the speech. 나는 아직 연설의 **주제**를 정하지 않았다.

Ted's favorite **subject** is math.
테드가 가장 좋아하는 **과목**은 수학이다.

초점을 맞추어야 하는 대상을 뜻해요. 글을 쓰거나 말을 할 때의 대상(주제), 학교에서 공부하는 대상(과목) 등이에요.

0569 +
suggest
[sədʒést]

📗 **제안하다, 제의하다** (= propose 제안하다)

I **suggest** we take the number 7 bus.
7번 버스를 탈 것을 **제안합니다**.

suggestion[sədʒéstʃən] 📕 제안, 제의

0570 +
advise
[ədváiz]

📗 **조언하다, 충고하다**

The doctor **advised** me to take a rest.
의사는 나에게 휴식을 취하라고 **조언했다**.

advice[ədváis] 📕 조언, 충고

어법 -ice로 끝나는 advice는 '조언, 충고'를 나타내는 명사이고, -ise로 끝나는 advise는 '조언하다'는 뜻의 동사랍니다. 철자에 주의하여 암기합시다.

0571 +
accept
[əksépt]

📗 1. **받아들이다** 2. **인정하다**

The store didn't **accept** my credit card.
그 상점은 내 신용카드를 **받지** 않았다.

Tyler **accepted** his mistakes.
타일러가 실수를 **인정했다**.

accept는 선물이나 제안을 기꺼이 받아들이는 것, 즉 수락하는 것을 의미해요. 초대에 응하는 것도 accept라고 할 수 있어요.

0572 +
agree
[əgríː]

📗 **동의하다** (↔ disagree 동의하지 않다)

Do you **agree** with me?
제 말에 **동의하십니까**?

동의할 때 하는 말인 '아~그래 (A~gree)'를 떠올려 보세요.

0573 +
allow
[əláu]

📗 **허락하다**

My dad won't **allow** me to go there!
우리 아빠는 내가 거기에 가는 것을 **허락하지** 않으실 거야!

뉘앙스 permit은 공식적인 허가를 말하고, let은 아주 가볍게 '~하게 해주다'의 의미로 사용한답니다. allow는 그 중간쯤이라 할 수 있어요.

0574 +
complain
[kəmpléin]

동 불평하다

She **complained** about the poor service.
그녀는 형편없는 서비스에 대해 **불평했다.**

complaint[kəmpléint] 명 불평, 항의

'고객이 컴플레인(complain)을 제기하다'라는 말을 하죠? 그러나 complain은 사실 동사로 쓰이기 때문에 'complaint를 제기하다(make a complaint)'라고 해야 정확한 표현이 된답니다.

0575 +
mean
[miːn]
meant-meant

동 의미하다   형 못된, 심술 궂은

A bell ringing **means** it is time for class.
종이 울리면 수업에 들어갈 시간이라는 **뜻이다.**

The **mean** boy made fun of the shy girl.
못된 남자 아이가 수줍은 여자 아이를 놀려 댔다.

 # Apply, Check & Exercise

Answer Key p.322

A   영어는 우리말로, 우리말은 영어로 쓰세요.

1	conversation		2	dialog(ue)	
3	speak		4	reply	
5	please		6	accent	
7	discuss		8	advise	
9	accept		10	agree	
11	allow		12	joke	
13	mean		14	환영하다, 맞이하다	
15	(고개를) 숙이다		16	소개하다	
17	이야기를 나누다		18	표현하다	
19	반복하다		20	칭찬하다	
21	몸짓		22	말싸움하다	
23	주제, 과목		24	제안하다	
25	불평하다				

B 다음 빈칸에 알맞은 단어를 쓰세요.

1 introduce : introduction = 소개하다 : _____
2 express : _____ = 표현하다 : 표현
3 discuss : _____ = 논의하다 : 논의
4 suggest : _____ = 제안하다 : 제안
5 advise : _____ = 충고하다 : 충고
6 agree : _____ = 동의하다 : 동의하지 않다
7 complain : _____ = 불평하다 : 불평
8 speak : chat = 말하다 : _____
9 argue : _____ = 말싸움하다 : 논쟁, 언쟁
10 gesture : _____ = 몸짓 : 말씨, 억양

C 다음 중 단어의 영영 풀이가 <u>잘못된</u> 것을 있는 대로 고르세요.

① dialog: a conversation in a book, play, or film
② bow: bend the top part of your body
③ reply: ask someone something by saying or writing something
④ repeat: say something again
⑤ praise: say or write bad things about someone

D 배운 단어를 이용하여 빈칸에 알맞은 말을 넣으세요.

1 그게 무슨 뜻이니? → What do you _____ by that?
2 그는 농담으로 한 말이었다. → He meant it as a _____.
3 탐은 그녀의 제안을 받아들였다. → Tom _____ her suggestion.
4 그녀의 부모님은 그녀가 파티에 가는 것을 허락하지 않았다.
   → Her parents didn't _____ her to go to the party.
5 내가 가장 좋아하는 과목은 역사이다. → My favorite _____ is history.
6 마이크는 그녀를 따뜻하게 맞아주었다. → Mike _____ her warmly.

Unit 24 회사

발음 익히기

셀프 스터디

리스닝 훈련

암기 Tip

0576 ++
company
[kʌ́mpəni]

명 1. 회사 2. 동료, 일행

Which **company** do you work for?
어떤 **회사**에서 일하시나요?

Mike is good **company**. 마이크는 좋은 **동료**이다.

어원 com(= together) + pan(= bread) + -y, 즉 함께 빵을 나누는 사이를 말해요. 회사도 구성원 모두 이익을 나누는 곳이죠. 한솥밥을 먹는다는 말과도 통하네요.

0577 ++
office
[ɔ́(:)fis]

명 사무실, 회사

Mr. Kingston was in the **office** for a meeting. 킹스턴 씨는 회의 때문에 **사무실**에 있었다.

officer[ɔ́(:)fisər] 명 1. 장교 2. 관료, 임원

간단한 주거 시설을 갖춘 사무실을 '오피스텔'이라 하는데, 바로 office(사무실)와 hotel(호텔)을 합쳐서 만든 말이죠.

0578
workplace
[wə́rkplèis]

명 직장, 업무 현장

People are happier in a friendly **workplace**. 사람들은 친화적인 **직장**에서 더 행복하다.

work(일) + place(장소)

회사 경영과 구성원

암기 Tip

0579 ++
business
[bíznis]

명 1. 사업, 장사 2. (직장의) 일

Cindy is developing a family **business** with her sister.
신디는 그녀의 여동생과 함께 가족 **사업**을 발전시키고 있다.

Is this phone call for **business**?
이 전화가 **업무**상 전화인가요?

어원 busy(바쁜) + -ness(상태를 나타냄)가 합쳐진 말이라고 해요. 사업은 해야 할 일이 많으니 바쁠 수밖에 없겠죠?

0580 +
manage
[mǽnidʒ]

동 1. (힘든 일을) 간신히 해내다
2. 경영[관리, 감독]하다

Bill **managed** to get re-elected.
빌은 재선에서 **간신히** 승리**했다.**

Pat's wife **manages** their money.
팻의 아내가 그들의 자금을 **관리한다.**

manager [mǽnidʒər] **명** 경영자, 관리자

힘든 일을 **어떻게든 해내는** 것을 의미하는데, 무엇인가를 **경영**하고 관리하는 것도 매우 힘든 일이겠죠.

0581 + +
boss
[bɔs]

명 1. (직장의) 상사 **2.** 사장

The **boss** asked her why she is leaving this job. **상사는[사장은]** 그녀가 왜 직장을 떠나는지 물었다.

대표나 우두머리의 뜻으로 우리말로 '보스'라고도 잘 쓰여요.

0582 +
employee
[impɔ̀iíː]

명 직원, 근로자 (↔ employer 고용주)

The CEO inspired **employees** to be creative. CEO가 **직원들**이 창의적이 되도록 격려했다.

A good boss listens to his **employees**.
훌륭한 사장은 **직원들**의 말을 경청한다.

어원 ▸ 행위를 하는 사람은 -er, 당하는 사람은 -ee를 써요. 그러므로 employ(고용하다)를 하는 사람은 employer, employ를 당하는 사람은 employee라고 합니다.

0583 +
staff
[stæf]

명 직원, 스태프

The **staff** meeting starts in 10 minutes.
직원 회의가 10분 뒤에 시작된다.

staff only라는 표시는 직원들만 출입이 가능한 곳이라는 뜻이에요.

0584
career
[kəríər]

명 1. 경력 **2.** 직업

I want a **career** in music.
나는 음악계에서 **경력**을 쌓고 싶어.

You should think hard before changing **careers**. **직업**을 바꾸기 전에 신중히 생각해야 한다.

커리어 우먼(career woman)이라고 하면 전문적인 직무 수행 능력을 살려 오래 일에 종사하는 여성을 가리켜요.

업무

암기 Tip

0585 +
process
[prɑ́ses]

명 (특정 결과를 달성하기 위한) 과정, 절차
동 1. (원자재 등을) 가공하다, 처리하다
2. (문서 등을) 처리하다

Follow the **process** of science for exact results. 정확한 결과를 얻으려면 과학적 **절차**를 따르세요.

Food is often **processed** before it is sold.
음식은 팔기 전에 종종 **가공하게** 된다.

워드프로세서(word processor)는 문서의 작성, 편집, 저장 및 인쇄 등 문서를 처리하도록 도와주는 소프트웨어 프로그램이죠.

0586 +
project
[prɑ́dʒekt]

명 기획, 프로젝트

Ben has a science **project** due tomorrow.
벤은 내일까지 해야 하는 과학 **프로젝트**가 있다.

연구, 생산, 개선을 위한 계획이나 기획 혹은 과제나 연구 등을 모두 프로젝트라고 해요.

0587 +
role
[roul]

명 역할, 배역

She was given the leading **role**.
그녀는 주인공 **역할**을 맡았다.

게임 중에 RPG는 Role Playing Game의 약자랍니다. 역할 수행을 통해 문제를 해결해 나가는 형태의 게임이죠.

0588 +
record
동사 [rikɔ́ːrd]
명사 [rékərd]

동 1. 기록하다 2. 녹화[녹음]하다
명 1. 기록 2. 음반

Record the date you bought the tickets.
티켓을 구입한 날짜를 **기록해라**.

They **recorded** his phone calls secretly.
그들은 그의 통화 내역을 비밀리에 **녹음했다**.

He works for a **record** company.
그는 **음반** 회사에서 일한다.

어떠한 정보를 남기는 것을 뜻해요. 글 등으로 남긴 기록, '최고 기록을 세웠다.'고 할 때의 기록, 소리를 기록한 것이 바로 음반이지요.

0589 +
report
[ripɔ́ːrt]

명 1. 보고서 2. 보도 동 알리다, 발표하다

When is the science **report** due?
그 과학 **보고서**는 마감이 언제니?

Not all news **reports** are true.
모든 뉴스 **보도**가 사실은 아니다.

취재원, 보도기자를 의미하는 reporter란 말은 TV에서도 많이 들어보았죠? report에서 나온 말이랍니다.

0590 +
list
[list]

명 목록, 명단

Ben made a grocery **list**.
벤은 식료품 **목록**을 작성했다.

물품이나 사람의 이름 등을 일정한 순서로 적어 놓은 것을 말해요.

0591 ++
send
[send]
sent-sent

동 보내다, 발송하다

I will **send** this card to you.
나는 너에게 이 카드를 **보낼** 거야.

발음이 비슷한 sand(모래)와 헷갈리지 않도록 주의하세요.

0592 +

training

[tréiniŋ]

몡 (특정 직업·일에 필요한) **교육, 훈련**

She enjoys it, but **training** is hard work.
그녀가 즐기긴 하지만 **훈련**은 힘든 일이다.

train은 '기차' 외에도 '교육하다, 훈련 하다'라는 뜻이 있어요. training(교육, 훈련)을 시켜주는 사람을 트레이너 (trainer)라고 해요.

0593 +

skill

[skil]

몡 **기술, 솜씨**

It takes a lot of **skill** to become a professional athlete.
프로 운동 선수가 되려면 **실력**이 아주 좋아야 한다.

'스킬(skill)이 좋다'라는 말을 들어본 적 있나요? 바로 솜씨가 좋다는 것을 말하는 거겠죠?

0594

opportunity

[àpərtjúːnəti]

몡 **기회** (= chance 기회, 가능성)

They have only one **opportunity** to win.
그들이 이길 수 있는 단 한 번의 **기회**가 있다.

뉘앙스 ▸ opportunity는 준비되고 계획된 기회를 의미해요. chance는 뜻하지 않게 찾아온 우연한 기회로 쓰일 때가 많답니다.

사무용품

암기 Tip

0595 ++

file

[fail]

몡 **파일, 서류철** 통 (문서 등을 정리하여) **보관하다**

Every **file** must have a different name.
모든 **파일**은 이름이 달라야 한다.

Could you **file** these papers for me?
이 서류들을 **보관해** 주시겠어요?

컴퓨터에서 파일 아이콘을 흔히 볼 수 있죠. 서류나 문서 등을 보관해주는 역할을 하죠.

0596

document

[dákjumənt]

몡 **문서, 서류**

The **document** is password protected.
그 **문서**는 비밀번호로 보호되어 있다.

어원 ▸ 라틴어 docere(= 가르치다)에서 나온 단어랍니다. 주로 증거를 대며 논쟁하는 법을 가르쳤고, 증거, 증명 서류, 서류의 뜻으로 발전했어요. doctor(의사, 박사), documentary(다큐멘터리) 등이 사촌 단어예요.

0597 ++

paper

[péipər]

몡 **1. 종이 2. 신문**

Draw your face on your **paper**.
종이에 네 얼굴을 그려라.

I read about it in the **paper**.
나는 **신문**에서 그것을 읽었다.

copy
[kápi]

명 복사(본), 복제(본)　동 복사하다, 베끼다

Can I have a **copy** of that paper?
그 종이의 **복사본**을 주실래요?

Our homework is to **copy** these words 20
times. 우리 숙제는 이 단어들을 20번씩 **베껴 쓰는** 것이다.

---

print
[print]

동 인쇄하다　명 (인쇄된) 활자, 활자체

Alice needs to **print** her essay.
앨리스는 그녀의 에세이를 **프린트해야** 한다.

What is the **print** size of the book?
그 책의 **활자** 크기가 어떻게 되니?

print를 해주는 기계가 printer(프린
터)이죠.

---

envelope
[énvəlòup]

명 봉투

I need a big brown **envelope**.
나는 커다란 갈색 **봉투**가 필요하다.

Apply, Check & Exercise

Answer Key p.322

A 영어는 우리말로, 우리말은 영어로 쓰세요.

1	company		2	boss	
3	staff		4	role	
5	record		6	report	
7	list		8	send	
9	skill		10	file	
11	paper		12	copy	
13	print		14	사무실	
15	직장, 업무 현장		16	사업	
17	간신히 해내다, 경영하다		18	직원, 근로자	
19	경력		20	훈련	
21	기획, 프로젝트		22	기회	

23	문서, 서류	_____	24	과정, 절차	_____
25	봉투	_____			

B 다음 빈칸에 알맞은 단어를 쓰세요.

1	employer : employee	=	고용주 : _____
2	office : officer	=	사무실 : _____
3	company : workplace	=	회사 : _____
4	boss : _____	=	사장 : 직원, 스태프
5	paper : document	=	종이 : _____
6	print : _____	=	인쇄하다 : 복사하다
7	report : record	=	알리다 : _____
8	manage : _____	=	경영하다 : 경영자, 관리자
9	project : process	=	기획 : _____

C 다음 중 단어의 영영 풀이가 <u>잘못된</u> 것을 <u>있는 대로</u> 고르세요.

① business: the activity of making, buying, or selling goods
② career: a job that someone does for a short time
③ role: the part that someone has in a group
④ opportunity: a chance to do something
⑤ send: get or be given something

D 배운 단어를 이용하여 빈칸에 알맞은 말을 넣으세요.

1 우리는 그 업무에 대한 훈련을 받았다. → We received _____ on the job.

2 그 일은 많은 기술을 필요로 한다. → The work needs a lot of _____.

3 네가 해야 할 모든 일에 대한 목록을 만들어라.
→ Make a _____ of all the things you should do.

4 그것에 관한 파일을 가져오시겠어요?
→ Could you bring me the _____ on that?

5 나는 봉투를 열어서 문서를 꺼냈다.
→ I opened the _____ and pulled out the document.

Unit 25 경제와 금융

발음 익히기

셀프 스터디

리스닝 훈련

암기 Tip

0601
economy
[ikánəmi]

명 1. 경제 2. 절약

Falling oil prices affect the world **economy**. 유가 하락은 세계 **경제**에 영향을 끼친다.

We need to practice **economy**.
우리는 **절약**을 실천하는 것이 필요하다.

비행기에는 economy class(이코노미 클래스)라는 좌석이 있는데, 비행기 여행을 경제적으로 하기 위한 가장 값싼 일반석이에요.

자산과 자본

암기 Tip

0602
wealth
[welθ]

명 부, 재산

Health is more important than **wealth**.
건강이 **부**보다 중요하다.

health와 wealth 모두 무척 중요한 것들이죠? 하지만, 돈보다 건강이 우선이랍니다.

0603 ++
cash
[kæʃ]

명 현금, 돈

This store accepts **cash** and cards.
이 상점은 **현금**과 카드 모두 받는다.

0604 +
dollar(s)
[dálər(s)]

명 《통화 단위》 달러

The cap costs 20 **dollars**.
그 모자는 20**달러**이다.

1달러는 1센트의 100배이고 기호는 $(불(弗))을 사용해요. 1792년 미국의 공식 화폐 단위로 지정되었어요.

0605 ++
coin
[kɔin]

명 동전

This machine only takes **coins**.
이 기계는 **동전**만 받는다.

저금통에 동전을 모아 본 적이 있나요? 동전을 저축하는 저금통을 coin bank 라고 해요.

0606
cent(s)
[sent(s)]

명 《통화 단위》 **센트** (100분의 1달러나 유로)

He gave me 25 **cents** for change.
그는 내게 거스름돈 25**센트**를 주었다.

어원 cent-는 '100' 또는 '100분의 1'이라는 의미가 포함된 단어를 만들어요. 그래서 1 cent는 1달러의 100분의 1이에요. 다시 말해, 100센트가 1달러가 되네요.

0607
penny
[péni]

명 《통화 단위》 **페니** (영국의 화폐단위, 미국의 1센트)

She gave a piece of cake and a **penny** to the boy. 그녀는 케이크 한 조각과 1**페니**를 소년에게 주었다.

영국의 화폐단위로서 미국 화폐의 1센트에 해당이 돼요. 복수형은 pennies 또는 pence로서, 100펜스는 1파운드입니다.

0608
saving
[séiviŋ]

명 **저축, 절약**

Frank keeps his **savings** in a piggy bank.
프랭크는 돼지 저금통에 **저축**을 한다.

save에는 '구하다'라는 뜻 외에도 '모으다, 저축하다'라는 뜻이 있어요. -ing가 붙어 saving, '저축'이 되었어요.

0609 +
gain
[gein]

동 **얻다** (↔ lose 잃다)

Ed tried to **gain** upper body muscle.
에드는 상체 근육을 **늘리려고** 애썼다.

살이 찌는 것도 gain weight라고 한답니다. 무게를 얻거나 늘리는 것이라고 해석할 수 있겠죠?

0610 +
borrow
[bárou]

동 **빌리다**

She **borrowed** some money from her company. 그녀는 회사로부터 돈을 약간 **빌렸다**.

0611 +
lend
[lend]
lent-lent

동 **빌려주다**

Can you **lend** me some money?
저에게 돈 좀 **빌려주실** 수 있어요?

0612 ++
rich
[ritʃ]

형 부유한, 돈 많은

Rich people must help the poor.
부유한 사람들이 가난한 사람들을 도와야 한다.

0613 ++
poor
[puər]

형 가난한

Long ago, a **poor** man loved a rich girl.
오래 전에 한 **가난한** 남자가 부잣집 소녀를 사랑했다.

0614 +
value
[vǽljuː]

명 1. 가치 2. 가격

If he had known its **value**, he wouldn't have sold it.
그가 그것의 **가치**를 알았더라면, 팔지 않았을 텐데.

The **value** of the house has doubled.
그 집의 **가격**이 두 배가 되었다.

valuable[vǽljuəbl] 형 1. 소중한 2. 가치가 큰, 값비싼

'네임밸류(name value)'라는 말을 들어보았나요? 이름의 가치, 즉 이름값을 말해요. name value가 있으면 그만큼 이름이 많이 알려진 유명한 것이란 뜻이겠죠?

0615
expense
[ikspéns]

명 돈, 비용

The **expenses** were lower than expected.
예상했던 것보다 **비용**이 적게 들었다.

expensive[ikspénsiv] 형 값비싼

뉘앙스 ▶ expense는 어떤 일을 하는 데 드는 돈이나 비용을 말해요. price는 어떤 물품이나 서비스에 대해서 내는 값이나 가격을 의미해요.

경제 활동

암기 Tip

0616
industry
[índəstri]

명 산업, 업계

I want to work in the film **industry**.
나는 영화**계**에서 일하고 싶다.

industry로 공업, 광업, 농업, 임업 등을 일컬을 수 있는데, 그냥 industry라고 하면 '공업'을 뜻하는 경우가 대부분이에요.

0617 +
produce
[prədjúːs]

동 생산하다, 제작하다

How do wind turbines **produce** electricity?
풍력 발전기가 어떻게 전력을 **생산하나요**?

product[prádəkt] 명 생산물, 상품, 제품
production[prədʎkʃən] 명 생산, 제조

<PRODUCE 101>(프로듀스 101)은 한 방송사에서 방영되었던 아이돌 서바이벌 프로그램이죠. 시청자들의 참여로 아이돌 그룹을 제작한다는 내용이었지요.

0618 +

provide

[prəváid]

(동) 제공하다, 공급하다 (= supply 공급하다)

Technical support is **provided** to our customers. 고객에게 기술 지원을 **제공합니다**.

어법 ▶ provide A to[for] B, provide B with A 'B에게 A를 제공하다'의 형태로 잘 쓰여요.

0619 +

offer

[ɔ́(:)fər]

(동) 제공하다 (명) 제안

The company **offers** free shipping. 그 회사는 무료 배송을 **제공한다**.

The author didn't accept any **offers** of help. 그 작가는 어떤 도움의 **제안**도 거절했다.

물건뿐 아니라 의견이나 생각을 제시 하거나, 도움을 주기를 자청하는 것도 offer라고 한답니다.

0620 +

trade

[treid]

(명) 거래, 무역, 교역 (동) 거래[무역, 교역]하다

Trade was important to ancient Rome. **무역**은 고대 로마에 중요했다.

The country decided to stop **trading** with America. 그 나라는 미국과 **거래**를 중단하기로 결정했다.

트레이드마크(trade mark)는 '상표'를 말해요. 사업자가 본인이 거래하는 상 품을 타인의 상품과 식별하기 위해 사 용하는 것이죠.

0621 +

deal

[diːl]

dealt-dealt

(동) 1. 다루다, 처리하다 2. 거래하다
(명) 거래(서), (사업상의) 합의

He knows how to **deal** with angry customers. 그는 성난 고객들을 **다루는** 법을 안다.
We made a **deal** with Mrs. Knight. 우리는 나이트 씨와 **거래**했다.

중고차 딜러(deal + -er(사람))는 중고 차를 거래하는 사람을 뜻하죠.

0622 ++

sale

[seil]

(명) 1. 판매, 매매 2. 할인 판매, 세일

I made the **sale** of my used clothes online. 나는 내 헌 옷들을 온라인으로 **판매**했다.

The store is having a **sale** on jackets. 그 상점에서 재킷을 **할인 판매**하고 있습니다.

우리는 '세일'이라고 하면 보통 가격 할 인을 떠올리는데, 단순히 무언가를 파 는 것을 의미하기도 합니다.

0623 ++

price

[prais]

(명) 1. 값, 가격 2. 대가, 희생, 보상

That **price** is too high. **가격**이 너무 비싸요.
You must pay a **price** for success. 성공을 위해서는 **대가**를 치러야 한다.

priceless[práislis] (형) 값을 매길 수 없는, 대단히 귀중한

갖고 싶은 물건을 얻기 위해 그 물건의 **가격**을 치러야 하듯이, 하고 싶은 일을 이루기 위해서는 **대가**를 치러야 한답 니다.

---

rise

[raiz]

rose-risen-rising

동 오르다, 증가하다 **명** 증가, 상승

Sales **rose** by 20% over the period.
판매는 그 기간 동안 20% **증가했다.**

There has been a **rise** in prices.
가격 **상승**이 있어 왔다.

rise는 주어가 '더 높은 위치로 이동하는 것'을 말합니다. 하지만, raise는 목적어를 '더 높은 위치로 이동시키는 것'이에요.

---

risk

[risk]

명 위험

Credit cards have many **risks**.
신용카드는 **위험** 부담이 크다.

뉴앙스 ▶ 비슷한 뜻의 danger는 '위험'을 뜻하는 가장 일반적인 말이죠. 한편 risk는 자신의 책임하에 무릅쓰는 위험을 말해요.

 # Apply, Check & Exercise

Answer Key p.323

A 영어는 우리말로, 우리말은 영어로 쓰세요.

1	sale		2	cash
3	coin		4	cent
5	price		6	gain
7	lend		8	rich
9	poor		10	trade
11	rise		12	risk
13	offer		14	경제
15	부, 재산		16	달러
17	페니		18	저축
19	빌리다		20	가치
21	비용		22	산업
23	생산하다		24	제공하다, 공급하다
25	다루다			

B 다음 빈칸에 알맞은 단어를 쓰세요.

1 coin : _____ = 동전 : 현금

2 penny : _____ = 페니 : 센트 (100분의 1달러)

3 lend : borrow = 빌려주다 : _____

4 rich : _____ = 부유한 : 가난한

5 produce : _____ = 생산하다 : 생산품

6 offer : _____ = 제공하다 : 공급하다

7 trade : _____ = 무역, 거래 : 거래(서), 합의

8 value : valuable = 가치 : _____

9 expense : expensive = 비용 : _____

10 lose : _____ = 잃다 : 얻다

C 다음 중 단어의 영영 풀이가 <u>잘못된</u> 것을 <u>있는 대로</u> 고르세요.

① wealth: a large amount of money

② dollar: a basic unit of money in the U.S. and other countries

③ industry: a group of businesses that provide a particular product

④ risk: the possibility that something good will happen

⑤ saving: an amount of something that is spent or used

D 배운 단어를 이용하여 빈칸에 알맞은 말을 넣으세요.

1 국가 경제는 현재 튼튼하다. → The national _____ is strong now.

2 나는 어렸을 때 동전을 모으곤 했다.

    → I used to collect _____ when I was a kid.

3 그들은 오르는 가솔린 가격에 화가 났다.

    → They are angry about _____ gasoline prices.

4 그 반지의 가치는 알려지지 않았다. → The _____ of the ring is not known.

Final Check

FINISH

625

Unit 21-25

Unit 21~Unit 25에서 배운 125단어의 의미를 복습해 볼까요?
뜻이 떠오르지 않거나 시간이 오래 걸리는 것들은
에 따라 체크해서 즉시즉시 떠오를 때까지 반복해서 복습해주세요.

0608 ⊘⊘⊘	saving		0509 ⊘⊘⊘	captain
0560 ⊘⊘⊘	repeat		0584 ⊘⊘⊘	career
0514 ⊘⊘⊘	guest		0540 ⊘⊘⊘	pilot
0568 ⊘⊘⊘	subject		0614 ⊘⊘⊘	value
0620 ⊘⊘⊘	trade		0550 ⊘⊘⊘	hairdresser
0543 ⊘⊘⊘	mechanic		0603 ⊘⊘⊘	cash
0577 ⊘⊘⊘	office		0508 ⊘⊘⊘	elderly
0561 ⊘⊘⊘	praise		0613 ⊘⊘⊘	poor
0569 ⊘⊘⊘	suggest		0588 ⊘⊘⊘	record
0513 ⊘⊘⊘	owner		0585 ⊘⊘⊘	process
0598 ⊘⊘⊘	copy		0517 ⊘⊘⊘	everyone
0625 ⊘⊘⊘	risk		0572 ⊘⊘⊘	agree
0600 ⊘⊘⊘	envelope		0601 ⊘⊘⊘	economy
0510 ⊘⊘⊘	chief		0527 ⊘⊘⊘	occupation
0606 ⊘⊘⊘	cent(s)		0622 ⊘⊘⊘	sale
0523 ⊘⊘⊘	rival		0595 ⊘⊘⊘	file
0536 ⊘⊘⊘	clerk		0555 ⊘⊘⊘	introduce
0570 ⊘⊘⊘	advise		0515 ⊘⊘⊘	partner
0549 ⊘⊘⊘	cook		0618 ⊘⊘⊘	provide
0593 ⊘⊘⊘	skill		0501 ⊘⊘⊘	male
0546 ⊘⊘⊘	scientist		0521 ⊘⊘⊘	person
0566 ⊘⊘⊘	discuss		0530 ⊘⊘⊘	vet
0562 ⊘⊘⊘	please		0502 ⊘⊘⊘	female
0516 ⊘⊘⊘	beggar		0605 ⊘⊘⊘	coin
0504 ⊘⊘⊘	gentleman		0556 ⊘⊘⊘	chat

0611	lend
0609	gain
0579	business
0532	painter
0535	director
0537	cashier
0559	express
0610	borrow
0564	accent
0616	industry
0596	document
0592	training
0623	price
0503	lady
0512	master
0554	bow
0511	expert
0522	guy
0612	rich
0525	resident
0563	joke
0575	mean
0574	complain
0558	reply
0524	neighbor

0551	conversation
0557	speak
0583	staff
0545	detective
0607	penny
0539	driver
0542	engineer
0624	rise
0526	job
0580	manage
0578	workplace
0573	allow
0599	print
0553	greet
0533	musician
0529	dentist
0534	actor
0576	company
0582	employee
0567	argue
0547	writer
0619	offer
0552	dialog(ue)
0621	deal
0507	adult

0519	anyone
0538	secretary
0505	prince
0520	nobody
0597	paper
0531	artist
0587	role
0506	princess
0590	list
0602	wealth
0541	flight attendant
0528	nurse
0604	dollar(s)
0617	produce
0615	expense
0518	someone
0548	farmer
0586	project
0565	gesture
0581	boss
0591	send
0571	accept
0544	professor
0594	opportunity
0589	report

Part 6

Community & Society

Picture Dictionary

Unit 26

palace

Unit 26

farm

Unit 27

wheel

Unit 27

ride

Unit 28

top

Unit 28

far

Unit 29

share

Unit 29

choose

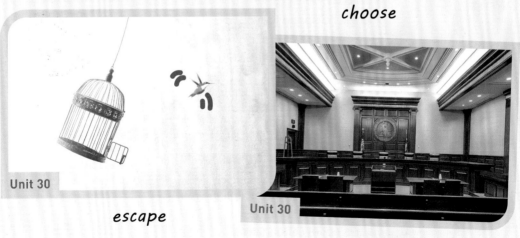

Unit 30

escape

Unit 30

court

Unit 26 장소

발음 익히기　셀프 스터디　리스닝 훈련

암기 Tip

0626 ++
place
[pleis]

명 장소 동 두다, 놓다

Don't make noise in public **places**.
공공**장소**에서 시끄럽게 하지 말아라.

Place cheese on top of the dough.
반죽 위에 치즈를 **놓아라**.

투썸플레이스(Twosome Place)라는 카페의 이름은 우리가 함께 하는(Two of us), 눈과 입이 즐거운 디저트를 즐기는(Some dessert), 행복한 공간(Place)이라는 뜻이라네요.

0627 ++
address
[ədrés]

명 1. 주소 2. 연설
동 1. 주소를 쓰다 2. 연설하다

What's your new **address**?
새로 바뀐 네 **주소**가 어떻게 돼?

She will give a formal **address** at the ceremony. 그녀는 의식에서 공식 **연설**을 할 것이다.

The speaker **addressed** the crowd.
발표자가 군중에게 **연설했다**.

주소가 어(a)디(de)랬어(ress)?란 말로 연상해 보세요.

공간과 지역

암기 Tip

0628 ++
space
[speis]

명 1. 공간, 자리 2. 우주

There is no **space** for your car.
차를 주차할 **공간**이 없습니다.

Pablo's dream is to travel into **space**.
파블로의 꿈은 **우주**를 여행하는 것이다.

우주는 지구 밖의 아주 넓은 공간이죠?

0629 ++
area
[ɛ́əriə]

명 1. 지역 2. 구역 3. 분야, 부문

The **area** around the farm is peaceful.
농장 주변 **지역**은 평화롭다.

We should wait in the reception **area**.
우리는 접견 **구역**에서 기다려야 한다.

Math is not my strong **area**.
수학은 내 전문 **분야**가 아니야.

도시나 나라 등등에서 특별한 한 부분을 뜻해요.

0630 ++

town

[taun]

🅼 소도시, 읍(내), 시(내)

Daniel lives in a small **town** in Germany.
다니엘은 독일의 작은 **소도시**에 산다.

코리아타운(Koreatown)은 해외에서 한국인들이 모여 사는 지역을 말해요. 우리나라에는 차이나타운(Chinatown)이 있죠.

0631 +

village

[vílidʒ]

🅼 (시골) 마을, 촌락, 부락

She was born in a small **village** in Ireland.
그녀는 아일랜드의 작은 **마을**에서 태어났다.

village는 town보다 조금 더 작은 마을을 뜻합니다.

건축물과 시설

암기 Tip

0632 ++

build

[bild]

built-built

🅓 1. (건물을) 짓다, 건축하다 2. 만들어 내다

He **built** houses for the poor.
그는 가난한 사람들을 위해 집을 **지었다**.

We want to **build** a more peaceful world.
우리는 더 평화로운 세계를 **만들어 나가기**를 원한다.

building [bíldiŋ] 🅼 건물, 건축

0633 ++

palace

[pǽləs]

🅼 궁전

The **palace** is a popular place to visit.
그 **궁전**은 인기가 좋은 방문지이다.

아주 크고 웅장한 저택으로서 특히 왕과 왕비가 사는 궁전을 뜻해요.

0634 ++

tower

[táuər]

🅼 탑, 타워

Ted went to the Eiffel **Tower**.
테드는 에펠**탑**에 갔다.

프랑스 파리는 에펠탑(Eiffel Tower)이 유명하고, 런던은 런던탑(the Tower of London)이 유명해요.

0635 ++

factory

[fǽktəri]

🅼 공장

Owen works at a mobile phone **factory**.
오웬은 휴대전화 **공장**에서 일한다.

어원 ▶ <찰리와 초콜릿 공장>이라는 영화의 원제목은 Charlie and the Chocolate Factory예요. fact-는 '만들어내다'란 의미가 있어요.

0636 ++
airport
[ɛ́ərpɔ̀ːrt]

명 공항

The plane landed at Incheon **Airport**.
비행기가 인천 **공항**에 착륙했다.

어원 ▶ airport(공항)는 port에서 유래한 말입니다. 공중(air)을 나는 비행기를 위한 항구(port)이죠.

0637 ++
hospital
[hάspitəl]

명 병원

Hospitals are very busy places.
병원은 아주 분주한 곳이다.

0638 ++
library
[láibrèri]

명 1. 도서관 2. 서재

Libraries are important for our children.
도서관은 아이들에게 중요하다.

Her father has a large **library** of travellers' tales.
그녀의 아버지는 여행자들의 이야기에 관한 큰 **서재**를 갖고 있다.

0639 ++
museum
[mju(ː)zí(ː)əm]
철자주의

명 박물관

The **museum** is a good place to learn history. **박물관**은 역사를 배우기 좋은 곳이다.

0640 +
theater
[θí(ː)ətər]
철자주의

명 영화관, 극장

Most **theaters** are open on New Year's Eve. 대부분의 **영화관**이 12월 31일에 문을 연다.

홈씨어터(home theater)는 말 그대로 가정 내 영화관이죠. 고화질 비디오와 고음질의 음향 시스템을 설치해서 가정에서도 영화관에 있는 것처럼 영화 시청을 할 수 있죠.

0641 +
market
[mάːrkit]

명 시장

I often go to the **market** with my mom.
나는 종종 엄마랑 **시장**에 간다.

G마켓(Gmarket)은 유명한 온라인 쇼핑몰 사이트죠. 이곳에서 필요한 물건을 쇼핑할 수 있어요.

0642 ++

shop
[ʃɑp]

명 가게, 상점 **동** 사다, 쇼핑하다

I got it from the gift **shop**.
나는 그것을 선물 **가게**에서 샀다.

Lots of people now **shop** online.
지금은 많은 사람들이 온라인 **쇼핑을 한다**.

shopping [ʃɑ́piŋ] **명** 쇼핑

shopping은 shop(사다, 상점)에서 나온 말이에요. 물건을 **사려면** 일단 **상점**에 가야겠죠?

0643 ++

store
[stɔːr]

명 가게, 상점 (= shop)

동 보관하다, 저장하다

They run a small **store** on Main Street.
그들은 메인 가에서 작은 **상점**을 운영한다.

Store the medicine in a cool place.
약을 선선한 곳에 **보관하세요**.

grocery store(식료품 가게), department store(백화점) 등 두루두루 쓰여요.

0644 +

station
[stéiʃən]

명 역, 정거장

You need to get off at the next **station**.
다음 **역**에서 내리셔야 합니다.

기차역, 버스 정거장이라는 뜻 외에 특정한 서비스가 제공되거나 이루어지는 장소나 건물도 station이라고 해요. 예를 들어, 경찰서(police station), 주유소(gas station)가 있어요.

그 외 장소

암기 Tip

0645 ++

beach
[biːtʃ]

명 해변, 바닷가

Beaches are crowded in summer.
해변은 여름에 붐빈다.

beach는 사람들이 휴가 때 가서 일광욕하고 놀기도 하는, 모래나 작은 돌, 자갈로 덮인 해변을 가리킬 때 써요. 비슷한 뜻으로 쓰이는 sea는 해변이 아닌 바다만을 의미한답니다.

0646 ++

farm
[fɑːrm]

명 농장, 농원

Steve Jobs once worked on an apple **farm**. 스티브 잡스는 한때 사과 **농장**에서 일했다.

farmer [fɑ́ːrmər] **명** 농부

farm을 하는 사람(-er)인 농부는 farmer이고, farm을 하는 땅(land)인 농지는 farmland가 돼요.

0647 ++

park
[pɑːrk]

명 공원 **동** 주차하다

We had a picnic in the **park**.
우리는 **공원**에서 피크닉을 했다.

There is no place to **park** my car.
내 차를 **주차할** 곳이 없다.

'NO PARKING' 혹은 'DO NOT PARK' 라고 적혀 있는 표지판은 이 곳에 주차하지 말라는 뜻이죠.

0648 +

toilet
[tɔ́ilit]

명 1. 화장실 2. 변기

He got up to go to the **toilet**.
그는 **화장실**에 가기 위해 일어났다.

I heard someone flush the **toilet**.
나는 어떤 사람이 **변기** 물을 내리는 소리를 들었다.

화장실에서 쓰는 휴지를 toilet paper 라고 해요.

0649 +

hall
[hɔːl]

명 1. (건물 입구 안쪽의) **현관** (= hallway) 2. **복도**
3. **홀** (회의, 식사, 콘서트 등을 위한 큰 방이나 건물)

Let's meet in the front **hall**. 정문 **현관**에서 만납시다.

Each floor has three rooms on both sides of the **hall**. 각 층에는 **복도** 양쪽에 세 개씩의 방이 있다.

Seven hundred people filled the concert **hall**. 7백명이 콘서트 홀을 채웠다.

건물 입구 안쪽의 현관을 뜻해요.

0650 +

main
[mein]

형 가장 중요한, 주된

She is the **main** character in the movie.
그녀는 그 영화의 주인공이다.

TV에서 메인 MC, 메인 프로그램 등의 말을 많이 들어보셨죠? 모두 main의 의미를 그대로 가져온 거예요.

Apply, Check & Exercise

Answer Key p.323

A 영어는 우리말로, 우리말은 영어로 쓰세요.

1	place		2	space
3	town		4	hall
5	factory		6	airport
7	library		8	market
9	shop		10	store
11	station		12	farm
13	park		14	주소, 연설
15	지역, 구역		16	마을, 촌락
17	궁전		18	탑
19	병원		20	박물관

21	극장	_____	22	해변	_____
23	화장실, 변기	_____	24	(건물을) 짓다	_____
25	가장 중요한, 주된	_____			

B 다음 빈칸에 알맞은 단어를 쓰세요.

1 place : _____ = 장소 : 공간, 우주

2 village : _____ = 마을 : 소도시, 읍(내)

3 build : _____ = 건축하다 : 건물

4 shop : _____ = 가게, 쇼핑하다 : 가게, 저장하다

5 museum : _____ = 박물관 : 도서관

6 park : _____ = 공원 : 농원, 농장

7 airport : _____ = 공항 : 공장

8 toilet : _____ = 화장실 : 현관, 복도

C 다음 중 단어의 영영 풀이가 <u>잘못된</u> 것을 <u>있는 대로</u> 고르세요.

① theater: a building in which movies or plays are shown

② area: a part within a larger place

③ palace: the home of a king or a queen

④ main: little important

⑤ beach: an area covered with grass

D 배운 단어를 이용하여 빈칸에 알맞은 말을 넣으세요.

1 당신의 이름과 주소를 쓰세요.

→ Write your name and _____.

2 나는 수산물 시장에 가려고 한다. → I'm going to go to the fish _____.

3 나는 다음 정거장에서 내릴 거야. → I'll get off at the next _____.

4 그들은 새로운 병원을 짓고 있다. → They are building a new _____.

5 그 탑에는 큰 시계가 있다. → There is a large clock in the _____.

Unit 27 교통과 도로

발음 익히기

셀프 스터디

리스닝 훈련

교통 수단

암기 Tip

0651 ++
train
[trein]

명 1. 기차, 열차 2. 연속, 일련
동 교육[훈련]시키다, 교육[훈련]받다

We decided to go by **train**.
우리는 **기차**로 가기로 결정했다.

They met a camel **train** in the desert.
그들은 사막에서 낙타 **행렬**을 만났다.

All staff will be **trained** for six months.
모든 직원들은 6개월 간 **교육받을** 것이다.

training[tréiniŋ] 명 교육, 훈련, 연수

기차(train)는 여러 연속된 차량이 줄을 지어 이동하죠.

0652 ++
subway
[sʌ́bwèi]

명 지하철

You can go to the museum by **subway**.
지하철로 박물관에 갈 수 있습니다.

어원 ▸ sub-는 '아래, 밑'이라는 뜻이 있어요. subway는 미국에서 '지하철'의 의미로 쓰이지만 영국에서는 '지하도'의 의미로 쓰여요.

0653 +
truck
[trʌk]

명 트럭

His father is a **truck** driver.
그의 아버지는 **트럭** 운전사이다.

0654 ++
bike
[baik]

명 자전거 (= bicycle 자전거)

I enjoy riding a **bike** with my friends.
나는 친구들과 **자전거**를 타는 것을 좋아한다.

우리나라 관광지에 주로 있는 '레일바이크(rail bike)'는 철로 위에서 페달을 밟아 움직이는 자전거로 관광객에게 인기가 많죠.

0655 ++
cycle
[sáikl]

동 자전거를 타다
명 1. 자전거, 오토바이 2. 주기, 순환

Eric **cycles** everywhere.
에릭은 어디에서나 **자전거를 탄다**.

Flies start their life **cycles** as eggs.
파리는 알 상태로 생애 **주기**를 시작한다.

cycling[sáikliŋ] 명 자전거 타기, 사이클링

자전거나 오토바이의 바퀴가 도는 것처럼 '순환(cycle)'이라는 의미도 있어요.

0656 ++
cart
[kɑːrt]

명 1. 수레, 마차 2. 손수레, 카트

A horse was pulling a **cart** on the street.
말 한 마리가 길에서 **수레**를 끌고 있었다.

Lynn's **cart** was full after shopping.
린의 **카트**가 쇼핑 후에 꽉 찼다.

마트나 슈퍼마켓에서 볼 수 있는 쇼핑 카트(shopping cart)는 쇼핑할 때 이용하는 카트를 말하죠. 손으로 끌고 다닌다는 점에서 (손)수레와 비슷하죠.

0657 ++
plane
[plein]

명 비행기 (= airplane)

I saw a **plane** flying in the sky.
나는 **비행기**가 하늘을 날고 있는 것을 보았다.

0658 ++
ship
[ʃip]
shipped-shipped-shipping

명 (큰) 배, 선박, 함선
동 실어 나르다, 수송하다

He fought with a small number of **ships**.
그는 적은 수의 **배**로 싸웠다.

The animals were **shipped** out on Tuesday.
동물들이 화요일에 **수송되었다**.

ship은 유람선, 선박, 함선과 같이 큰 배를 말하고, boat는 돛단배, 어선과 같이 작은 배를 가리켜요.

0659 +
wheel
[hwiːl]

명 1. 바퀴 2. (자동차 등의) 핸들

A bicycle has two **wheels**.
자전거는 **바퀴**가 두 개이다.

She offered to take the **wheel**.
그녀는 **핸들**을 잡겠다고(운전하겠다고) 제안했다.

다리가 불편한 장애우들이 타는 바퀴 달린 의자를 휠체어(wheelchair)라고 하지요.

0660 +
gas
[gæs]

명 1. 기체, 가스 2. 휘발유

Oxygen is a colorless and tasteless **gas**.
산소는 무색과 무맛의 **기체**이다.

The car almost ran out of **gas**.
차에 **휘발유**가 거의 떨어졌다.

주유소는 영어로 gas station입니다. gas는 미국에서 휘발유의 의미로도 많이 쓰인답니다.

0661 +
fee
[fiː]

명 요금, 회비

How much is the airport transportation **fee**? 항공 수송료가 얼마입니까?

일상적으로 교통비는 transportation costs로 표현하는 경우가 더 많아요.

0662 ++
street
[striːt]

명 길거리, 도로

The **street** is packed with cars.
거리가 차들로 꽉 차 있다.

스트리트 패션(street fashion)이라고 하면 흔히 길거리에서 쉽게 접할 수 있는 사람들의 유행 패션 스타일을 말해요. street은 '도로'를 나타내는 가장 일반적인 말이에요. 양쪽으로 집이나 건물이 늘어서 있는 도로를 뜻하지요.

0663 ++
road
[roud]

명 도로, 길

A major **road** will be closed tonight in Chelsea. 오늘 밤 첼시의 주요 **도로**가 폐쇄될 것이다.

street이나 road는 거의 비슷한 의미를 가지고 있어요.

0664
tunnel
[tʌ́nəl]
철자주의

명 터널, 굴

The train goes through a **tunnel** in the mountain. 기차는 산속에 있는 **터널**을 통과한다.

0665 ++
block
[blɑk]

명 1. (나무·돌 등의 사각형) 덩어리, 토막
2. (도로) 구역, 블록
동 막다, 차단하다

The ice was cut into **blocks**.
얼음이 **덩어리**로 쪼개졌다.

There is a famous restaurant on this **block**. 이 **블록**에 유명한 레스토랑이 있다.

Don't **block** the exit. 출구를 **막지** 마세요.

레고의 블록을 떠올려보세요. 네모난 덩어리의 모양을 하고 있죠? 또한 건물, 더 넓은 도로의 구역도 크게 보면 다 네모난 블록 모양을 하고 있어요.

0666 ++
bridge
[bridʒ]
철자주의

명 다리

The **bridge** connects the two states.
그 **다리**가 두 주를 연결해준다.

브릿지 운동 자세는 '다리' 모양을 닮았어요.

브 릿 지

0667 +
connect
[kənékt]

동 1. 잇다, 연결하다 2. (인터넷 등에) 접속하다

The Internet lets us **connect** with people anywhere.
인터넷은 어디에 있는 사람과도 **연결할** 수 있게 해 준다.

Do I have to **connect** to Wi-Fi?
와이파이에 **접속해야** 하나요?

connection[kənékʃən] 명 연결, 관계

USB connector는 USB 메모리를 컴퓨터의 USB 포트에 연결하는 부분을 말해요.

0668 + +
cross
[krɔ(:)s]

동 1. 건너다, 횡단하다 2. 교차하다, 엇갈리다
명 1. ×표 2. 십자가

Cross the street carefully. 길을 조심히 **건너라.**

Put a nail where the boards **cross**.
판자가 **교차하는** 곳에 못을 박아라.

A green **cross** is a symbol for hospitals.
녹색의 **십자가**는 병원의 상징이다.

이렇게 십자 모양으로 생긴 것도 cross, 이런 곳을 건너는 것도 cross입니다. 또한, 횡단보도를 crosswalk라고도 하죠.

운전

암기 Tip

0669 + +
ride
[raid]
rode-ridden-riding

동 1. (탈 것을) **타다** 2. (말을) **타다**
명 (차량 등을) **타고 가기**

The student **rode** the bus to go home.
그 학생은 집에 가려고 버스를 **탔다.**

She learned how to **ride** a horse.
그녀는 말 **타는** 법을 배웠다.

Can you give me a **ride**? 저를 **태워** 주실 수 있나요?

riding[ráidiŋ] 명 1. 승마 2. 승차

ride는 말, 자전거, 오토바이를 타는 것을 비롯해 물과 공중 위에 뜨는 것, 파도를 타는 것을 가리키기도 해요.

0670 +
traffic
[træfik]

명 차량들, 교통(량)

Traffic is terrible today!
오늘 **교통**이 너무 혼잡해!

교차로 등지에서 교통을 통제하는 신호등을 traffic light 혹은 traffic signal이라고 해요.

0671 + +
speed
[spi:d]

명 속도, 속력

Do all objects fall at the same **speed**?
모든 물체는 동일한 **속도**로 떨어지나요?

스피드 스케이팅(speed skating)은 스케이트를 신고 얼음판 위를 달려 속도로 승부를 겨루는 빙상경기에요.

0672 +
signal
[sígnəl]

명 신호 동 신호를 보내다

You must stop when the traffic **signal** is red. 교통**신호**가 빨간색일 때는 멈춰야 한다.

Did he **signal** before he made the left turn? 그가 좌회전 하기 전에 **신호를 보냈나요?**

sign은 모든 사람이 볼 수 있도록 크게 그려둔 표지판이나 간판을 말해요. signal은 움직임이나 소리가 나는 신호를 말한답니다.

0673 + +
stop
[stɑp]
stopped-stopped-stopping

동 멈추다, 서다, 정지하다 명 멈춤, 중단

She decided to **stop** working for a week.
그녀는 일주일간 일을 **중단하기로** 결심했다.

We must try to **stop** global warming.
우리는 지구온난화를 **막기** 위해 노력해야 한다.

Unit 27 교통과 도로 **219**

0674 ++

wait

[weit]

동 기다리다

Ed is **waiting** for the next train.

에드가 다음 열차를 **기다리고** 있다.

0675 ++

miss

[mis]

동 1. 놓치다, 빗나가다 2. 그리워하다

Derek **missed** the bus this morning.

데릭은 오늘 아침 버스를 **놓쳤다**.

We **miss** you so much!

우리는 당신이 몹시 **그립습니다**!

 Apply, **C**heck & **E**xercise

Answer Key p.323

A 영어는 우리말로, 우리말은 영어로 쓰세요.

1	train		2	bike	
3	cycle		4	ship	
5	gas		6	road	
7	cross		8	ride	
9	speed		10	signal	
11	stop		12	wait	
13	miss		14	지하철	
15	트럭		16	카트, 손수레	
17	비행기		18	바퀴	
19	요금, 회비		20	길거리, 도로	
21	터널		22	(도로) 구역, 블록	
23	다리		24	연결하다	
25	교통, 차량들				

B 다음 빈칸에 알맞은 단어를 쓰세요.

1 train : subway = 기차 : _____

2 bike : _____ = 자전거 : 자전거, 순환

3 plane : _____ = 비행기 : 배

4 truck : _____ = 트럭 : (손)수레

5 road : street = 도로 : _____

6 tunnel : bridge = 터널 : _____

7 connect : _____ = 연결하다 : 연결

8 ride : _____ = 타다 : 승차, 승마

9 stop : _____ = 멈추다 : 기다리다

C 다음 중 단어의 영영 풀이가 잘못된 것을 있는 대로 고르세요.

① wheel: a round thing under a car that turns when it moves

② traffic: all the cars driving along a certain road

③ fee: an amount of money that you get from work

④ block: be placed behind something

⑤ cross: go from one side of something to the other

D 배운 단어를 이용하여 빈칸에 알맞은 말을 넣으세요.

1 저는 주유소를 찾고 있습니다. → I'm looking for a _____ station.

2 트럭은 언덕을 내려가면서 속도가 올라갔다.

   → The truck gained _____ as it drove down the hill.

3 내가 신호를 줄 때까지 기다려라. → Wait until I give the _____.

4 나는 버스를 놓쳐서 30분을 기다려야 했다.

   → I _____ the bus and had to wait half an hour.

Unit 28 방향과 위치

발음 익히기

셀프 스터디

리스닝 훈련

방위

암기 Tip

0676 ++

east

[i:st]

명 동쪽, 동부

The sun rises in the **east**. 해는 **동쪽**에서 뜬다.

eastern[íːstərn] 형 동쪽에 위치한

eastward[íːstwərd] 부 동쪽으로

우리나라를 소개하는 표현 중 하나로 'the Far East'가 있습니다. 가장 동쪽에 있는 지역이란 뜻으로, 한국·중국·일본 등 동아시아 지역을 가리키는 말이에요.

0677 ++

west

[west]

명 서쪽, 서부

The sun sets in the **west**. 해는 **서쪽**으로 진다.

western[wéstərn] 형 서쪽에 위치한 명 서부 영화, 서부극

westward[wéstwərd] 부 서쪽으로

0678 ++

south

[sauθ]

명 남쪽, 남부

Busan is in the **south** of Korea.

부산은 한국의 **남쪽**에 있다.

southern[sʌ́ðərn] 형 남쪽에 위치한

southward[sáuθwərd] 부 남쪽으로

한반도의 남쪽에 위치한 남한을 South Korea, 북쪽에 위치한 북한을 North Korea라고 하죠.

0679 ++

north

[nɔːrθ]

명 북쪽, 북부

The snowstorm came from the **north**.

눈보라가 **북쪽**에서부터 불어왔다.

northern[nɔ́ːrðərn] 형 북쪽에 위치한

northward[nɔ́ːrθwərd] 부 북쪽으로

'노스페이스(North Face)'라는 아웃도어 브랜드가 있죠. 북반구 높은 산들의 가장 춥고 바람이 거센 북쪽 면, '북벽'을 의미한다고 하네요.

위·아래

암기 Tip

0680 ++

high

[hai]

형 1. 높은 2. 높이가 ~인 부 높이, 높은 곳에

The cliffs are way up **high**. 절벽이 아주 **높다**.

The tree is six feet **high**.

그 나무는 **높이가** 6피트이다.

highly[háili] 부 매우

어법 high는 형용사나 부사로 쓰이는 말로서 -ly가 붙으면 highly, '매우'라는 뜻의 부사가 되므로 주의해야 해요.

4m

0681 ++

over

[óuvər]

🔤 1. ~위쪽에 2. ~을 건너, 넘어

The sun is coming up **over** the mountain.
해가 산 **위로** 솟아오르고 있다.

We walked **over** the bridge.
우리는 걸어서 다리를 **건너**갔다.

말이나 행동의 정도가 지나칠 때 '오버한다', '오버하지 마'라는 말을 할 때가 있죠. over의 '~ 이상, ~이 넘는'이라는 뜻에서 비롯되었어요.

0682 ++

top

[tɑp]

🔤 1. 맨 위 (부분), 정상, 꼭대기 2. 윗면
🔤 꼭대기의, 맨 위의, 최고의

It's hard to breathe at the **top** of the mountain. 산 **정상**에서는 숨을 쉬기가 어렵다.

She bought a table with a glass **top**.
그녀는 **윗면**에 유리가 있는 테이블을 샀다.

베스트셀러나 음원 순위에서 탑텐(top 10) 혹은 탑쓰리(top 3) 등의 표현을 본 적 있지요? 가장 인기가 있는 순위를 뜻하는 것인데, 베스트 10, 베스트 3 등의 표현은 콩글리시랍니다.

0683 ++

bottom

[bátəm]

🔤 아랫부분, 밑바닥 (↔ top 맨 위 (부분))

Is there a hole in the **bottom** of the sea?
바다 저 **밑**에 구멍이 있을까?

0684 ++

base

[beis]

🔤 1. 맨 아랫부분 2. (이론 등의) 기초, 근거
🔤 ~을 기초로 하다, ~을 근거로 하다

The lamp has a round **base**.
그 램프는 **맨 아랫부분**이 둥글다.

The country has a good scientific research **base**. 그 나라는 과학적 연구의 **기초**가 잘 되어 있다.

basic[béisik] 🔤 기본적인, 기초적인
basically[béisikəli] 🔤 근본적으로, 기본적으로

베이스 기타는 저음이 아주 매력적인 기타로서 네 줄로 연주해요.

0685 ++

low

[lou]

🔤 낮은

We use a **low** table for eating.
우리는 식사할 때 **낮은** 테이블을 사용한다.

0686 ++

below

[bilóu]

🔤 (위치가 ~보다) 아래에 🔤 아래에, 밑에

I saw dolphins **below** the surface of the sea. 나는 해수면 **아래의** 돌고래를 봤다.

어원 be(있다)와 low(낮은, 아래의)가 합쳐져 전치사 '아래에'를 의미하게 되었네요.

0687 ++
ahead
[əhéd]

부 1. 앞쪽에, 앞에 2. 미리

Jay looked straight **ahead**.
제이가 **앞을** 똑바로 보았다.

I arrived here far **ahead** of schedule.
나는 이곳에 예정보다 훨씬 **일찍** 도착했다.

head(머리)는 몸의 맨 위에 위치한 것으로 '앞'이란 의미도 가지고 있다는 것을 알아두세요.

0688 ++
front
[frʌnt]

명 앞면, 앞쪽 형 앞쪽의

She was looking at the **front** of his shirt.
그녀는 그의 셔츠 **앞부분**을 보고 있었다.

호텔이나 사무실 건물에 들어가면 프런트 데스크(front desk)가 있죠? 주로 건물에 들어가자마자 앞쪽에 위치해서 고객 응대를 하죠.

0689 ++
behind
[biháind]

전 (위치가) 뒤에 부 뒤에, 뒤떨어져

My sister hid **behind** the curtains, but I could see her feet.
여동생이 커튼 **뒤에** 숨었지만 나는 그녀의 발을 볼 수 있었다.

'비하인드 스토리(behind story)'는 주제가 아닌 뒷이야기를 뜻해요.

0690 ++
center/centre
[séntər]

명 1. 중심, 중앙, 가운데
2. (사람이 모이는) 센터, 중심지

She hit the **center** of the target and won the gold medal.
그녀는 과녁의 **중심**을 맞춰서 금메달을 땄다.

You can go to the **center** of the city by this bus. 이 버스로 **도심지**로 갈 수 있어요.

central [séntrəl] 형 중앙의, 중심적인, 주요한

뉘앙스 center가 주로 원이나 구, 다각형 또는 장소의 중심, 중앙을 나타내는 한편 middle은 두 점 사이나 시간, 거리, 수의 중간을 나타낼 때 쓰여요.

0691 ++
middle
[mídl]

명 중앙, 가운데, 중간
형 한가운데의, 중앙의

I'm the **middle** of three children.
나는 삼형제 중 **가운데**이다.

스테이크를 '미디움(medium)'으로 구워달라고 하면 중간 정도의 굽기를 뜻하는 것이에요. Medium은 middle(중앙의)의 medi와 -um이 합쳐진 말이에요.

0692 ++
between
[bitwíːn]

전 (위치가) 사이에, 중간에

The room has two desks with a table **between** them. 그 방은 두 책상 **사이에** 테이블이 있다.

0693 ++
side
[said]

형 1. 쪽, 측 2. 옆, 옆면

She lives on the south **side** of town.
그녀는 마을의 남**쪽**에 산다.

The information can be found on the **side** of the box. 그 정보는 상자의 **옆면**에서 찾을 수 있다.

0694 ++
beside
[bisáid]

전 옆에

She was sitting **beside** the baby and taking care of him.
그녀는 아기 **옆에** 앉아서 그를 돌보고 있었다.

어원▶ be(있다)와 side(옆)가 합쳐져 전치사 '옆에'를 의미하게 되었어요.

0695 ++
inside
[insáid]

전 안으로, 내부로 (↔ outside 바깥쪽으로)
명 안쪽, 내부 **형** 내부의, 안쪽의

The angry lady suddenly went **inside**.
화가 난 여자가 갑자기 **안으로** 들어가버렸다.

The **inside** of the blue box is green.
파란 상자는 **안쪽**이 초록색이다.

in + side로 단어를 나누어보면, side(쪽, 측, 면)의 안쪽(in)을 의미하는 것을 쉽게 알 수 있죠?

0696 ++
right
[rait]

형 1. 오른쪽의, 우측의 (↔ left 왼쪽의)
2. 옳은, 정확한 (↔ wrong 틀린)
명 1. 오른쪽, 우측 2. 옳은 것 3. 권리

Drivers sit on the **right** side in the UK.
영국에서는 운전자가 **오른쪽**에 앉는다.

His answer is **right**. 그의 답이 **옳다**.

She has a **right** to know the truth.
그녀는 진실을 알 **권리**가 있다.

뉘앙스▶ correct는 틀린 점이나 결점이 없음을, right는 진실이나 규범에 어긋나지 않음을 주로 말합니다.

0697 ++
left
[left]

형 왼쪽의, 좌측의 **명** 왼쪽, 좌측

My **left** eye is bigger than the right one.
내 **왼쪽** 눈은 오른쪽 눈보다 크다.

It's on your **left**. 그것은 당신의 **왼쪽**에 있습니다.

왼손잡이를 left-handed라고 해요.

0698 ++

near

[niər]

부 가까이　형 가까운 (↔ far 먼)

전 ~에서 가까이

The dog doesn't come **near** to me.
그 개는 내게 **가까이** 오지 않는다.

I left the flower **near** the door.
나는 그 꽃을 문 **가까이** 놓았다.

near에 –ly가 붙으면 nearly, '거의, 하마터면'이라는 뜻의 부사가 되므로 의미에 특히 주의하세요.

0699 ++

far

[faːr]

부 1. 멀리, ~ (만큼) 떨어져
2. 훨씬, 아주, 대단히

How **far** is it to her house from here?
여기서 그녀의 집까지 얼마나 **떨어져** 있나요?

The new system is **far** better than the old
one. 새로운 시스템이 예전 것보다 **훨씬** 더 좋다.

뉘앙스 ▶ far는 시간, 공간, 관계 등이 먼 것으로, 먼 정도가 막연해요. 구체적인 수치와는 쓰이지 않아요.

0700 ++

corner

[kɔ́ːrnər]

명 1. 모퉁이, 모서리 2. (방·상자의) **구석**

The door is in the **corner**.
문은 **모퉁이**에 있다.

There was a box in the far **corner** of the
room. 멀리 그 방의 **구석**에 상자가 하나 있었다.

축구 경기에서 코너킥(corner kick)은 축구장 모퉁이인 코너에서 공을 놓고 차는 것이죠.

Apply, Check & Exercise

Answer Key p.324

A 영어는 우리말로, 우리말은 영어로 쓰세요.

1	east	_____	2	west	_____
3	over	_____	4	top	_____
5	base	_____	6	low	_____
7	front	_____	8	center	_____
9	middle	_____	10	side	_____
11	left	_____	12	near	_____
13	far	_____	14	남쪽	_____
15	북쪽	_____	16	높은	_____
17	밑바닥	_____	18	(위치가 ~보다) 아래에	_____

19	앞쪽에, 미리	_____	20	뒤에, 뒤떨어져	_____
21	(위치가) 사이에	_____	22	옆에	_____
23	안으로, 내부로	_____	24	오른쪽의	_____
25	모퉁이, 구석	_____			

B 다음 빈칸에 알맞은 단어를 쓰세요.

1 east : _____ = 동쪽 : 서쪽

2 south : southern = 남쪽 : _____

3 north : northern = 북쪽 : _____

4 top : bottom = 꼭대기 : _____

5 high : _____ = 높은 : 낮은

6 below : over = 아래에 : _____

7 ahead : behind = 앞에 : _____

8 center : _____ = 중앙 : 옆, 쪽

9 inside : _____ = 안으로 : 바깥쪽으로

10 right : _____ = 오른쪽 : 왼쪽

C 다음 중 단어의 영영 풀이가 <u>잘못된</u> 것을 <u>있는 대로</u> 고르세요.

① corner: the place where two streets or roads meet
② beside: next to something
③ base: the highest part of something
④ middle: halfway between two points
⑤ front: the part of something that is seen last

D 배운 단어를 이용하여 빈칸에 알맞은 말을 넣으세요.

1 그들은 자신의 집들 사이에 울타리를 세웠다.
→ They put up a fence _____ their houses.

2 나는 문 가까이에 상자를 두었다.
→ I left the box _____ the door.

3 그들은 집에서 멀리 떨어져 있다.
→ They are _____ from home.

Unit 29 사회와 사회 문제

발음 익히기

셀프 스터디

리스닝 훈련

암기 Tip

0701 +
society
[səsáiəti]

명 **사회**

The family is the basic unit of **society**.
가족은 **사회**의 기본 단위이다.

social[sóuʃəl] 형 사회의, 사회적인

SNS는 Social Networking Service의 약자로서, 말 그대로 사회적 관계를 만들어주는 서비스를 뜻해요. 자유로운 의사소통과 정보 공유를 할 수 있죠.

공동체와 지역사회

암기 Tip

0702 +
community
[kəmjú:nəti]

명 **공동체, 지역사회**

Make a difference in your **community**.
여러분의 **지역사회**에 변화를 일으키세요.

같은 지역에 사는 사람들, 같은 문화나 종교를 가진 사람들뿐만 아니라 공통의 취미나 관심사를 가진 사람들도 community를 형성하면서 살고 있죠. 인터넷에서도 마찬가지고요.

0703
belong
[bilɔ́:ŋ]

동 **소유물이다, 속하다**

The future **belongs** to the youth.
미래는 젊은이들**의 것이다**.

어법 belong to A 는 'A의 것이다'라는 의미예요.

0704 +
include
[inklú:d]

동 **포함하다** (↔ exclude 제외하다)

The article **includes** some good quotes.
그 기사에는 좋은 인용어구가 **포함되어 있다**.

어원 in(= in) + clud(e)(= shut, 닫다) → 안에 넣어두고 닫다, 즉 '포함하다'라는 뜻이에요. 반의어인 exclude는 ex(= out) + clud(e)(= shut) → 밖에 두고 못 들어오게 닫다, 즉 '제외하다, 배제하다'라는 뜻입니다.

0705 +
private
[práivət]

형 **사적인, 개인에 속한** (↔ public 공공의)

There are so many foreign **private** banks in Mumbai. 뭄바이에 해외 **민간** 은행이 아주 많다.

She read all his **private** letters.
그녀는 그의 **사적인** 편지를 모두 읽었다.

privacy[práivəsi] 명 사생활

인기 연예인들은 그들의 생활 하나하나가 모두 대중에게 공개되기 때문에 사생활(privacy)이 거의 없답니다.

0706
general

[dʒénərəl]

형 1. 일반적인, 보통의 (↔ particular 특정한, 특별한) 2. 대체적인, 대강의 명 (군대의) 대장, 장군

The children like animals in **general**.
아이들은 **일반적**으로 동물을 좋아한다.

I have a **general** idea of what I want to express.
나는 표현하고 싶은 것에 대한 **대체적인** 생각은 있다.

0707 +
common

[kámən]

형 1. 흔한 (↔ uncommon 흔치 않은) 2. 공통의

The flu is a **common** worldwide disease.
독감은 세계적으로 **흔히 나타나는** 질병이다.

We share **common** interests in sports.
우리는 스포츠에 대한 **공통된** 관심을 가지고 있다.

상식을 common sense라고 하지요. 사람이라면 공통으로 가지는 사리 분별을 말해요.

0708 +
depend

[dipénd]

동 1. 의지하다 2. ~에 달려 있다

Good friends can **depend** on each other.
친한 친구끼리는 서로에게 **의지할** 수 있다.

Our trip **depends** on the weather.
우리 여행이 날씨에 **달려 있다**.

만약 내가 어떤 결정을 내리는데 친구한테 **의지한다면**, 내 결정은 그 친구한테 달린 것이겠죠?

0709 +
lead

[liːd]

led-led

동 1. 인도하다, 이끌다 2. 앞서다

It takes a strong person to **lead** a country.
국가를 **이끌기** 위해서는 강인한 사람이 필요하다.

You **lead** and we'll follow behind you.
네가 **앞서가면** 우리가 뒤를 따르게.

leader[líːdər] 명 지도자, 대표, 선두 주자
leadership[líːdərʃip] 명 1. 지도자직 2. 지도력

'패션 리더(fashion leader)', '리더십 (leadership)이 있다.' 등의 말을 많이 들어보았죠? 다른 사람들을 이끌어 나가는 사람은 당연히 선두에 있겠죠?

0710 +
direct

[dirékt]

형 1. 곧장, 직행의 2. 직접적인
동 지도하다, 감독하다

There are no **direct** trains from Madrid to Porto. 마드리드에서 포르투로 가는 **직행** 열차는 없다.

There's a **direct** connection between the two events. 두 사건 간에는 **직접적인** 관련이 있다.

direction[dirékʃən] 명 방향

도중에 다른 곳에 머무르거나 들르지 않고, 목적지에 곧장 가는 것을 말해요.

자선 활동

0711 +
donate
[dóuneit]

동 기부하다, 기증하다

Harvey **donated** money to help poor children. 하비는 가난한 아이들을 도우려고 돈을 **기부했다.**

donation[dounéiʃən] 명 기부, 기증

0712 +
share
[ʃɛər]

동 함께 쓰다, 공유하다   명 몫, 지분

Billy **shares** a house with his friends. 빌리는 친구들과 집을 **함께 쓴다.**

He met a person who **shares** his interests. 그는 관심을 **공유할** 사람을 만났다.

셰어하우스(share house)는 하나의 거주 시설을 다수가 공유하는 것을 말해요. 다수가 한 집에서 살면서 침실은 각자 따로 사용하지만, 거실, 화장실, 욕실 등은 공유해서 생활한답니다.

0713 +
volunteer
[vàləntíər]

명 자원봉사자   동 자발적으로 나서다

Jim was a **volunteer** at the Olympics. 짐은 올림픽 **자원봉사자**였다.

They **volunteered** to be extras in the movie. 그들은 그 영화에 엑스트라를 **자원했다.**

어원 라틴어 voluntas(= free will, 자유 의지)에서 유래되었어요. volunteer의 '자원, 자진하다'는 자유 의지에 의한 행동인 거죠.

사회 이슈의 예방과 해결

0714
issue
[íʃuː]

명 1. 쟁점, 사안   2. 발행, (잡지·신문의) 호

Forest fires are a major **issue** here. 산불이 여기에서는 중요한 **쟁점**입니다.

Issue #3 comes out tomorrow. 3**호**가 내일 출간됩니다.

한 주 동안 뜨겁게(hot) 달군 쟁점(issue)을 가리켜 '금주의 핫 이슈(hot issue)'라고 많이들 하지요.

0715 ++
case
[keis]

명 1. 상황, 경우   2. 사건

I think it's not the same **case**. 나는 그게 같은 **경우**가 아니라고 생각해.

The police solved some very unusual **cases**. 경찰은 상당히 특이한 **사건**들을 해결했다.

case by case는 '경우에 따라'를 뜻해요.

0716 +
matter
[mǽtər]

명 일, 문제   동 중요하다

What's the **matter**? Your eyes are red. 무슨 **일**이 있니? 눈이 빨개.

Love **matters** more than money. 사랑이 돈보다 **중요하다.**

0717 ++
important
[impɔ́ːrtənt]

형 중요한 (↔ unimportant 중요하지 않은)

Do you think that friendship is more **important** than love?
너는 우정이 사랑보다 더 **중요하다고** 생각하니?

importance [impɔ́ːrtəns] 명 중요성

0718 +
trouble
[trʌ́bl]

명 1. 문제, 골칫거리 2. 고생, 수고

The new system is giving me **trouble**.
새로운 시스템은 내게 **골칫거리**를 주고 있다.

We'll order dinner to save Mom the **trouble** of preparing it.
우리는 엄마의 저녁 준비 **수고**를 덜어드리기 위해 배달을 시킬 것이다.

문제를 일으키는 사람을 트러블메이커 (troublemaker)라고 하지요.

0719 +
prevent
[privént]

동 막다, 예방하다, 방해하다

The rules can **prevent** accidents.
그 규정들은 사고를 **예방할** 수 있다.

prevention [privénʃən] 명 예방, 방지

어원 일어나기 전에 막는 것이 예방 이고, 남이 무언가를 하는 것을 막는 것은 방해지요. pre-에는 '앞에, 미리'라 는 의미가 있어요.

0720 +
happen
[hǽpən]

동 일어나다, 생기다 (= occur (일이) 일어나다)

Did something bad **happen** to Fred?
프레드에게 뭔가 안 좋은 일이 **일어났나요?**

'해프닝이 일어났다.'라는 말을 들어본 적 있나요? happen에서 나온 말이랍니다.

0721 +
handle
[hǽndl]

동 다루다, 취급하다 명 손잡이

It is hard for politicians to **handle** their private lives. 정치인들은 사생활 **처신에** 힘들어 한다.

자동차의 운전대는 handle이 아니고 steering wheel로 표현해야 해요.

0722 +
solve
[sɑlv]

동 (문제 등을) 해결하다, 풀다

I gave up on **solving** the problem.
나는 그 문제를 **해결하는** 것을 포기했다.

solution [səlúːʃən] 명 1. 해법, 해결책 2. 해답, 정답

수학 문제나 퍼즐뿐만이 아니라 범죄 사건이나 갈등 같은 것을 해결한다고 할 때도 사용해요.

0723 +

survey

[sə:rvéi]

명 (설문) 조사

Please fill out this **survey**.
이 **설문지**를 작성해 주세요.

많은 양의 질문들을 통해 각기 다른 사람들의 성향 등을 구체적으로 파악하는 것이죠.

0724 +

affect

[əfékt]

동 영향을 미치다

The typhoon will **affect** our country.
태풍이 우리 나라에 **영향을 미칠** 것이다.

affect(영향을 미치)면 effect(영향 결과)가 나온다.

0725 ++

choose

[tʃu:z]

chose-chosen-choosing

동 선택하다, 고르다

Choose which shirt is better for me.
내게 어느 셔츠가 더 나은지 **선택해 줘**.

choice[tʃɔis] 명 1. 선택 2. 선택권

choice는 '선택' 그 자체를 의미하고, choose는 선택하는 동작, 행위를 가리키는 말이에요.

 ## **A**pply, **C**heck & **E**xercise

Answer Key p.324

A 영어는 우리말로, 우리말은 영어로 쓰세요.

1	belong	_____	2	general	_____
3	depend	_____	4	lead	_____
5	direct	_____	6	case	_____
7	matter	_____	8	important	_____
9	prevent	_____	10	happen	_____
11	solve	_____	12	handle	_____
13	choose	_____	14	사회	_____
15	공동체	_____	16	포함하다	_____
17	사적인	_____	18	흔한	_____
19	기부하다	_____	20	함께 쓰다	_____
21	자원봉사자	_____	22	쟁점, 사안	_____
23	골칫거리, 문제	_____	24	설문 조사	_____
25	영향을 미치다	_____			

B 다음 빈칸에 알맞은 단어를 쓰세요.

1 society : social = 사회 : _____

2 include : exclude = 포함하다 : _____

3 private : _____ = 사적인 : 공공의

4 particular : _____ = 특정한 : 일반적인

5 common : _____ = 흔한 : 흔치 않은

6 choose : _____ = 선택하다 : 선택

7 volunteer : donate = 자원봉사로 하다 : _____

8 important : _____ = 중요한 : 중요성

9 prevent : _____ = 예방하다 : 해결하다

10 direct : _____ = 곧장 : 방향

11 matter : _____ = 일, 문제 : 상황, 사건

12 issue : _____ = 쟁점, 사안 : 골칫거리, 문제

C 다음 중 단어의 영영 풀이가 <u>잘못된</u> 것을 <u>있는 대로</u> 고르세요.

① happen: take place without being planned
② share: have or use something without others
③ depend: need something for help
④ lead: guide someone to a place by going in front
⑤ handle: fail to do the necessary work

D 배운 단어를 이용하여 빈칸에 알맞은 말을 넣으세요.

1 그 집은 그녀의 소유이다.
→ The house _____ to her.

2 우리는 그 이슈에 대한 설문 조사가 필요하다.
→ We need a _____ on the issue.

3 그 결정은 우리의 삶에 영향을 미칠 수 있다.
→ The decisions can _____ our lives.

4 우리는 지역사회의 문제를 얘기하기 위해 종종 모인다.
→ We often meet to talk about _____ problems.

Unit 30 범죄와 법

발음 익히기

셀프 스터디

리스닝 훈련

범죄

암기 Tip

0726

crime

[kraim]

명 범죄, 죄

We need to do something about increasing **crime**.
우리는 늘어가는 **범죄**에 대해서 조치를 취해야 한다.

criminal [krímənəl] 형 범죄의 명 범인, 범죄자

주로 살인이나 강도 등 법을 위반한 범죄를 말해요. 누군가를 증오하고 미워하는 것은 sin(죄, 죄악)이라고 해요.

0727 ++

kill

[kil]

동 죽이다, 목숨을 빼앗다

A few people were **killed** in the accident.
그 사고로 몇 명이 **목숨을 잃었다**.

0728

cheat

[tʃi:t]

동 1. 속이다, 사기 치다
2. (시험에서) 부정행위를 하다

I don't want to **cheat** you.
나는 너를 **속이고** 싶지 않아.

I would rather fail than **cheat**.
부정행위를 하느니 낙제를 하는 것이 낫겠다.

'치트키(cheat key)'라는 말 들어본 적 있나요? 컴퓨터 게임에서 건물을 빨리 짓는다든지 유닛 수를 몇 배로 늘릴 수 있는 비밀키 또는 속임수를 의미해요.

0729 +

steal

[sti:l]

stole-stolen

동 훔치다, 도둑질하다

Somebody **stole** my wallet!
누군가가 내 지갑을 **훔쳐 갔다**!

야구 경기에서 '도루'를 영어로 steal이라고 해요. 루를 훔쳤다는 말이죠.

0730 +

thief

[θi:f]

복수형 thieves

명 도둑, 절도범

The **thief** was caught last night.
그 **도둑**은 어젯밤에 잡혔다.

thief: 무언가를 훔친 사람
burglar: 훔치러 불법 침입한 사람
robber: 폭력으로 갈취한 사람

0731 +
escape
[iskéip]

동 도망치다, 탈출하다　명 탈출, 도피

The thief **escaped** through an upstairs window. 그 도둑은 위층 창문을 통해 **도망쳤다**.

컴퓨터 자판에 보면 ESC 키가 있죠? escape의 약자로서 지금 하는 동작을 멈추고 빠져 나가라는 명령을 내리는 키입니다.

0732 +
chase
[tʃeis]

동 뒤쫓다, 추격하다　명 추적, 추격

Why did the police **chase** him?
경찰이 왜 그를 **추격한** 거죠?

0733 +
sign
[sain]

명 1. 징조　2. 표지판　동 서명하다

Call the police at the first **sign** of crime.
범죄의 **조짐**이 있으면 바로 경찰을 불러라.

The 'P' **sign** means 'parking'.
'P' **표지판**은 '주차' 를 의미한다.

The manager **signed** the paper.
매니저가 서류에 **서명했다**.

signature [sígnətʃər] 명 서명

sign은 이 외에도 '몸짓, 신호, 표시'라는 의미가 있어서 '수화'를 sign language 라고 해요.

0734 +
scene
[siːn]

명 1. 현장　2. 장면

She was at the crime **scene**.
그녀는 범죄 **현장**에 있었다.

In the final **scene**, Smith tells Susan he loves her.
마지막 **장면**에서 스미스는 수잔에게 사랑한다고 말한다.

scenery [síːnəri] 명 풍경, 경치, 경관

드라마나 영화를 촬영할 때 '액션신을 찍는다.'는 말을 많이 하는데요, 여기에서의 신(scene)이 바로 장면을 가리키는 단어입니다.

법과 원칙

암기 Tip

0735 +
law
[lɔː]

명 법, 법률

Laws are made to keep us safe.
법은 우리를 안전하게 하기 위해 만들어진 것이다.

0736 ++
rule
[ruːl]

명 1. 규칙　2. 통치　동 다스리다

We both break and follow many **rules** every day. 우리는 매일 많은 **규칙**을 깨고 또 따른다.

Everyone remembers the **rule** of King Sejong. 모든 사람이 세종대왕의 **통치**를 기억한다.

0737 ++
control
[kəntróul]

명 1. 지배(권) 2. 통제력 **동** 통제하다

Mr. Smith gave up **control** of the company.
스미스 씨는 회사에 대한 **지배권**을 포기했다.

She was so angry and lost **control**.
그녀는 너무 화가 나서 **통제력**을 잃었다.

우리가 TV를 볼 때 사용하는 '리모컨'은 remote control의 줄임말입니다. remote는 '멀리 떨어진'이라는 뜻이니까, TV에서 멀리 떨어져서 TV를 제어할 수 있게 해주는 것이죠.

0738 +
force
[fɔːrs]

명 힘 (= power), 영향력
동 억지로 ~을 시키다, 강요하다

It doesn't take much **force** to break an egg. 달걀을 깨는 데에는 큰 **힘**이 들지 않는다.

All citizens are **forced** to pay taxes.
모든 시민은 세금을 지불하도록 **강요받는다**.

"강한 포스가 느껴진다."라는 말들을 하지요? 강한 기운이나 힘이 느껴진다는 뜻으로 쓰이지요.

0739
strict
[strikt]

형 엄격한, 엄한

Mrs. Hardy is a **strict** teacher.
하디 선생님은 **엄격하시다**.

뉘앙스 규칙이나 규율을 반드시 지키도록 요구하는 것을 뜻해요. 사람뿐만 아니라 규칙도 strict 할 수 있답니다.

0740 +
necessary
[nésəsèri]

형 필수적인, 필요한 (↔ unnecessary 불필요한)

It is **necessary** to obey the law.
법에 따르는 것은 **필수적이다**.

재판과 처벌

암기 Tip

0741 ++
court
[kɔːrt]

명 1. 법정, 법원 2. (테니스 등의) 코트, 경기장

Lawyers and judges work in a **court**.
변호사와 판사는 **법정**에서 일한다.

Can you book a tennis **court** for tomorrow? 내일 테니스 **코트**를 예약하실 수 있나요?

모두 어떤 특정한 '장소'를 나타내는 말이에요. 테니스 코트가 먼저 떠오르지만, 법정이라는 뜻으로 많이 사용됩니다.

0742 +
judge
[dʒʌdʒ]

명 1. 판사 2. 심판 **동** 판단하다

The **judge** found the doctor guilty.
판사는 그 의사가 유죄라 여겼다.

There are three **judges** for the contest.
그 경기에는 **심판**이 세 명이다.

Don't **judge** a book by its cover.
책을 표지로 **판단하지** 마라(겉을 보고 속을 판단하지 말라).

의견을 낼 자격이 있는 사람들이에요. 판사나 심판은 각각 법정과 경기장에서 그런 자격을 갖춘 사람들이지요.

0743 +
lawyer
[lɔ́ːjər]

명 변호사

Lawyers need to be able to speak well.
변호사는 말을 잘해야 한다.

lawyer는 법 (law)을 다루는 사람(-er)으로서 변호사를 뜻하는 단어랍니다.

0744
proof
[pruːf]

명 증거, 증명 형 견딜 수 있는, 견디는

Show me your **proof**, first.
우선, **증거**를 보여 주세요.

The wall is fire**proof**.
그 벽은 불에 **견딜 수 있다**.

prove[pruːv] 동 증명하다

워터프루프(waterproof) 선크림, 옷, 텐트 등을 들어본 적 있나요? 물을 견딜 수 있다는 뜻으로 방수가 된다는 말이죠. 윈드프루프(windproof) 제품은 방풍이 된다는 거겠죠.

0745 +
fair
[fɛər]

형 1. 공정한, 공평한 (↔ unfair 부당한)
2. 꽤 많은, 상당한 명 박람회, 품평회

They buy only **fair** trade coffee beans.
그들은 **공정** 무역 커피콩만 구입한다.

There were a **fair** number of people outside the court. 법정 밖에는 **상당수의** 사람들이 있었다.

The trade **fair** was going on as scheduled.
무역 **박람회**는 계획대로 진행되고 있었다.

스포츠 경기를 보면 '페어플레이(fair play)'라는 말이 참 많이 나오죠? 규칙에 따라서 정정당당한 경기를 하는 것을 가리키는 것이죠.

0746 + +
true
[truː]

형 1. 사실인, 맞는 (↔ false 거짓의, 사실이 아닌)
2. 진짜의, 실제의

It's not **true** that I'm going to marry her.
내가 그녀와 결혼하려 한다는 것은 **사실이** 아니다.

The **true** cost was much higher than that.
실제 비용은 그것보다 훨씬 높았다.

truth[truːθ] 명 사실, 진실

뉘앙스 truth는 거짓과 반대되는 의미의 '사실, 진실'입니다. 한편 fact는 이론이나 상상이 아닌 실제 일어난 일, '실상, 사실'이에요.

0747 + +
false
[fɔːls]

형 거짓의 (↔ true 사실인, 맞는)

How do you know whether it's true or **false**? 그것이 사실인지 **거짓인지를** 어떻게 아나요?

문제집이나 교과서에서 참인지 거짓인지를 선택할 때 T나 F 중 하나를 써 넣어 본 적이 있나요? True와 False의 첫글자랍니다.

0748
punish
[pʌ́niʃ]

동 처벌하다, 벌주다

The poor boy was **punished** for stealing.
그 가난한 소년은 절도죄로 **처벌받았다**.

뉘앙스 가벼운 벌 뿐 아니라 죄에 대한 대가로 처벌이나 형벌을 받는 것도 punish랍니다.

0749 +

prison

[prízən]

명 교도소, 감옥

Every society needs **prisons**.

모든 사회에는 **감옥**이 필요하다.

prisoner[prízənər] 명 재소자, 죄수

0750 +

jail

[dʒeil]

명 교도소, 감옥 동 투옥하다

He was sent to **jail**. 그는 **감옥**에 보내졌다.

Many of the group's leaders were **jailed**.

그 그룹의 많은 지도자들이 **투옥되었다**.

jail은 우리말로 '구치소'에 가까워요. 형이 확정되지 않았거나 가벼운 범죄를 저지른 자들이 있는 곳이죠. 이에 반해 prison은 무거운 죄를 진 사람들이 형이 확정된 후 복역하는 곳이에요.

 Apply, Check & Exercise

Answer Key p.324

A 영어는 우리말로, 우리말은 영어로 쓰세요.

1	kill		2	steal
3	escape		4	sign
5	law		6	rule
7	control		8	force
9	proof		10	fair
11	punish		12	prison
13	jail		14	범죄
15	속이다		16	도둑
17	추격하다		18	현장, 장면
19	필요한		20	엄격한
21	법정, 코트		22	판사, 심판
23	변호사		24	거짓의
25	사실인, 맞는			

B 다음 빈칸에 알맞은 단어를 쓰세요.

1 crime : criminal   = 범죄 : _____

2 cheat : _____   = 속이다 : 훔치다

3 chase : _____   = 뒤쫓다 : 도망치다

4 sign : _____   = 징조, 서명하다 : 서명

5 scene : scenery   = 장면 : _____

6 rule : _____   = 규칙 : 법

7 necessary : _____ = 필요한 : 불필요한

8 judge : lawyer   = 판사 : _____

9 false : _____   = 거짓의 : 사실인, 진짜의

10 jail : _____   = 교도소, 감옥 : 교도소, 감옥

C 다음 중 단어의 영영 풀이가 <u>잘못된</u> 것을 <u>있는 대로</u> 고르세요.

① proof: facts showing that something is true

② thief: a person who cheats

③ control: the power to make someone do what you want

④ kill: end the life of someone

⑤ strict: expecting people to do things freely

D 배운 단어를 이용하여 빈칸에 알맞은 말을 넣으세요.

1 그녀가 원하는 것은 단지 공정한 기회이다. → All she wants is a _____ chance.

2 그는 거짓말로 처벌받았다. → He was _____ for lying.

3 법정 밖에는 많은 사람들이 있었다.

   → There were many people outside the _____.

4 이 규정들은 법이 갖고 있는 힘이 없다.

   → These rules do not have the _____ of law.

Final Check

FINISH

750

0665 ◎◎◎	block		0677 ◎◎◎	west
0646 ◎◎◎	farm		0688 ◎◎◎	front
0726 ◎◎◎	crime		0679 ◎◎◎	north
0705 ◎◎◎	private		0647 ◎◎◎	park
0657 ◎◎◎	plane		0650 ◎◎◎	main
0747 ◎◎◎	false		0707 ◎◎◎	common
0739 ◎◎◎	strict		0651 ◎◎◎	train
0730 ◎◎◎	thief		0655 ◎◎◎	cycle
0704 ◎◎◎	include		0722 ◎◎◎	solve
0703 ◎◎◎	belong		0741 ◎◎◎	court
0659 ◎◎◎	wheel		0660 ◎◎◎	gas
0719 ◎◎◎	prevent		0727 ◎◎◎	kill
0700 ◎◎◎	corner		0735 ◎◎◎	law
0736 ◎◎◎	rule		0715 ◎◎◎	case
0696 ◎◎◎	right		0728 ◎◎◎	cheat
0702 ◎◎◎	community		0640 ◎◎◎	theater
0734 ◎◎◎	scene		0725 ◎◎◎	choose
0699 ◎◎◎	far		0695 ◎◎◎	inside
0637 ◎◎◎	hospital		0723 ◎◎◎	survey
0627 ◎◎◎	address		0712 ◎◎◎	share
0729 ◎◎◎	steal		0718 ◎◎◎	trouble
0691 ◎◎◎	middle		0740 ◎◎◎	necessary
0710 ◎◎◎	direct		0689 ◎◎◎	behind
0662 ◎◎◎	street		0746 ◎◎◎	true
0634 ◎◎◎	tower		0724 ◎◎◎	affect

0673 ⊘⊘⊘ stop	0708 ⊘⊘⊘ depend	0685 ⊘⊘⊘ low
0687 ⊘⊘⊘ ahead	0732 ⊘⊘⊘ chase	0664 ⊘⊘⊘ tunnel
0731 ⊘⊘⊘ escape	0670 ⊘⊘⊘ traffic	0671 ⊘⊘⊘ speed
0680 ⊘⊘⊘ high	0681 ⊘⊘⊘ over	0633 ⊘⊘⊘ palace
0749 ⊘⊘⊘ prison	0742 ⊘⊘⊘ judge	0738 ⊘⊘⊘ force
0713 ⊘⊘⊘ volunteer	0643 ⊘⊘⊘ store	0706 ⊘⊘⊘ general
0632 ⊘⊘⊘ build	0733 ⊘⊘⊘ sign	0631 ⊘⊘⊘ village
0675 ⊘⊘⊘ miss	0628 ⊘⊘⊘ space	0716 ⊘⊘⊘ matter
0692 ⊘⊘⊘ between	0641 ⊘⊘⊘ market	0684 ⊘⊘⊘ base
0645 ⊘⊘⊘ beach	0642 ⊘⊘⊘ shop	0652 ⊘⊘⊘ subway
0750 ⊘⊘⊘ jail	0678 ⊘⊘⊘ south	0648 ⊘⊘⊘ toilet
0709 ⊘⊘⊘ lead	0714 ⊘⊘⊘ issue	0720 ⊘⊘⊘ happen
0668 ⊘⊘⊘ cross	0644 ⊘⊘⊘ station	0663 ⊘⊘⊘ road
0683 ⊘⊘⊘ bottom	0667 ⊘⊘⊘ connect	0744 ⊘⊘⊘ proof
0653 ⊘⊘⊘ truck	0721 ⊘⊘⊘ handle	0698 ⊘⊘⊘ near
0658 ⊘⊘⊘ ship	0682 ⊘⊘⊘ top	0674 ⊘⊘⊘ wait
0690 ⊘⊘⊘ center/centre	0743 ⊘⊘⊘ lawyer	0638 ⊘⊘⊘ library
0676 ⊘⊘⊘ east	0669 ⊘⊘⊘ ride	0630 ⊘⊘⊘ town
0654 ⊘⊘⊘ bike	0745 ⊘⊘⊘ fair	0717 ⊘⊘⊘ important
0656 ⊘⊘⊘ cart	0672 ⊘⊘⊘ signal	0748 ⊘⊘⊘ punish
0639 ⊘⊘⊘ museum	0694 ⊘⊘⊘ beside	0701 ⊘⊘⊘ society
0666 ⊘⊘⊘ bridge	0649 ⊘⊘⊘ hall	0711 ⊘⊘⊘ donate
0626 ⊘⊘⊘ place	0635 ⊘⊘⊘ factory	0697 ⊘⊘⊘ left
0686 ⊘⊘⊘ below	0693 ⊘⊘⊘ side	0737 ⊘⊘⊘ control
0629 ⊘⊘⊘ area	0661 ⊘⊘⊘ fee	0636 ⊘⊘⊘ airport

Part 7 Nature

Picture⁺ Dictionary

Unit 31

cloud

Unit 31

island

Unit 32

rainforest

Unit 32

pebble

Unit 33

tail

Unit 33

nest

Unit 33

seed

Unit 34

leaf

Unit 35

planet

Unit 35

rocket

Unit 31 자연과 환경 1

발음 익히기

셀프 스터디

리스닝 훈련

암기 Tip

0751 ++
nature
[néitʃər]

📖 1. 자연 2. 천성, 본성

Lauren spends all of her free time in **nature**. 로렌은 자유 시간을 모두 **자연**에서 보낸다.

She trusts people. That is her **nature**.
그녀는 사람을 믿는다. 그게 그녀의 **천성**이다.

자연은 인공적인 것과 대비되듯이, 천성도 인위적으로 만들어진 것이 아닌 본래 타고난 성격이나 성품을 뜻해요.

0752 ++
save
[seiv]

📖 1. (위험에서) **구하다** 2. (돈을) **모으다, 저축하다**

What will you do in order to **save** the earth? 당신은 지구를 **구하기** 위해 무엇을 할 것입니까?

Greg **saves** $10 every month.
그레그는 매달 10달러씩 **저축한다**.

safe가 '안전한'과 '금고'의 의미가 있음을 떠올리고, save 의미와 연관지어 보세요.

하늘과 대기

암기 Tip

0753 ++
cloud
[klaud]

📖 구름

The sky became dark with **clouds**.
하늘이 **구름**으로 어두워졌다.

데이터를 USB나 컴퓨터 등이 아닌 인터넷 서버에 저장해서, 다른 기기로도 인터넷에 접속만 하면 언제 어디서나 그 데이터를 이용할 수 있는 것을 클라우드(cloud)라고 해요. 마치 같은 구름을 여러 장소에서 관찰할 수 있듯이 말이죠.

0754 ++
drop
[drɑp]
dropped-dropped-
dropping

📖 (액체의) **방울**

📖 **떨어뜨리다, 떨어지다**

As the **drops** of rain began to fall, John started to run.
빗**방울**이 떨어지기 시작했을 때, 존은 달리기 시작했다.

I **dropped** my glasses and they broke.
나는 안경을 **떨어뜨려서** 안경이 깨졌다.

drop을 보면 o(방울)가 p(아래 방향)으로 떨어지고 있는 것 같아요.

0755 ++
light
[lait]

명 1. 빛 2. 전등
형 1. 밝은 2. (색이) 연한 3. 가벼운

Light was shining between the clouds.
구름 사이로 **빛**이 반짝이고 있었다.

Please turn off the **light**. **전등**을 꺼 주세요.

The office was a big **light** room.
사무실은 크고 **밝은** 방이었다.

Her hair is **light** brown.
그녀의 머리카락은 **연한** 갈색이다.

Summer clothes are very **light**.
여름옷은 매우 **가볍다**.

lighten [láitən] 통 밝아지다, 환해지다

색깔에 **빛**이나 **전등**을 비추면 **밝고 더 연하게** 보이죠. 또한 빛은 무겁기보다는 **가벼운** 존재니까요.

0756
shadow
[ʃǽdou]

명 그림자, 그늘

You can't run away from **shadows**.
그림자로부터 도망칠 수는 없어.

물체가 햇빛을 가려서 어두운 부분을 그늘(shade)이라고 하고, 햇빛이 물체를 비추어 반대편에 생긴 어두운 것을 그림자(shadow)라고 한답니다.

0757
sunlight
[sʌ́nlàit]

명 햇빛, 햇살

The flower looked lovely in the evening **sunlight**. 꽃은 저녁 **햇살** 속에서 사랑스러워 보였다.

sunshine이라 고도 해요.

0758 ++
heat
[hi:t]

명 1. 열기, 열 2. 더위

Can we feel the **heat** of the sun on the moon? 달에서 태양의 **열기**를 느낄 수 있을까?

She doesn't like the **heat**.
그녀는 **더위**를 좋아하지 않는다.

히터(heater)는 난방기지요. 바로 heat 에서 나온 말입니다.

0759 +
smoke
[smouk]

명 연기 동 (연기, 담배 등을) 피우다

A fire alarm rang because of **smoke**.
연기 때문에 화재경보가 울렸다.

It is bad for your health to **smoke**.
흡연은 건강에 나쁘다.

담배를 피우면 연기가 나서 흡연을 smoking이라고 하는 것이겠죠.

0760 + +

land

[lænd]

명 육지, 땅

Columbus thought he found a new **land**.
콜럼버스는 자신이 새로운 **땅**을 발견했다고 생각했다.

0761 + +

ground

[graund]

명 땅, 토양

Leaves fall to the **ground**.
나뭇잎이 **땅**으로 떨어진다.

놀이터나 운동장 등을 영어로 playg round라고 합니다. 우리가 마음 놓고 뛰어노는(play) 땅(ground)이라는 뜻 이겠죠?

0762 +

island

[áilənd]

발음주의, 철자주의

명 섬

Hawaii is a group of **islands**.
하와이는 여러 개의 **섬**으로 이루어져 있다.

주위가 바다 등의 물로 둘러싸여 있지 만 육지의 일부분이므로 land가 단어 에 포함되어 있다고 생각해보세요.

0763 +

desert

[dézərt]

발음주의, 철자주의

명 사막

There isn't much water in the **desert**.
사막에는 물이 많지 않다.

desert와 비슷하게 생긴 단어로 dessert(후식, 디저트)가 있는데요, 이 두 단어가 헷갈린다면 이렇게 생각해 보세요. 사막은 황폐한 곳이라서 s가 둘씩이나 살 수 없다고요.

0764 + +

field

[fiːld]

명 1. 들판, 밭 2. 분야

The sheep ran through the **field**.
양들이 **들판**으로 뛰어들었다.

My **field** of study is history.
나의 연구 **분야**는 역사이다.

공원이나 농장 등의 잔디밭, 또는 농작 물을 키우는 너른 땅을 말해요.

0765 + +

mountain

[máuntən]

명 산

Many wild animals live in the **mountains**.
산에는 여러 야생 동물들이 산다.

흔히 꼭대기에 암석이 있는 높은 산을 의미해요. 대개 산맥의 일부로서 몹시 가파른 경사를 가지고 있어요.

0766 ++

hill

[hil]

📙 (나지막한) **산, 언덕**

There's a house on the **hill**.
언덕 위에 집이 한 채 있다.

hill은 mountain보다 상대적으로 낮고 완만한 산을 말해요. 흔히 말하는 동네 뒷산 정도에 해당하는 단어예요.

0767

valley

[vǽli]

📙 **계곡, 골짜기**

The mountains protect the **valley**.
산맥이 그 **계곡**을 보호해 준다.

계곡은 Valley의 V처럼 좁고 길게 움푹 들어간 지형이죠.

0768

cave

[keiv]

📙 **동굴**

Are there bats in this **cave**?
이 **동굴**에 박쥐가 있어요?

0769 +

hole

[houl]

📙 1. **구덩이** 2. **구멍**

We made a small **hole** in the ground.
우리는 땅에 작은 **구덩이**를 팠다.

There is a mouse **hole** in the wall.
벽에 쥐**구멍**이 있다.

골프 용어인 '홀인원'을 들어보았나요? 골프는 공을 작은 구멍 안에 넣어야 하는데, 공이 한 번에 바로 구멍 안에 들어가면 '홀인원(hole in one)'이라고 합니다.

바다

암기 Tip

0770 ++

ocean

[óuʃən]

📙 **대양, 큰 바다**

The **ocean** has 97% of the earth's water.
바다는 지구상 물의 97%를 차지한다.

지구에는 태평양, 인도양을 포함해 5대양이 있답니다. 대양은 sea보다 더 넓은 개념의 큰 바다죠.

0771

bay

[bei]

📙 **만(灣)**

The ship lights can be seen across the **bay**. 배의 불빛이 **만**을 가로질러 보일 수 있다.

바다가 육지로 파고 들어와 있는 곳을 말합니다.

0772 ++

river

[rívər]

📙 **강**

The **river** is clear enough to see the bottom. 강이 바닥이 보일 만큼 맑다.

0773 ++

lake

[leik]

圆 호수

Swans are swimming on the **lake**.

백조들이 **호수**에서 헤엄치고 있다.

lake는 육지가 오목하게 파여 물이 괴어 있는 곳이죠. 그에 비해 상대적으로 규모가 작은 곳은 pond(연못)라고 해요.

0774 +

pond

[pɑnd]

圆 연못

Why do you want to build a **pond**?

왜 **연못**을 지으려고 하나요?

풍당풍당(pond-ang) 돌을 던지는 곳이 연못(pond)이라고 외워보세요.

0775 +

wave

[weiv]

圆 파도, 물결 图 흔들다

The woman is riding a big **wave**.

여자가 거대한 **파도**를 타고 있다.

I thought they were **waving** at me!

나는 그들이 나한테 손을 **흔드는** 줄 알았어!

'웨이브댄스'는 춤을 출 때 마치 물결치는 듯 움직인다고 해서 그렇게 불린답니다.

 Apply, **C**heck & **E**xercise

Answer Key p.325

A   영어는 우리말로, 우리말은 영어로 쓰세요.

1	save		2	drop	
3	sunlight		4	smoke	
5	land		6	ground	
7	field		8	hill	
9	cave		10	hole	
11	bay		12	lake	
13	pond		14	자연	
15	구름		16	빛	
17	그림자		18	열기	
19	섬		20	사막	
21	산		22	계곡	
23	대양		24	강	
25	파도				

B 다음 빈칸에 알맞은 단어를 쓰세요.

1 sunlight : shadow = 햇빛 : _____

2 heat : _____ = 열기 : 연기

3 land : ground = 육지, 땅 : _____

4 mountain : _____ = 산 : 언덕

5 desert : _____ = 사막 : 들판

6 valley : _____ = 계곡 : 동굴

7 river : ocean = 강 : _____

8 light : lighten = 빛 : _____

C 다음 중 단어의 영영 풀이가 <u>잘못된</u> 것을 <u>있는 대로</u> 고르세요.

① bay: a part of the sea, partly surrounded by land
② lake: a large area of water that is surrounded by land
③ pond: an area of water that is surrounded by land and larger than a lake
④ drop: a large amount of water
⑤ island: an area of land that is surrounded by water

D 배운 단어를 이용하여 빈칸에 알맞은 말을 넣으세요.

1 그녀는 항상 자연을 사랑해 왔다.
→ She has always been a _____ lover.

2 그들은 열대 우림을 구하려고 노력하고 있다.
→ They are trying to _____ the rain forests.

3 검은 구름이 해를 덮었다.
→ A dark _____ covered the sun.

4 바닥에 구멍을 뚫어라.
→ Make a _____ in the bottom.

Unit 32 자연과 환경 2

발음 익히기

셀프 스터디

리스닝 훈련

숲

암기 Tip

0776 ++
forest
[fɔ́(ː)rist]

명 숲, 삼림

A **forest** has lots of trees.
숲에는 나무가 많다.

0777 ++
wood
[wud]

명 1. 나무, 목재 2. (-s) 숲

The roof was made of **wood**.
그 지붕은 **나무**로 만들어졌다.

The movie *Twilight* was filmed in the
woods. 영화 〈트와일라잇〉은 **숲**에서 촬영했다.

wooden[wúdən] 형 나무로 된, 목재의

뉘앙스 ▸ wood는 tree의 개념보다는 나무 기둥이나 가지, 즉 '목재'의 개념이 강하고, woods는 forest보다는 규모가 작은 숲을 말해요.

0778
rainforest
[réinfɔ̀(ː)rist]

명 열대 우림

Many kinds of plants live in the **rainforest**.
열대 우림에는 많은 종류의 식물들이 서식한다.

이름에서 알 수 있듯이, 비(rain)가 많이 내리는 열대 지방의 숲(forest)을 말해요.

0779 ++
grass
[græs]

명 풀, 잔디

Jill cuts the **grass** every Saturday.
질은 토요일마다 **잔디**를 깎는다.

glass(유리(잔))와 생김새가 비슷하지만 발음 차이와 의미를 잘 구별해야 해요.

0780 ++
grow
[grou]
grew-grown

동 자라다, 성장하다, 크다

The grass **grows** quickly in summer.
여름에는 잔디가 빨리 **자란다**.

growth[grouθ] 명 성장

아이들의 키가 얼만큼 자랐는지 문이나 벽에 표시하는 '키재기 자'를 growth chart라고 해요.

바위와 흙

0781 + +

rock
[rɑk]

명 1. 암석 2. 바위, 바윗돌

The spacecraft landed on a huge **rock** in space. 우주선이 우주에 있는 거대한 **암석**에 착륙했다.

Watch out not to fall over the **rocks**.
바윗돌에 걸려 넘어지지 않도록 조심해라.

가위-바위-보는 영어로 하면 그 순서를 rock-paper-scissors로 바꿔야 해요.

0782 + +

stone
[stoun]

명 돌, 돌멩이

Kids were throwing **stones** into the pond.
아이들이 연못에 **돌**을 던지고 있었다.

rock은 큰 바위나 암석을 의미해서 stone보다는 크지요.

0783

pebble
[pebl]

명 조약돌, 자갈

Harold likes collecting beautiful **pebbles**.
해롤드는 예쁜 **조약돌**을 모으는 것을 좋아한다.

크기를 순서대로 나열하자면 rock > stone > pebble이에요.

0784 + +

sand
[sænd]

명 1. 모래 2. (-s) 사막

We found a crab in the **sand**.
우리는 **모래**사장에서 게 한 마리를 찾았다.

The **sands** of Africa are wide.
아프리카의 **사막**은 광활하다.

'샌드백'이라는 말 들어 보셨나요? 우리는 모래주머니의 의미로 샌드백이라 하지만, 옳은 영어 표현은 punching bag입니다.

0785 +

soil
[sɔil]

명 토양, 흙

Healthy **soil** means healthy plants.
비옥한 **토양**은 건강한 식물이 자랄 수 있다는 뜻이다.

soil(토양, 흙), mud(진흙, 진창), clay(점토), dirt(다져지지 않은 흙)는 약간의 의미 차이는 있지만 모두 '흙'을 가리켜요.

0786 +

mud
[mʌd]

명 진흙

I got **mud** all over my shoes.
나는 신발 전체에 **진흙**을 묻혔다.

우리나라 보령시에서 열리는 '보령머드축제'는 해수욕장에서 머드(진흙) 체험을 다양하게 할 수 있어 큰 인기가 있답니다.

암기 Tip

0787 +
environment
[inváiərənmənt]

명 환경

Keep our **environment** clean!
환경을 깨끗하게 보존하세요!

자연환경뿐만 아니라, 가정 환경, 학습 환경 등 우리가 생활하는 데 영향을 주는 모든 것을 뜻해요.

0788 +
pollute
[pəljúːt]

동 오염시키다

You can't drink the water. It's **polluted**.
그 물을 마시면 안 돼. **오염됐어**.

pollution[pəlúːʃən] 명 오염, 공해

대기, 물 또는 동식물에 직접 접촉하는 것이 해로운 물질을 포함하고 있어서 건강에 해를 끼치거나 불쾌감을 주는 것을 말해요.

0789 +
flood
[flʌd]

명 홍수

Too much rain causes **floods**.
비가 너무 많이 내리면 **홍수**를 유발한다.

물이 육지에 흘러 넘치는 것을 말하는데, '흐르다'를 뜻하는 flow와 비슷한 철자를 가지고 있어요.

0790 +
damage
[dǽmidʒ]

명 손상, 피해
동 손상을 주다, 피해를 입히다

The country suffered a lot of flood **damage**. 그 나라는 많은 홍수 **피해**를 겪었다.
The sun **damaged** the painting.
햇빛이 그림에 **손상을 주었다**.

대개 물건을 부수거나 물리적으로 손상을 입히는 것을 뜻해요.

0791 +
destroy
[distrɔ́i]

동 파괴하다

Humans are **destroying** the earth.
인류가 지구를 **파괴**하고 있다.

더 이상 존재할 수 없거나 다시는 정상으로 돌아올 수 없을 정도로 아주 심하게 망가뜨리는 것을 말합니다.

0792 +
wild
[waild]

형 1. 야생의 2. 자연 그대로의 3. 사나운, 거친

I think **wild** animals should not be kept in zoos. **야생** 동물은 동물원에 두어서는 안 된다고 생각해.
There are 16 **wild** areas in the country.
그 나라에는 16곳의 **자연 그대로의** 지역이 있다.
He was **wild** with anger. 그는 분노로 **사나워졌다**.

'와일드 카드(wild card)'라는 말을 들어본 적 있나요? 카드게임에서는 자기가 편리한 대로 사용할 수 있는 자유패, 만능패를 가리켜요. 있는 그대로의 거칠 것이 없는 패죠.

0793 + +

form

[fɔːrm]

(동) 형성되다, 형성시키다

(명) 종류, 형태

One **form** of air pollution is fine dust.

대기 오염의 한 가지 **형태**는 미세먼지이다.

'수영하는 폼이 좋다.'든가 '사진 찍을 때 폼잡는다.'라는 말을 들어 본 적이 있지요? 바로 form을 말하는 것이랍니다.

0794 +

waste

[weist]

(동) 낭비하다

(명) 1. 낭비, 허비 2. 쓰레기, 폐기물

Don't **waste** electricity. 전기를 **낭비하지** 마세요.

This is a **waste** of time. 이건 시간 **낭비**이다.

Reduce food **waste** during the holidays.

연휴 동안 음식물 **쓰레기**를 줄이세요.

자원을 낭비하면 그만큼 쓰레기도 많아지겠죠?

0795 +

plastic

[plǽstik]

(명) 플라스틱

Plastics can be shaped into any form.

플라스틱은 어떤 모양으로든 만들어질 수 있다.

우리가 흔히 사용하는 비닐봉지를 plastic bag이라고 해요. 비닐 봉지는 되도록 안 쓰는 것이 환경 보호에 도움이 된답니다.

0796 + +

oil

[ɔil]

(명) 기름, 석유

Saudi Arabia has the most **oil**.

사우디아라비아가 **석유**를 가장 많이 보유하고 있다.

지하에서 발견되는 기름부터 연료용으로 정제한 기름, 요리용 기름, 피부와 머리 등에 바르는 기름까지 모두 에이라고 해요.

0797 +

survive

[sərváiv]

(동) 살아남다, 생존하다

The town **survived** a heavy flood.

그 마을은 큰 홍수에서 **살아남았다**.

'생존경기'란 뜻의 '서바이벌(survival) 게임'을 들어보았나요? 바로 survive에서 나온 명사형이랍니다.

환경보호

암기 Tip

0798 +

protect

[prətékt]

(동) 보호하다

We have to continue to **protect** the environment. 우리는 계속해서 환경을 **보호해야** 한다.

protection [prətékʃən] (명) 보호

n Protect라는 해킹 보안 프로그램이 있어요. 우리의 컴퓨터를 보호해준다는 의미이겠죠?

reduce

[ridʤúːs]

동 1. 줄이다, 축소하다 2. (가격을) 낮추다

Reduce your energy use to help the environment. 환경을 도우려면 에너지 사용을 **줄이세요**.

The price was **reduced** by 20%. 가격이 20% **낮아졌다**.

에너지 절약의 3R은 Reduce(감소), Reuse(재사용), Recycle(재활용)이랍니다. 여기서 reduce는 쓰레기와 낭비를 줄이라는 것이겠죠?

0800 +

recycle

[riːsáikl]

동 재활용하다, 재생하다

Metal, glass, and plastic can all be **recycled**. 금속과 유리와 플라스틱은 모두 **재활용될** 수 있다.

recycling [riːsáikliŋ] 명 재활용

어원 re(= again, 다시) + cycle(= 순환하다)이 합쳐져 '다시 순환시키다', '재활용하다'는 의미가 되네요.

Apply, Check & Exercise

Answer Key p.325

A 영어는 우리말로, 우리말은 영어로 쓰세요.

1	wood	_____	2	grass
3	grow	_____	4	rock
5	stone	_____	6	sand
7	mud	_____	8	flood
9	wild	_____	10	form
11	waste	_____	12	plastic
13	oil	_____	14	숲, 삼림
15	열대 우림	_____	16	조약돌
17	토양	_____	18	환경
19	오염시키다	_____	20	손상, 피해
21	파괴하다	_____	22	살아남다
23	보호하다	_____	24	줄이다
25	재활용하다	_____		

B 다음 빈칸에 알맞은 단어를 쓰세요.

1 forest : rainforest   = 숲 : _____

2 wood : wooden   = 나무 : _____

3 grow : _____   = 자라다 : 성장

4 pollute : _____ = 오염시키다 : 오염

5 protect : _____ = 보호하다 : 보호

6 stone : pebble   = 돌 : _____

7 mud : soil   = 진흙 : _____

8 destroy : _____ = 파괴하다 : 피해를 입히다

9 waste : recycle   = 낭비하다 : _____

10 plastic : _____ = 플라스틱 : 석유, 기름

C 다음 중 단어의 영영 풀이가 <u>잘못된</u> 것을 <u>있는 대로</u> 고르세요.

① sand: the very tiny pieces of rock that cover deserts
② flood: a large amount of water covering an area of land
③ wild: living in nature with human control
④ survive: fail to live
⑤ grass: plants that have narrow green leaves

D 배운 단어를 이용하여 빈칸에 알맞은 말을 넣으세요.

1 우리는 환경을 보호하기 위해 무언가를 할 필요가 있다.
   → We need to do something to protect the _____.

2 그 나라의 대부분은 사막과 바위이다.
   → Most of the country is desert and _____.

3 그 바위들은 아주 오래 전에 형성되었다.
   → The rocks were _____ a long time ago.

4 우리는 비용을 줄여야 한다.
   → We should _____ costs.

Unit 33 동물과 조류

 발음 익히기

 셀프 스터디
 리스닝 훈련

암기 Tip

0801

beast

[biːst]

명 (특히 덩치가 크고 위험한) **짐승, 야수**

She's lucky that **beast** didn't bite her arm off. 그녀는 운이 좋아서 **짐승**이 팔을 물어뜯지 않았다.

애니메이션 <미녀와 야수>는 영어로 <Beauty and the Beast>예요.

0802 +

pet

[pet]

명 **애완동물**

Pets can help you live longer.
애완동물은 당신이 오래 살 수 있도록 도움을 줄 수 있다.

'펫메이커(pet maker)'라는 온라인 게임은 온라인에서 애완동물을 키우는 게임이에요.

0803 +

feed

[fiːd]

fed-fed

동 **먹이를 주다** 명 (동물의) **먹이**

Don't forget to **feed** the dog.
개에게 **먹이 주는 것**을 잊지 마.

A large part of her income goes to animal **feed**. 그녀의 수입 중 큰 부분이 동물의 **먹이**에 들어간다.

동물이 새끼에게 먹이를 주는 것뿐만 아니라, 사람이 아이에게 먹을 것을 주는 것, 식물에 영양분을 주는 것 모두를 말해요.

0804 ++

hunt

[hʌnt]

동 1. **사냥하다** 2. **찾다, 뒤지다**

He likes to **hunt** and fish.
그는 **사냥**과 낚시하는 것을 좋아한다.

I **hunted** all morning for the book of photos. 나는 아침 내내 사진첩을 찾으려고 **뒤졌다**.

먹이나 가죽을 위해 동물을 잡아 죽이는 사냥뿐 아니라, 사람이나 물건을 찾아 돌아다니는 것도 hunt라고 해요.

0805 +

bark

[baːrk]

동 (개가) **짖다**

The dog was **barking** during the night.
그 개는 밤새 **짖었다**.

0806 +

whale
[weɪl]

명 고래

Whales sing to each other over many miles. 고래는 수 마일을 떨어져서도 서로를 향해 노래 부른다.

0807 ++

dolphin
[dɑ́lfin]

명 돌고래

Dolphins are more playful than whales.
돌고래가 고래보다 장난기가 더 많다.

0808 ++

elephant
[éləfənt]

명 코끼리

The **elephant** is the largest land animal.
코끼리가 가장 거대한 육지 동물이다.

스코틀랜드 에든버러에 가면 the elephant house라는 카페가 있어요. 이곳에서 J.K. 롤링이 해리포터 시리즈를 쓰곤 했다고 하죠. 카페 홈페이지 (www.elephanthouse.biz)에도 소개가 되어 있어요.

0809 ++

giraffe
[dʒərǽf]
철자주의

명 기린

A **giraffe**'s tongue is 50 cm long!
기린의 혀는 50 cm나 된다!

giraffe의 단어를 자세히 보면 ff가 목이 긴 기린 두 마리를 닮은 것 같네요.

0810

bull
[bul]

명 황소

The **bull** was in front of the snake.
황소가 뱀 앞에 있었다.

에너지 드링크 '레드불(Red Bull)'을 아나요? 음료수 병에 붉은 황소가 서로 머리를 맞대고 힘을 겨루는 마크가 있죠.

0811 +

sheep
[ʃiːp]

명 양

Dogs are driving a flock of **sheep**.
개들이 **양** 떼를 몰고 있다.

어법 잠이 안 올 때 '양 한 마리, 양 두 마리…'를 세기도 하는데, 영어로는 'one sheep, two sheep…'이에요. sheep은 복수일 때도 sheep이거든요. sheep으로 세는 이유는 sleep과 비슷한 발음이기 때문이에요.

0812 +
camel
[kǽməl]

명 낙타

They rode **camels** to cross the desert.
그들은 사막을 건너기 위해 **낙타**를 탔다.

0813 +
kangaroo
[kæ̀ŋgərúː]

명 캥거루

Kangaroos can jump up to three times their height.
캥거루는 자신들 키의 세 배까지 뛰어오를 수 있다.

0814 +
fur
[fəːr]

명 털, 모피

A real **fur** coat is expensive.
진품 **모피** 코트는 비싸다.

동물의 퍼(fur)를 이용한 목도리를 '퍼 목도리', 코트는 '퍼 코트'라고 하죠.

0815 +
tail
[teil]

명 꼬리

Some dogs have long **tails** covered with short hair. 어떤 개들은 짧은 털로 덮인 긴 **꼬리**를 갖고 있다.

'포니테일(ponytail)'은 긴 머리를 뒤로 묶어 드리우는 머리 스타일이죠. 머리의 모양이 '망아지(pony)'의 꼬리(tail)와 비슷해서 붙게 된 말이에요.

조류

암기 Tip

0816 +
chicken
[tʃíkən]

명 닭

Chickens cannot fly.
닭은 날지 못한다.

닭은 성별에 따라 부르는 말이 달라요. 수탉은 cock 또는 rooster라고 하고, 암탉은 hen이라고 해요.

0817
owl
[aul]

명 올빼미, 부엉이

Most **owls** hunt at night.
대부분의 **올빼미**는 밤에 사냥을 한다.

올빼미는 밤에 주로 활동하는 야행성 동물이죠. 그래서 올빼미족은 낮에 자고 해가 진 이후에 활동하는 야행성 인간을 말해요.

0818
parrot
[pǽrət]

명 앵무새

Jake has a **parrot** that can talk.
제이크는 말하는 **앵무새**가 있다.

앵무새의 혀는 사람의 혀와 비슷하게 생겨서 사람의 말을 흉내 낼 수 있다고 해요.

0819 +
wing
[wiŋ]

명 1. (새·곤충의) **날개** 2. (비행기의) **날개**

Penguins have **wings** but can't fly.
펭귄은 **날개**가 있지만 날지 못한다.

wing은 건물에서도 쓰여요. 본관 한쪽으로 날개처럼 돌출되게 지은 부속 건물을 wing이라고 해요.

0820 +
feather
[féðər]
발음주의

명 털, 깃털

Duck **feathers** are soft and popular.
오리털은 부드럽고 인기가 많다.

권투 체급 중 하나인 페더급은 57.2kg으로서 '가볍다'란 의미의 라이트급보다 더 체중이 작은 선수들이 속해 있어요. 페더급보다 더 가벼운 선수들은 플라이급 등이 있답니다.

0821 +
nest
[nest]

명 1. 둥지 2. 집, 보금자리

The bird built a **nest** in that tree.
새는 저 나무에 **둥지**를 지었다.

Her children will soon be ready to leave the **nest**.
그녀의 아이들은 곧 **보금자리**를 떠날 준비를 할 것이다.

둥지는 새가 알을 낳고, 알을 품고, 새끼를 기르는 공간이죠. 마찬가지로 부모의 보살핌이 있는 가정을 nest라고 하기도 한답니다. leave the nest(부모의 품을 떠나다)

0822 + +
cage
[keidʒ]

명 우리, 새장

The keeper put food into the **cage** for the tigers.
사육사가 호랑이들을 위해 먹이를 **우리** 안에 넣어주었다.

암기 Tip

0823 + +
snake
[sneik]

명 뱀

The **snake** in the grass has poison in its tail. 잔디밭에 있는 그 **뱀**은 꼬리에 독을 품고 있다.

snake(뱀)의 첫 글자 S는 뱀 모양의 생김새를 가졌네요.

0824
lizard

[lízərd]

명 도마뱀

Some **lizards** can grow to be very big.
어떤 **도마뱀**은 자라면 몸집이 아주 커진다.

0825 +
shark

[ʃɑːrk]

명 상어

Sharks can smell a drop of blood from miles away.
상어는 수 마일 떨어진 곳에서 나는 피 한 방울 냄새도 맡을 수 있다.

Apply, Check & Exercise

Answer Key p.325

A   영어는 우리말로, 우리말은 영어로 쓰세요.

1	pet	2	feed
3	hunt	4	bull
5	sheep	6	camel
7	fur	8	tail
9	owl	10	parrot
11	wing	12	nest
13	lizard	14	야수, 짐승
15	(개가) 짖다	16	고래
17	돌고래	18	코끼리
19	기린	20	캥거루
21	닭	22	깃털
23	새장	24	뱀
25	상어		

B 다음 빈칸에 알맞은 단어를 쓰세요.

1 beast : _____ = 짐승 : 애완동물

2 elephant : _____ = 코끼리 : 황소

3 whale : dolphin = 고래 : _____

4 giraffe : _____ = 기린 : 낙타

5 wing : feather = 날개 : _____

6 cage : _____ = 새장 : 둥지

7 owl : _____ = 올빼미 : 앵무새

8 snake : lizard = 뱀 : _____

C 다음 중 단어의 영영 풀이가 <u>잘못된</u> 것을 <u>있는 대로</u> 고르세요.

① hunt: chase and kill wild animals for food

② feed: receive food from someone

③ bark: make a short loud sound

④ tail: the part that sticks out at the back of an animal's body

⑤ fur: the soft hair that covers the bodies of some plants

D 배운 단어를 이용하여 빈칸에 알맞은 말을 넣으세요.

1 많은 상어들이 사람에 의해 죽는다.

→ Many _____ are killed by humans.

2 캥거루는 호주에서 발견된다.

→ _____ are found in Australia.

3 양은 대개 짧은 꼬리를 갖고 있다.

→ _____ usually have short tails.

4 그 동물들에게 먹을 것을 주지 마세요.

→ Please don't _____ the animals.

Unit 34 식물과 곤충

발음 익히기

셀프 스터디

리스닝 훈련

식물

암기 Tip

0826 +
plant
[plænt]

명 1. 식물, 초목, 나무 2. 공장 동 심다

Some **plants** are used for medicine.
어떤 **식물들**은 약으로 사용된다.

I work with robots at a car **plant**.
나는 자동차 **공장**에서 로봇과 함께 일한다.

Let's **plant** trees on a tree-planting day!
식목일에는 나무를 **심자**!

식물(plant)이 여러 화학물질을 만들어 내듯이 공장도 계속 무언가를 만들어 내는 곳이라고 연관지어 보세요.

0827
maple
[méipl]

명 단풍나무

Canada is famous for its **maple** trees.
캐나다는 **단풍나무**로 유명하다.

'메이플스토리'라는 유명한 게임이 있죠. 로고에 정말 단풍이 그려져 있네요.

0828
olive
[áliv]

명 1. 올리브 2. 올리브나무

Olive oil has been used for cooking for a long time. **올리브** 기름은 오랫동안 요리에 사용되어 왔다.

The **olive** trees look romantic on the hill.
그 **올리브나무들**은 언덕에서 낭만적으로 보인다.

뷰티, 헬스 케어 상품을 파는 가게인 '올리브영'을 본 적 있나요? 로고가 올리브 열매를 닮았어요.

0829 +
rose
[rouz]

명 장미

She was going to pick a red **rose**.
그녀는 빨간 **장미**를 꺾으려고 했다.

Every rose has its thorn. 이라는 속담이 있어요. 가시 없는 장미는 없다는 뜻으로, 완전한 행복은 없다는 의미예요.

0830 +
bloom
[blu:m]

동 꽃을 피우다, 꽃이 피다

Flowers **bloom** in spring.
봄이 되면 **꽃이 핀다**.

bloom은 꽃이 활짝 핀 것처럼 혈색이나 생기가 돈다고 표현할 때도 쓴답니다.

0831 +
berry
[béri]
복수형 berries

명 산딸기류 열매, -베리

My mother made me a drink with different kinds of **berries**.
엄마가 나에게 다른 종류의 **베리**로 음료를 만들어주었다.

blueberry(블루베리), raspberry(산딸기), mulberry(오디), strawberry(딸기) 등 berry의 종류는 다양하네요.

0832
cactus
[kǽktəs]

명 선인장

A **cactus** stores water in its body.
선인장은 몸에 물을 저장한다.

생선을 먹다가 가시가 목에 걸려 캑(cac)하고 뱉는 모습을 그려보세요. 가시가 있는 선인장은 cactus랍니다.

0833
cucumber
[kjú:kʌmbər]

명 오이

Fresh **cucumber** sandwiches are delicious. 신선한 **오이** 샌드위치는 맛있다.

0834
pumpkin
[pʌ́mpkin]

명 호박

We bought some **pumpkins** for Halloween.
우리는 핼러윈에 쓰려고 **호박** 몇 개를 샀다.

0835 +
mushroom
[mʌ́ʃru(:)m]

명 버섯

Mario eats **mushrooms** to grow.
마리오는 커지기 위해 **버섯**을 먹는다.

식물처럼 보이는 버섯은 사실 곰팡이와 같이 '균류'에 속해요. 식물은 광합성을 해서 스스로 영양분을 얻지만 버섯은 죽은 나무 등에서 영양분을 얻기 때문이죠.

식물을 이루는 각 부분의 명칭

암기 Tip

0836 +
seed
[si:d]

명 씨, 씨앗

A tiny **seed** can grow into a giant tree.
아주 작은 **씨앗**이 거대한 나무로 자랄 수 있다.

씨와 seed는 발음이 비슷해서 암기하기 쉬워요.

0837 +
root
[ru(ː)t]

명 1. 뿌리 2. 근원, 핵심

Roots help plants get food and water from the ground.
뿌리는 식물이 땅에서 양분과 물을 얻는 것을 돕는다.

We must get to the **root** of the problem.
우리는 문제의 **근원**부터 밝혀야 한다.

뿌리는 식물의 가장 근본이 되는 부분이죠?

0838 +
branch
[bræntʃ]

명 1. 나뭇가지 2. 지사, 분점

The owl was sitting on a **branch**.
올빼미가 **나뭇가지** 위에 앉아 있었다.

There isn't a **branch** of the bank in this town. 이 마을에는 그 은행의 **지점**이 없다.

어원 branch는 기본적으로 '갈라지다'라는 뜻이 있어요. 그 의미에서 시작하면 나뭇가지, 지사, 분점 등의 의미를 더 쉽게 이해할 수 있어요.

0839 +
stick
[stik]

명 1. 나무토막, 나뭇가지 2. 막대기
동 1. 찌르다 2. 달라붙다

The kids are playing with **sticks**.
아이들이 **막대기**를 가지고 놀고 있다.

Will the nurse **stick** me with the needle?
간호사가 나를 주삿바늘로 **찌를까**?

How long does a Post-it **stick** to something? 포스트잇은 얼마나 오래 **달라붙어** 있을까?

드럼 스틱, 치즈 스틱, 하키 스틱 등 막대기 모양의 것에 많이 쓰이지요. 학생들이 애용하는 무척 다양하고 이쁜 모양의 스티커(sticker)도 stick(달라붙다)에서 나온 말이랍니다.

0840 + +
leaf
[liːf]

명 잎

Leaves change their color in autumn.
나뭇잎은 가을에 색이 변한다.

어법 leaf의 복수형은 leafs가 아닌 leaves예요.

0841 +
straw
[strɔː]

명 1. 짚, 밀짚, 지푸라기 2. 빨대

I bought a **straw** hat for her.
나는 그녀를 위해 **밀짚**모자를 하나 샀다.

The soda came with two **straws**.
탄산음료가 **빨대** 두 개와 함께 나왔다.

짚은 벼, 보리, 밀 등의 이삭을 떨어낸 줄기와 잎을 뜻해요. 여름에 밀짚으로 만든 밀짚모자(straw hat)를 쓰죠.

0842 +

insect
[ínsekt]

명 곤충

Insects are eaten in countries all over the world. 세계 여러 나라에서 **곤충**을 먹는다.

insect는 몸이 머리, 가슴, 배로 나뉜 곤충을 말하고, worm은 지렁이나 애벌레처럼 꿈틀거리며 기어 다니는 벌레를 말해요.

0843 ++

bug
[bʌg]

명 벌레, 작은 곤충

The **bug** in the bathroom is too big to catch. 화장실에 있는 **벌레**는 잡기에 너무 크다.

컴퓨터 오류나 오작동 현상을 '버그'라고 하죠. 실제로 회로 사이에 나방 한 마리가 끼어 컴퓨터가 고장 난 이후 '버그'라는 용어를 쓰기 시작했어요.

0844

worm
[wəːrm]

명 1. 벌레 2. 기생충

Worms make soil healthy.
벌레는 토양을 비옥하게 해 준다

He said that our dog has **worms**.
그는 우리 개에 **기생충**이 있다고 말했다.

비슷하게 생긴 warm(따뜻한, 훈훈한)과 헷갈리지 않도록 주의하세요.

0845

beetle
[bíːtl]

명 딱정벌레

Three hundred thousand kinds of **beetles** are known. 30만 종류의 **딱정벌레**들이 알려져 있다.

자동차 브랜드 폭스바겐 (Volkswagen)의 '비틀(Beetle)'이라는 차를 아나요? 딱정벌레처럼 작고, 앙증맞은 디자인으로 유명해요.

0846 +

butterfly
[bʌ́tərflài]

명 1. 나비 2. (수영의) 접영

One type of **butterfly** shakes its wings 20 times per second.
나비 중 한 종류는 날개를 1초에 20번 흔든다.

He is doing the **butterfly.** 그는 **접영**을 하고 있다.

두 손을 동시에 물 위로 뽑아 돌리면서 헤엄치는 '접영'의 자세가 나비와 비슷해요.

0847

mosquito
[məskíːtou]

명 모기

I wish there were no more **mosquitoes**.
모기가 더 이상 없었으면 좋겠다.

여름에는 모기에게 물리지 않기 위해 모기장이 필수죠. 모기장을 mosquito net이라고 한답니다.

0848 +

spider

[spáidər]

명 거미

Spiders are popular decorations for Halloween. 거미는 핼러윈에 장식용으로 인기가 좋다.

스파이더맨(Spider-Man)은 거미처럼 벽 타기, 거미줄 발사와 같은 능력을 보유하고 있죠.

0849 + +

web

[web]

명 1. 거미줄 2. (복잡하게 연결된) -망

There is a spider's **web** in the window.
창문에 거미줄이 있다.

He is looking at a **web** of streets.
그는 도로망을 보고 있다.

인터넷 주소의 WWW는 world wide web의 줄임말이에요. 인터넷의 네트워크가 거미집처럼 복잡하게 접속되어 있어서 WorldWide(세계적인) Web(거미집)이라고 불리게 되었어요.

0850 +

shell

[ʃel]

명 1. 껍데기, 껍질 2. 조가비 모양의 것

Take the **shell** off the boiled egg.
삶은 달걀의 껍데기를 벗겨라.

She was collecting **shells** on the beach.
그녀는 바닷가에서 조개껍데기를 줍고 있었다.

딱딱한 껍질이라는 뜻의 단어예요. 조개 외에도 새우, 게, 굴, 거북 등도 딱딱한 껍질이나 등딱지를 가지고 있죠? 이것들도 모두 shell이랍니다.

 Apply, **C**heck & **E**xercise

Answer Key p.325

A 영어는 우리말로, 우리말은 영어로 쓰세요.

1	maple	_____	2	rose	_____
3	berry	_____	4	cactus	_____
5	pumpkin	_____	6	seed	_____
7	root	_____	8	bug	_____
9	worm	_____	10	beetle	_____
11	web	_____	12	spider	_____
13	stick	_____	14	식물	_____
15	올리브	_____	16	꽃을 피우다	_____
17	오이	_____	18	버섯	_____
19	나뭇가지, 지사	_____	20	잎	_____

21	짚, 빨대	_____	22	곤충	_____
23	나비	_____	24	모기	_____
25	껍데기	_____			

B 다음 빈칸에 알맞은 단어를 쓰세요.

1	olive : _____	=	올리브나무 : 단풍나무
2	rose : _____	=	장미 : 선인장
3	cucumber : _____	=	오이 : 호박
4	seed : _____	=	씨, 씨앗 : 뿌리
5	leaf : branch	=	잎 : _____
6	worm : _____	=	벌레, 기생충 : 벌레, 작은 곤충
7	butterfly : beetle	=	나비 : _____
8	mosquito : _____	=	모기 : 거미

C 다음 중 단어의 영영 풀이가 <u>잘못된</u> 것을 <u>있는 대로</u> 고르세요.

① plant: a living thing that grows only in the sea
② bloom: produce flowers
③ berry: a small fruit that has many small seeds
④ shell: the soft inner part of an animal or an insect
⑤ stick: a cut or broken branch

D 배운 단어를 이용하여 빈칸에 알맞은 말을 넣으세요.

1 농장 동물들의 잠자리로 짚을 사용해라.
   → Use _____ as bedding for farm animals.

2 거미가 거미줄을 짜고 있다. → The spider is spinning its _____ .

3 장미를 주셔서 감사합니다. → Thank you for the _____ .

4 그 은행은 우리 지역에 새로운 지사가 있다.
   → The bank has a new _____ in our area.

Unit 35 우주

단어 암기

셀프 스터디

리스닝 훈련

우주와 은하계

암기 Tip

0851 +
universe
[júːnəvəːrs]

명 우주, 은하계

The Sun is just one star among many in the **universe**.
태양은 **우주**에 있는 많은 별 중에 하나에 불과하다.

space는 우주 공간을 말하지만, universe는 우주 안의 모든 것을 말해요.

0852
galaxy
[gǽləksi]

명 1. 은하계 2. 은하수

Our **galaxy** is just a small part of the universe. 우리 **은하계**는 우주의 작은 일부분에 불과하다.

A **galaxy** is a very large group of stars.
은하수는 별들의 거대한 집단이다.

갤럭시는 삼성의 스마트폰 브랜드이기도 하죠. 거대한 별들이 모여 있는 은하처럼, 갤럭시 휴대폰을 쓰는 사람도 정말 많죠.

0853
consist
[kənsíst]

동 이루어져 있다

What does the universe **consist** of?
우주는 무엇으로 **이루어져** 있나요?

어원 con-은 '함께'라는 의미가 있어요. 여러 작은 요소들이 한데 모여 이루어짐을 의미해요.

0854
numerous
[njúːmərəs]

형 많은

We can see **numerous** stars in the sky on a dark night. 어두운 밤에는 하늘에 **많은** 별들을 볼 수 있다.

어원 number(숫자)에서 유래된 단어예요. 철자 앞부분이 서로 같지요?

0855 +
float
[flout]

동 1. 뜨다 2. 떠다니다, 떠돌다

Your body will **float** if you go to outer space. 우주 공간으로 가면, 네 몸이 **뜰** 것이다.

The empty boat **floated** off down the river.
빈 보트가 강으로 **떠내려갔다**.

0856 +
planet
[plǽnit]

명 행성

Eight big **planets** surround the Sun.
여덟 개의 거대한 **행성들**이 태양을 둘러싸고 있다.

planet(행성)은 움직이는 별이고, star는 움직이지 않는 별인 항성을 의미해요.

0857
comet
[kámit]

명 혜성

A **comet** hit the earth millions of years ago. 수백만 년전에 한 **혜성**이 지구를 강타했다.

0858 ++
earth
[ə:rθ]

명 1. 지구 2. 땅, 지면 3. 흙

The surface of the **earth** is mostly water.
지구의 표면은 대체로 물로 이루어져 있다.

We could feel the **earth** shake.
우리는 **땅**이 흔들리는 것을 느낄 수 있었다.

He left a footprint in the wet **earth**.
그는 젖은 **흙**에 발자국을 남겼다.

earth가 '지구'의 의미일 때는 Earth 또는 the Earth로도 씁니다.

0859
gravity
[grǽvəti]

명 (지구) 중력

Gravity pulls us to the Earth.
중력이 우리를 지구로 끌어당긴다.

우리가 들고 있던 공을 놓으면 공은 아래로 떨어지죠. 이는 지구와 공 사이에 힘이 작용하기 때문인데요. 이처럼 지구와 물체가 서로 당기는 힘을 '중력'이라고 해요.

0860 +
exist
[igzíst]

동 존재하다, 실재하다

Snowflakes **exist** for only a short time.
눈송이는 잠깐 동안만 **존재한다**.

existence[igzístəns] **명** 존재, 실재

exist는 실제로 현실 세계에 존재하는 것을 나타낸답니다. 그러니 상상 속의 동물인 dragon(용)이나 unicorn(유니콘)에는 사용할 수 없는 말이에요.

0861 +
solar
[sóulər]

형 1. 태양의 2. 태양열을 이용한

Earth is part of the **solar** system.
지구는 **태양**계의 일부이다.

Solar power is our future.
태양(열을 이용한) 에너지가 우리의 미래다.

비타민 브랜드인 '쏠라씨(Solar-C)'는 이름 그대로 하루를 깨우는 태양처럼 상큼한 비타민C를 충전한다는 의미가 있어요.

0862

lunar

[lú:nər]

형 달의

The US made the first **lunar** landing.
미국이 **달**에 최초로 착륙했다.

음력을 lunar calendar라고 해요. 양력은 태양을 기준으로 계절의 변화를 알 수 있게 만들어진 달력이고, 음력은 달을 기준으로 해요. 양력은 solar calendar라고 합니다.

0863 +

flash

[flæʃ]

동 (잠깐) 비치다, 번쩍이다 명 번쩍임

Lightning **flashed** across the sky.
번개가 하늘을 가로질러 **번쩍였다**.

When a space rock breaks into pieces, there's a bright **flash**.
우주 암석이 산산이 부서질 때 밝게 **번쩍인다**.

어두운 곳에서 카메라 셔터를 누르면 '플래시'가 자동으로 터져서 사진이 밝게 잘 나오도록 해주기도 해요.

0864

burst

[bə:rst]

burst[bursted]-
burst[bursted]

동 터지다, 폭발하다

Sometimes, very big stars **burst** when they die. 때로 아주 큰 별들은 죽을 때 **폭발한다**.

우주 관측과 탐험

0865

observe

[əbzá:rv]

동 관찰하다, 관측하다

Harry **observed** the night sky.
해리는 밤하늘을 **관찰했다**.

무언가를 알아내기 위해 신중하게 주시하는 것을 뜻해요.

0866

spaceship

[spéisʃip]

명 우주선

An alien **spaceship** landed near my house! 외계인 **우주선**이 우리 집 근처에 착륙했어!

0867 +

rocket

[rάkit]

명 로켓 동 치솟다, 급증하다

India launched a space **rocket**.
인도가 우주 **로켓**을 발사했다.

Gold prices **rocketed** upward.
금 가격이 **치솟아** 올랐다.

rocket이 발사될 때 하늘로 '치솟는' 것처럼 빠른 속도로 증가한다는 의미로도 사용해요.

0868

astronaut

[ǽstrənɔ̀ːt]

철자주의

명 우주 비행사

Astronauts must feel lonely in space.

우주 비행사들은 우주에서 틀림없이 외로울 거야.

어원 ▶ 별 표시를 '애스터리스크(asterisk)' 라고도 하듯이 aster-나 astro-는 'star(별)'이란 뜻이 있어요.

0869

shuttle

[ʃʌ́tl]

명 우주 왕복선

The **shuttle** took astronauts to the planet.

우주 왕복선이 우주 비행사들을 그 행성으로 데려갔다.

배드민턴을 칠 때 셔틀콕을 왕복으로 주고 받죠. shuttle은 정기적으로 오가는 왕복의 의미로 쓰여 우주 왕복선뿐 아니라 항공기, 버스, 기차에도 쓸 수 있어요.

0870

launch

[lɔ:ntʃ]

동 1. 시작하다, 개시하다 2. (우주선 등을) 발사하다

명 개시, 출시, 발사

The designer **launched** his first collection in 1990. 그 디자이너는 첫 컬렉션을 1990년에 **시작했다**.

A rocket **launched** into the sky.

로켓이 하늘로 **발사되었다**.

론칭쇼(launching show)라는 말을 들어본 적 있나요? 신제품 발표회라는 뜻으로 어떤 제품이나 상표의 공식적인 출시를 알리는 자리랍니다.

0871 +

explore

[iksplɔ́ːr]

동 탐험하다, 탐구하다

Neil wants to **explore** the universe.

닐은 우주를 **탐사**하고 싶어 한다.

컴퓨터의 인터넷 아이콘 밑에는 'Internet Explorer'라고 쓰여 있답니다. 아이콘을 클릭하는 순간, 인터넷의 바다를 탐험하게 해주는 것이지요.

0872 +

footprint

[fútprìnt]

명 발자국

The first **footprints** on the moon are still there. 달에 있는 첫 **발자국들**은 아직도 그곳에 있다.

바닥에 발(foot) 이 찍히는(print) 것이므로 발자국 이네요.

0873 +

discover

[diskʌ́vər]

동 1. 발견하다

2. (무엇에 대한 정보를) 찾다, 알아내다

Who **discovered** DNA? 누가 DNA를 **발견했나요?**

Firefighters are trying to **discover** the cause of the fire.

소방관들은 화재의 원인을 **찾으려** 노력하고 있다.

어원 ▶ cover라는 단어는 '무언가를 덮다'라는 의미가 있어요. dis-는 '반대의'란 의미로서, 덮여 있는 것을 열어서 무언가를 발견한다는 의미로 보아도 되겠지요.

0874
detect
[ditékt]

동 탐지하다, 감지하다

The radar **detected** two missiles.
레이다가 두 대의 미사일을 **탐지**했다.

보거나 듣기 어려운 것을 찾아내거나
알아내는 것을 의미합니다.

0875 +
alien
[éiljən]

명 외계인 **형** 외계의

Do you believe in **aliens**?
너는 **외계인**의 존재를 믿니?

They hope to find **alien** life.
그들은 **외계** 생명체를 찾기를 바라고 있다.

어원 ali+en이 합쳐졌고, ali는
another라는 의미랍니다. 우리와 '다
른 것'이므로 '외계의'라는 뜻이 되겠
죠?

 # Apply, Check & Exercise

Answer Key p.326

A 영어는 우리말로, 우리말은 영어로 쓰세요.

1	consist		2	numerous	
3	comet		4	earth	
5	exist		6	lunar	
7	flash		8	burst	
9	spaceship		10	rocket	
11	shuttle		12	footprint	
13	alien		14	우주	
15	은하계, 은하수		16	뜨다	
17	행성		18	중력	
19	태양의		20	관찰하다	
21	우주 비행사		22	시작하다, 발사하다	
23	탐험하다		24	발견하다	
25	탐지하다				

B 다음 빈칸에 알맞은 단어를 쓰세요.

1 universe : galaxy = 우주 : _____

2 planet : _____ = 행성 : 혜성

3 exit : existence = 존재하다 : _____

4 solar : _____ = 태양의 : 달의

5 spaceship : _____ = 우주선 : 로켓

6 astronaut : _____ = 우주 비행사 : 우주 왕복선

7 discover : detect = 발견하다 : _____

8 flash : _____ = 번쩍이다 : 터지다

C 다음 중 단어의 영영 풀이가 <u>잘못된</u> 것을 <u>있는 대로</u> 고르세요.

① observe: watch and sometimes also listen to something carefully

② float: be carried along by moving water or air

③ numerous: existing in small numbers

④ footprint: a mark left by a foot or shoe

⑤ alien: a person that comes from the planet Earth

D 배운 단어를 이용하여 빈칸에 알맞은 말을 넣으세요.

1 화성의 중력은 지구의 38%에 불과하다.

→ Mars' _____ is only about 38% of Earth's.

2 군중의 대부분은 십대 소녀들로 구성되었다.

→ The crowd _____ mainly of teenage girls.

3 그들은 우주 로켓을 발사하려고 계획하고 있다.

→ They are planning to _____ a space rocket.

4 그 행성에서 탐험할 시간이 많이 있을 것이다.

→ There will be a lot of time to _____ on the planet.

5 우주 왕복선은 지구로 무사히 돌아왔다.

→ The space shuttle returned to _____ safely.

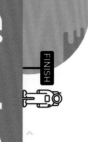

Unit 31-35

Unit 31~Unit 35에서 배운 125단어의 의미를 복습해 볼까요?
뜻이 떠오르지 않거나 시간이 오래 걸리는 것들은
◎에 따라 체크해서 즉시즉시 떠오를 때까지 반복해서 복습해주세요.

0784 ◎◎◎	sand		0763 ◎◎◎	desert
0873 ◎◎◎	discover		0843 ◎◎◎	bug
0795 ◎◎◎	plastic		0773 ◎◎◎	lake
0840 ◎◎◎	leaf		0787 ◎◎◎	environment
0753 ◎◎◎	cloud		0849 ◎◎◎	web
0752 ◎◎◎	save		0862 ◎◎◎	lunar
0835 ◎◎◎	mushroom		0766 ◎◎◎	hill
0759 ◎◎◎	smoke		0798 ◎◎◎	protect
0845 ◎◎◎	beetle		0851 ◎◎◎	universe
0783 ◎◎◎	pebble		0767 ◎◎◎	valley
0858 ◎◎◎	earth		0807 ◎◎◎	dolphin
0810 ◎◎◎	bull		0866 ◎◎◎	spaceship
0864 ◎◎◎	burst		0821 ◎◎◎	nest
0860 ◎◎◎	exist		0838 ◎◎◎	branch
0831 ◎◎◎	berry		0815 ◎◎◎	tail
0852 ◎◎◎	galaxy		0847 ◎◎◎	mosquito
0809 ◎◎◎	giraffe		0834 ◎◎◎	pumpkin
0785 ◎◎◎	soil		0777 ◎◎◎	wood
0786 ◎◎◎	mud		0771 ◎◎◎	bay
0805 ◎◎◎	bark		0820 ◎◎◎	feather
0811 ◎◎◎	sheep		0848 ◎◎◎	spider
0875 ◎◎◎	alien		0846 ◎◎◎	butterfly
0791 ◎◎◎	destroy		0841 ◎◎◎	straw
0800 ◎◎◎	recycle		0789 ◎◎◎	flood
0850 ◎◎◎	shell		0794 ◎◎◎	waste

0765	mountain	0788	pollute	0796	oil
0756	shadow	0761	ground	0837	root
0778	rainforest	0760	land	0751	nature
0854	numerous	0792	wild	0772	river
0790	damage	0812	camel	0793	form
0817	owl	0822	cage	0839	stick
0780	grow	0861	solar	0781	rock
0863	flash	0828	olive	0768	cave
0829	rose	0801	beast	0814	fur
0779	grass	0782	stone	0774	pond
0775	wave	0827	maple	0803	feed
0865	observe	0770	ocean	0871	explore
0757	sunlight	0830	bloom	0818	parrot
0826	plant	0764	field	0823	snake
0816	chicken	0869	shuttle	0832	cactus
0859	gravity	0802	pet	0806	whale
0868	astronaut	0808	elephant	0824	lizard
0857	comet	0799	reduce	0769	hole
0825	shark	0870	launch	0855	float
0776	forest	0754	drop	0813	kangaroo
0762	island	0758	heat	0755	light
0872	footprint	0836	seed	0874	detect
0819	wing	0844	worm	0842	insect
0867	rocket	0804	hunt	0853	consist
0856	planet	0833	cucumber	0797	survive

Part 8

Things & Conditions

Picture⁺ Dictionary

Unit 36

half

Unit 36

extra

Unit 36

nothing

Unit 36

weigh

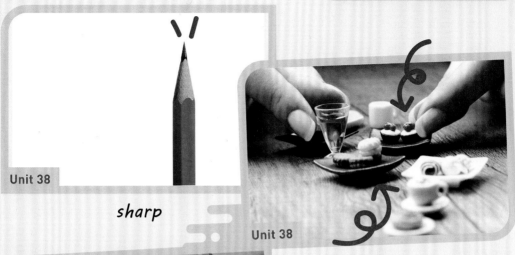

Unit 38

sharp

Unit 38

tiny

Unit 39

clean

Unit 39

fast

Unit 39

different

Unit 39

open

Unit 36 수와 양

발음 익히기

셀프 스터디

리스닝 훈련

암기 Tip

0876 ++

number

[nʌ́mbər]

몡 1. 수, 숫자 2. 번호

In China, eight is a lucky **number**.
중국에서는 8이 행운의 **숫자**이다.

I have a new cell phone **number**.
나 휴대폰 **번호** 바꿨어.

0877 +

amount

[əmáunt]

몡 1. 양 2. 총액 통 (금액이) ~ 되다

Cola has a large **amount** of sugar.
콜라에는 많은 **양**의 설탕이 들어 있다.

The total **amounts** to 20 dollars.
총액은 20달러가 **된다**.

높은 산을 뜻하는 mountain과 철자가 비슷하지요? mount에는 '위로 올라가다'의 의미가 있어요. 특히 양이나 돈이 얼마만큼이다라고 표현할 때 써요.

수와 양의 표현

암기 Tip

0878 ++

couple

[kʌ́pl]

몡 1. 두 개, 두 사람 2. 커플, 부부

A **couple** of girls are smiling and chatting.
두 소녀가 웃으면서 이야기하고 있다.

The **couple** stayed in New York for a couple of days. 그 **커플**은 며칠 간 뉴욕에 머물렀다.

0879 ++

double

[dʌ́bl]

형 두 배의 통 두 배로 만들다

Twins are **double** trouble for parents.
쌍둥이는 부모에게 **두 배로** 힘이 든다.

The city **doubled** in size.
그 도시는 크기가 **두 배가** 되었다.

더블 치즈버거는 햄버거 속에 치즈가 두 장 들어간 것이랍니다. 맛도 두 배로 있을 것 같아요.

0880 +

half

[hæf]
발음주의

몡 1. 절반, 2분의 1 2. 30분

That's too much. I just need **half** of that.
그건 너무 많아. 나는 그것의 **절반**만 필요해.

The airplane will arrive in **half** an hour.
비행기가 **30분** 후에 도착할 것이다.

하프 마라톤(half marathon)은 마라톤 거리의 딱 절반인 21.0975km의 거리를 뛰는 도로 달리기로서 육상경기의 한 종목이에요.

0881 +
extra
[ékstrə]

형 추가의, 여분의, 임시의

Wi-Fi is provided at no **extra** charge.
와이파이가 **추가** 비용 없이 제공됩니다.

드라마나 영화에서 '엑스트라(extra)' 배우들이 있죠. 임시로 고용되어 일하는 보조출연자들을 말해요.

0882 + +
enough
[inʌf]

형 필요한 만큼의, 충분한 부 충분히

I have **enough** money to buy new shoes.
나는 새 신발을 살 만큼 **충분한** 돈이 있다.

Is the water warm **enough** for you?
물이 **충분히** 따뜻하니?

"Enough is enough!" 충분할 만큼 충분했다. 즉, '그만하면 충분해. 이제 그만해.'라는 뜻으로 자주 쓰이는 회화 표현입니다.

0883 + +
same
[seim]

형 (똑)같은, 동일한 부 똑같이 (the ~)

I think you and Jordan are in the **same** boat. 나는 너와 조던이 **같은** 상황이라고 생각해.
Everyone had to dress the **same**.
모든 사람이 **똑같이** 옷을 입어야 했다.

동일한 하나를 뜻해요.

0884 +
few
[fju:]

형 (수가) 많지 않은[적은]

Few students like to study.
공부를 좋아하는 학생은 **거의 없다**.

어법 few는 '거의 없는'이라는 '부정'의 뜻이지만, a few는 '조금 있는'이라는 긍정의 뜻이 돼요. 헷갈릴 땐, a few 어 (a)! 조금이라도 있네!로 외워보세요.

0885 +
bit
[bit]

명 조금, 약간

It rained a **bit** in the morning.
아침에 비가 **조금** 왔다.

적은 양(small amount)을 뜻해요.

0886 + +
any
[éni]

형 어떤, 어느, 무슨 대 아무(것)
부 전혀, 조금도

Don't bring **any** food into the classroom.
교실 안으로 **어떤** 음식물도 가지고 오지 마세요.

Are there **any** shoe shops around here?
이 근처에 **아무** 신발 가게라도 있나요?

I can't run **any** faster. 나는 **전혀** 더 빨리 뛸 수 없다.

어법 부정문과 의문문에 주로 쓰여 어떤 것의 양이나 수를 나타내요. 그 양이나 수가 많고 적음의 의미는 포함하고 있지 않아요.

0887 ++
nothing

[nΛθiŋ]

데 아무것도 (~아니다), 아무것도 아닌 것

I had **nothing** to eat last night.
나는 어젯밤에 먹을 것이 **아무것도 없었다**.

Nothing happened to her.
그녀에게는 **아무 일도** 일어나지 **않았다**.

no(아니다)에 thing(것)이 합쳐져 '아무것도 아니다'라는 뜻이 되었어요.

0888 ++
only

[óunli]

형 유일한 **부** 단지, 오직

This is the **only** pencil I have.
이게 내가 가진 **유일한** 연필이야.

There are **only** a few tickets left.
티켓이 **단** 몇 장 남았습니다.

YOLO! You Only Live Once. (인생은 한 번뿐이에요.)의 줄임말에서도 볼 수 있어요.

단위

암기 Tip

0889
**centimeter/
centimetre**

[séntəmì:tər]

명 센티미터

It snowed 15 **centimeters** in Gangwon-do
today. 강원도에 오늘 눈이 15**센티미터** 내렸다.

어원 centi-에는 '100분의 1'이라는 의미가 있어요. 100cm(센티미터)는 1m(미터)와 같아요.

0890
**kilogram/
kilogramme**

[kíləgræm]

명 킬로그램 (1,000그램)

The price is close to $100 per **kilogram**.
가격이 **킬로그램** 당 100달러에 가깝다.

어원 kilo-는 1,000을 의미해요. 따라서 kilogram은 1,000그램(g)이 되지요.

0891
mile

[mail]

명 《거리 단위》 마일 (1,609m)

My mother lives about a **mile** from here.
우리 엄마는 여기서 1**마일** 떨어진 곳에 사신다.

세상에서 가장 긴 영어단어가 뭔지를 묻는 수수께끼가 있어요. 답은 바로 smiles랍니다. s와 s사이에 mile이 있죠? 1 mile이 1.6km니까 이것보다 더 긴 영어단어는 없겠죠.^^

0892 +
piece

[pi:s]

명 1. 한 조각, 한 부분 (자르거나 나눠 놓은 것)
2. (깨어진) 조각

Edward gave me a **piece** of cake.
에드워드가 나에게 케이크 **한 조각**을 주었다.

The desk was made from a few **pieces** of
wood. 그 책상은 나무 몇 **조각**으로 만들어졌다.

상의와 하의 치마가 이어진 옷을 원피스(one piece)라고 하죠. 그러나 올바른 표현은 dress랍니다.

0893 +
pair
[pεər]

명 한 쌍, 한 짝

You can only buy shoes in **pairs**.
신발은 **한 쌍**으로만 살 수 있다.

특히 함께 사용하거나 몸에 착용하는 똑같은 종류의 두 물건을 말할 때 써요. 양말, 장갑, 귀걸이, 안경, 신발 등이 있죠.

계산과 측정

암기 Tip

0894 ++
count
[kaunt]

동 1. 수를 세다 2. 계산하다

His son learned how to **count** to ten.
그의 아들은 열까지 **세는** 법을 배웠다.

All the votes were **counted** up.
모든 표가 **계산되었다**.

Count me in!은 나도 끼워줘! 라는 뜻이에요. count에 '수를 세다'라는 뜻이 있으니, 나도 참여하는 사람으로 합쳐서 수를 세 줘! 라는 뜻이 되겠죠. 반대말로 Count me out. (나는 빠질래.)이 있어요.

0895 ++
add
[æd]

동 더하다, 추가하다

If you **add** ten and two, what do you get?
10에 2를 **더하면**, 몇이 되니?

addition [ədíʃən] 명 덧셈, 추가된 것
additional [ədíʃənəl] 형 부가적인, 추가의

0896 +
plus
[plʌs]

전 더하기, 플러스 형 ~이상의

Four **plus** five equals nine. 4 **더하기** 5는 9이다.
This stadium seats 10,000-**plus** people.
이 경기장은 만 명 **이상의** 좌석이 있다.

0897 ++
divide
[diváid]

동 나누다, 갈라지다

I **divided** the candy bar into two pieces.
나는 초콜릿 캔디를 두 조각으로 **나눴다**.

division [divíʒən] 명 1. 분할 2. 분배

'4 나누기 2는 2다.' 이것을 영어로 어떻게 표현할까요? 바로 'Four divided by two gives two.'라고 한답니다. division은 당연히 '나눗셈'이라는 뜻도 있겠죠?

0898 +
increase
[inkríːs]

동 증가하다 (↔ decrease 감소하다) 명 증가

Sales **increased** by 20%.
판매가 20% **증가했다**.

어원 in(= on) + crease(= grow)로, 계속 자라는 것이니까 '증가하다'라는 뜻이네요. 반의어 decrease는 반대로 자라는 것으로 '감소하다'는 뜻이에요.

0899 +
measure
[méʒər]

동 재다, 측정하다
명 1. 조치, 대책 2. (어떤 것의) 양, 정도

The nurse **measured** my height.
간호사가 내 키를 **재었다.**

They are taking **measures** to improve the
situation. 그들은 상황을 개선하기 위해 **조치**를 취하고 있다.

We want a greater **measure** of freedom.
우리는 더 많은 **정도**의 자유를 원한다.

0900 +
weigh
[wei]
발음주의

동 1. 무게를 달다, 체중을 달다
2. 무게가 ~이다

Have you **weighed** yourself lately?
너는 최근에 **체중을 재** 보았니?

How much does this box **weigh**?
이 상자는 **무게가** 얼마 인가요?

weight[weit] 명 무게, 체중

"How tall are you?(너 키가 얼마니?)",
"How old are you?(몇 살이니?)"라고
하지만, 체중을 물을 때는 "How heavy
are you?"가 아니라 "How much
do you weigh?" 혹은 "What is your
weight?"라고 해요.

 # Apply, Check & Exercise

Answer Key p.326

A 영어는 우리말로, 우리말은 영어로 쓰세요.

1	number	_____	2	double	_____
3	extra	_____	4	same	_____
5	few	_____	6	bit	_____
7	any	_____	8	centimeter	_____
9	mile	_____	10	pair	_____
11	count	_____	12	add	_____
13	plus	_____	14	총액, 양	_____
15	커플	_____	16	절반	_____
17	충분한	_____	18	아무것도 아닌 것	_____
19	유일한	_____	20	킬로그램	_____

21	한 조각	_____	22	나누다	_____
23	증가하다	_____	24	측정하다	_____
25	무게를 달다	_____			

B 다음 빈칸에 알맞은 단어를 쓰세요.

1 number : amount　　　　= 수, 숫자 : _____

2 couple : _____　= 두 사람 : 두 배의

3 extra : enough　　　　　= 추가의 : _____

4 kilogram : _____　= 킬로그램 : 센티미터

5 add : additional　　　　= 더하다 : _____

6 divide : division　　　　= 나누다 : _____

7 increase : _____　= 증가하다 : 감소하다

8 weigh : _____　= 무게를 달다 : 무게, 체중

9 few : bit　　　　　　　= (수가) 적은 : _____

10 any : _____　= 어떤, 무슨 : 유일한

C 다음 중 단어의 영영 풀이가 잘못된 것을 있는 대로 고르세요.

① measure: find out the size or amount of something

② piece: an amount that is cut from the main part

③ half: exactly or about 200% of an amount

④ count: add together to find the total number

⑤ pair: two things that are different

D 배운 단어를 이용하여 빈칸에 알맞은 말을 넣으세요.

1 그들은 같은 학교에 다녔다. → They went to the _____ school.

2 상자에는 아무것도 없다. → There's _____ in the box.

3 그녀는 약 1마일을 걸었다. → She walked about a _____ .

4 그는 내 이름을 대기자 명단에 추가했다.

　　→ He _____ my name on the waiting list.

Unit 37 시간과 순서

발음 익히기

셀프 스터디

리스닝 훈련

시간과 관련된 표현

암기 Tip

---

901 ++
hour
[áuər]
발음주의

명 1시간

I'll be back in an **hour**.
나는 **한 시간** 후에 돌아올 거야.

어법 ◐ hour의 h는 발음할 때 소리가 나지 않는 묵음이에요. hour 앞에는 a가 아닌 an을 쓰는 것에 주의하세요.

---

902 +
minute
[mínit]

명 1. 《시간 단위》 분 2. 잠깐

There are 60 **minutes** in an hour.
한 시간은 60**분**이다.

Can you wait a **minute**, please?
잠깐 기다려 주시겠어요?

"시간 있으세요?"는 Do you have some time?이 아니라 Do you have a minute?이라고 해야 해요.

0903 +
second
[sékənd]

명 1. 《시간 단위》 초 2. 잠시, 순간
형 두 번째의

There are 60 **seconds** in a minute.
1분은 60**초**이다.

This will take a **second**. 잠깐이면 될 겁니다.
Canada is the **second** largest country in the world. 캐나다는 세계에서 **두 번째로** 큰 나라이다.

잠깐 기다려 달라고 말할 때 "Wait a minute[second]."라고 합니다. 정말로 딱 1분이나 1초만 기다리라는 뜻은 아니에요.^^

0904 ++
noon
[nuːn]

명 정오《낮 12시》, 한낮

We met at 12 **noon**.
우리는 **정오** 12시에 만났다.

afternoon(오후)이라는 단어는 정오(noon) 이후(after)를 뜻하는 것이지요.

0905 ++
evening
[íːvniŋ]

명 저녁, 밤, 야간

You can see Venus in the early **evening**.
초**저녁**에는 금성을 볼 수 있다.

보통 오후 6시에서 잠자리에 들 시간까지를 의미해요.

0906 ++
tonight
[tənáit]

부 오늘 밤에 명 오늘 밤

There will be a party **tonight**.
오늘 밤에 파티가 있을 것이다.

today의 to와 night가 합쳐져 tonight, '오늘 밤'이라는 의미가 되었다고 기억해보세요.

0907 ++
present
[prézənt]

명 1. 현재, 지금 2. 선물
형 1. 현재의 2. 참석한

At **present**, I have no time to go there.
현재로서는, 나는 그곳에 갈 시간이 없다.

Here's a **present** for you.
여기 당신 **선물**이 있습니다.

He was **present** at the meeting.
그는 모임에 **참석했다**.

presence [prézəns] 명 1. 존재 2. 출석

어제는 이미 지나간 역사이며, 미래는 알 수 없습니다. 오늘이야말로 당신에게 주어진 선물이며, 그래서 우리는 **현재(present)를 선물(present)**이라고 부릅니다. – Douglas Daft

0908 ++
future
[fjúːtʃər]

명 미래, 장래 형 미래의

I'm worried about the **future**.
나는 **미래**에 대해 걱정이 든다.

We talked about **future** plans for the show.
우리는 공연의 **미래** 계획에 대해 이야기했다.

시간여행을 주제로 한 영화 <Back to the Future>는 과거로 시간여행을 한 주인공이 미래로 돌아가려는 도중 벌어지는 해프닝들을 담은 영화예요.

0909 +
moment
[móumənt]

명 1. 순간, 잠깐 2. (어떤 일이 일어난) 때, 시기

Do you have a **moment**?
잠깐 시간이 되세요?

It was one of the most exciting **moments** in her life.
그 때는 그녀의 삶에서 가장 신나는 **시기** 중 한 때였다.

어원 mo-는 move(움직이다)에서 나온 말이에요. -ment는 명사를 만들어주는 말이고요. 어떤 한 동작이 일어나는 것과 같은 시간이니까 아주 짧은 시간을 의미하지요.

0910 ++
forever
[fərévər]

부 영원히

I will love you **forever**.
나는 너를 **영원히** 사랑할 거야.

어원 '언제나, 항상'이라는 뜻의 ever와 '~동안'의 의미인 for가 합쳐져 '영원히'라는 뜻이 되었어요.

0911 ++
early
[ɔ́ːrli]

형 이른, 빠른 부 일찍, 빨리

My father goes to work in the **early** morning. 우리 아빠는 **이른** 아침부터 일하러 가신다.

Tyler couldn't come back home **early**.
타일러는 집에 **일찍** 돌아올 수 없었다.

'일찍 일어나는 새가 벌레를 잡아먹는다.'는 속담에서 일찍 일어나는 새를 early bird라고 합니다.

0912 ++
late
[leit]

형 늦은, 지각한 부 늦게

I was **late** for the movie.
나는 영화 시간에 **늦었다**.

Rachael went to bed **late**.
레이첼은 **늦게** 잠자리에 들었다.

lately[léitli] 부 최근에, 얼마 전에

지각하거나 약속 장소에 늦게 도착할 경우 "Sorry, I'm late."라고 사과하면 돼요.

0913 +
soon
[suːn]

부 1. 곧, 머지않아, 이내 2. 빨리

It's going to rain **soon**. 곧 비가 내릴 것이다.
How **soon** can you finish it?
그것을 얼마나 **빨리** 마칠 수 있나요?

영화가 개봉하기 전, 포스터나 광고에서 coming soon이라는 말을 자주 볼 수 있죠.

0914 +
since
[sins]

전 ~ 이후 계속

접 1. ~ 이후로 2. ~ 때문에, ~이므로

The store has been here **since** the 1990s.
그 상점은 1990년대 **이후 계속** 여기에 있어 왔다.

I have liked her **since** we first met.
나는 우리가 처음 만난 **이후로** 그녀를 좋아해 왔다.

Since she is unable to answer, we should ask someone else.
그녀가 대답할 수 없**으므로** 다른 사람에게 물어봐야 한다.

브랜드 로고나 광고에 'since 19△△'라고 쓴 것을 보았나요? 19△△년도 이후로 계속 소비자들과 만나고 있음을 알리는 거예요.

0915 ++
almost
[ɔ́ːlmoust]

부 거의, 대부분

It's **almost** evening.
저녁 때가 **거의** 되었다.

most와 철자가 비슷하죠? most는 '대부분'이라는 뜻이죠.

날짜

암기 Tip

916 ++
date
[deit]

명 1. 날짜 2. 데이트

What's the **date** today? 오늘이 며칠인가요?
Peter asked me out on a **date**.
피터가 나에게 **데이트** 신청을 했다.

'데이트를 하다'는 have a date (with), go out with라는 표현도 많이 써요.

0917 +
everyday
[évridèi]

형 매일의, 일상의

We use numbers in our **everyday** lives.
우리는 **일상**생활에서 숫자를 사용한다.

어법 every와 day 사이를 떼어서 쓰면 부사가 돼요.
I take a shower every day.
나는 매일 샤워를 한다.

0918 ++
yesterday
[jéstərdèi]

부 어제 명 어제

I didn't go to school **yesterday**.
나는 **어제** 학교에 가지 않았다.

He was reading **yesterday**'s newspaper.
그는 **어제**자 신문을 읽고 있었다.

0919 ++
tomorrow
[təmɔ́:rou]
철자주의

부 내일 명 내일, 미래

Her new book will come out **tomorrow**.
그녀의 새 책이 **내일** 나올 것이다.

Tomorrow's weather will be cloudy.
내일 날씨는 흐릴 것이다.

스펠링이 헷갈리기 쉬운 단어에요. 'r'이 두 개 들어간다는 것을 기억하기 위해 '내일 날씨는 really rainy예요.'라고 외워두세요.

0920 ++
week
[wi:k]

명 주, 일주일

He left for London a **week** ago.
그는 **일주일** 전에 런던으로 떠났다.

weekly[wí:kli] 형 매주의, 주 1회의

---

921 ++
weekend
[wí:kènd]

명 주말

I love going outside on **weekends**.
나는 **주말**에 밖에 나가는 것을 좋아해.

한 주(week)의 끝(end)이니 토요일과 일요일인 주말을 의미하는 것이겠죠. 평일은 weekday예요.

0922 ++
month
[mʌnθ]

명 달, 월

My baby sister was born a **month** early.
내 여동생은 **한 달** 일찍 태어났다.

monthly[mʌ́nθli] 형 한 달에 한 번의, 매월의

어원▶ 우리말에서 '달'은 moon의 의미로도, month의 의미로도 쓰이죠. 영어의 month도 moon에서 나온 말이에요. 옛날에 달(moon)이 차고 기우는 것을 기준으로 달(month)의 시작과 끝을 정했어요.

암기 Tip

순서

---

923 ++
last
[læst]

형 1. 마지막의 2. 지난, 가장 최근의
동 계속되다, 지속되다 명 마지막 사람[물건]

This is the **last** book in the series.
이것이 시리즈의 **마지막** 책이다.

The **last** time we met was at a party.
우리가 **가장 최근에** 만난 것은 파티에서 였다.

The movie **lasts** for about two hours.
그 영화는 약 2시간 **상영된다**.

He was the **last** in line. 그는 줄 선 **마지막 사람**이었다.

lastly[læstli] 부 마지막으로, 끝으로

이름의 '성'을 last name이라고 해요. 우리나라에서 이름을 쓸 때는 성이 먼저 오지만, 영어 문화권에서는 Minkyung Park처럼 성을 끝부분에 쓴답니다.

0924 +

final

[fáinəl]

뉘앙스 ▸ last는 연속된 것으로서 지금 시점에서 맨 마지막을 뜻하지만, final은 최후, 즉 뒤에 더는 아무것도 없는 완전한 끝을 말합니다. 즉, last goal은 가장 최근의 목표를 말하고, final goal은 그 이후로 더는 목표가 없는 최종 목표입니다.

형 1. 마지막의, 최종의 2. 최종적인

명 결승전

I beat the monster in the **final** stage.
나는 **마지막** 단계에서 그 괴물을 물리쳤다.

What was the **final** score?
최종 점수가 어떻게 됐나요?

He was defeated in the **final**.
그는 **결승전**에서 패했다.

finally [fáinəli] 튀 마침내, 최종적으로

0925 ++

end

[end]

명 끝, 말 동 끝나다

Ed transferred to another school at the **end** of last year.
에드는 작년 **말**에 다른 학교로 전학을 갔다.

When does the class **end**? 그 수업은 언제 **끝나니**?

영화, 이야기에서 행복한 결말을 짓는 것을 해피엔딩(happy ending)이라고 해요.

 # Apply, Check & Exercise

Answer Key p.326

A 영어는 우리말로, 우리말은 영어로 쓰세요.

1	second	_____	2	noon	_____
3	evening	_____	4	moment	_____
5	early	_____	6	late	_____
7	soon	_____	8	since	_____
9	date	_____	10	everyday	_____
11	week	_____	12	last	_____
13	end	_____	14	1시간	_____
15	분, 잠깐	_____	16	오늘 밤에	_____
17	현재	_____	18	미래	_____
19	영원히	_____	20	거의	_____
21	어제	_____	22	내일	_____
23	주말	_____	24	달	_____
25	최종의	_____			

B 다음 빈칸에 알맞은 단어를 쓰세요.

1 minute : _____   = 분 : 초

2 evening : _____   = 저녁 : 정오

3 present : presence   = 현재 : _____

4 late : lately   = 늦은 : _____

5 soon : _____   = 곧, 머지않아 : 이른, 빠른

6 yesterday : tomorrow   = 어제 : _____

7 week : weekly   = 일주일 : _____

8 month : _____   = 달, 월 : 매월의

9 last : lastly   = 마지막의 : _____

10 final : _____   = 마지막의 : 마침내

C 다음 중 단어의 영영 풀이가 <u>잘못된</u> 것을 <u>있는 대로</u> 고르세요.

① weekend: Saturday and Sunday

② end: stop or finish

③ tonight: the night following tomorrow

④ hour: 60 seconds

⑤ future: the period of time that will come

D 배운 단어를 이용하여 빈칸에 알맞은 말을 넣으세요.

1 그녀는 그 순간이 영원히 지속되기를 원했다.

→ She wanted that moment to last _____.

2 거의 점심시간이 되었다. → It's _____ lunchtime.

3 오늘 날짜가 어떻게 되니? → What's today's _____?

4 그 표현들은 일상생활에서 필요하다.

→ The expressions are needed for _____ life.

Unit 38 사물 묘사 1

발음 익히기

셀프 스터디

리스닝 훈련

암기 Tip

0926 +
object
[ɔ́bdʒikt]

명 1. 물체, 물건 2. 목적, 목표 (= aim)

동 반대하다

Bring the **objects** on the table.
그 **물건들**을 테이블 위로 가져와.

Winning is the game's **object**.
우승이 그 시합의 **목적**이다.

Brandon **objects** to eating meat.
브랜든은 육식에 **반대한다**.

objection [əbdʒékʃən] 명 반대

UFO는 Unidentified(미확인) Flying(비행) Object(물체)의 약자랍니다.

0927 ++
type
[taip]

명 유형, 종류

동 (컴퓨터로) 타자 치다, 입력하다

What **type** of food do you like?
어떤 **종류**의 음식을 좋아하나요?

Type your password here.
여기에 암호를 **입력하세요**.

혈액의 종류를 나누어 '혈액형'으로 구분하죠. 영어로는 blood type이라고 합니다.

0928 +
describe
[diskráib]

동 묘사하다, 설명하다

The students **described** the fight.
학생들이 그 싸움을 **묘사했다**.

Please **describe** how light travels.
빛이 어떻게 이동하는지 **설명해** 주세요.

description [diskrípʃən] 명 서술, 묘사

어떤 현상이나 생김새를 말이나 글로 상세히 표현하는 것을 의미해요.

모양

암기 Tip

0929 +
shape
[ʃeip]

명 1. 모양, 형태 2. 몸매, 체형

Why does the **shape** of the moon change?
왜 달은 **모양**을 바꾸나요?

He is in good **shape** because he exercises every day. 그는 매일 운동을 해서 **몸이** 좋다.

어떤 것의 윤곽을 뜻해요. 몸매는 body shape라고도 해요.

0930 ++

circle

[sə́:rkl]

🅜 원, 동그라미

🅥 (특히 공중에서) 빙빙 돌다

Students are sitting in a **circle**.

학생들이 **원형**으로 앉아 있다.

다크서클, 써클 렌즈 등 일상적 으로도 많이 쓰 이는 단어예요.

0931 +

round

[raund]

🅗 둥근, 원형의 🅜 한 차례, 한 회

The baby has a **round** face.

그 아기는 **둥근** 얼굴을 갖고 있다.

A second **round** of talks will begin next week. 2**차** 회담이 다음 주에 시작될 것이다.

0932 +

square

[skwɛər]

🅗 정사각형 모양의 🅜 1. 정사각형 2. 광장

The room is **square**. 그 방은 **정사각형**이다.

Draw a **square** around the triangle.

삼각형의 주변으로 **정사각형**을 그려라.

He delivered a speech in the public **square**. 그가 **광장**에서 연설을 했다.

정사각형을 이루는 평평하고 트인 장소를 square라고 해요.

0933 +

flat

[flæt]

🅗 1. 평평한 2. 납작한 3. 타이어가 펑크 난

Focaccia is a **flat** Italian bread.

포카치아는 **평평한** 모양의 이탈리아 빵이다.

Coins are usually round and **flat**.

동전은 대개 둥글고 **납작하다**.

How far can you drive on a **flat** tire?

펑크 난 타이어로 얼마나 멀리 운전할 수 있니?

밑바닥이 평평한 구두를 플랫 슈즈 (flat shoes)라고 한답니다. 하이힐보다 훨씬 편하겠죠?

0934 ++

line

[lain]

🅜 선, 줄

Draw a straight **line** on the ground.

땅 위에 **직선**을 하나 그려라.

I saw them in **line** at the gate.

나는 그들이 문 앞에 **줄**을 서 있는 것을 봤어.

온라인(online)은 통신 선(line)으로 연결된 상태에 있는 것을 말해요.

0935 +

sharp

[ʃɑːrp]

🅗 1. 날카로운, 뾰족한 2. 급격한

Don't play with **sharp** knives.

날카로운 칼을 가지고 놀지 마라.

There was a **sharp** increase in the price of oil. 기름 가격의 **급격한** 상승이 있었다.

sharp pencil은 날카로운 연필이라는 뜻일 뿐, 우리가 흔히 말하는 샤프펜슬은 아니랍니다. 샤프펜슬의 올바른 영어 명칭은 mechanical pencil이에요.

0936 ++
size
[saiz]

명 크기, 규모

This **size** is too small.
이 **크기**는 너무 작다.

0937 ++
large
[lɑːrdʒ]

형 (규모가) **큰**, (양이) 많은

My brother's room is **larger** than mine.
우리 오빠 방이 내 방보다 **더 넓다.**

largely[lɑ́ːrdʒli] 부 크게, 대체로, 주로

0938 ++
giant
[dʒáiənt]

명 (이야기 속의) 거인 형 거대한

The **giant** chases him down the beanstalk.
거인이 콩나무 줄기를 타고 그를 쫓아간다.

That **giant** toy is named Rubber Duck.
저 **거대한** 장난감의 이름은 러버덕이다.

부산을 연고지로 하는 프로 야구팀 롯데 자이언츠(giants)는 소속 선수들을 '거인'이라고 소개하기도 해요.

0939 +
huge
[hjuːdʒ]

형 거대한, 엄청난 (= grand 웅장한)

That elephant is **huge**!
저 코끼리 참 **거대하다!**

뉘앙스▸ big은 형태나 수가 큰 것, huge는 형태, 수, 규모, 범위 모두에 해당하며 big과 large보다 큰 것입니다.
huge > big, large

0940 +
tiny
[táini]

형 아주 작은, 아주 적은

She is holding a **tiny** little baby in her arms. 그녀는 **아주 작은** 아기를 팔에 안고 있다.

뉘앙스▸ tiny는 small보다 작은 것을 말할 때 쓰인답니다.

0941 +
wide
[waid]

형 (폭이) 넓은

The new cell phone has a **wide** screen.
새로 나온 그 휴대폰은 화면이 **넓다.**

width[widθ] 명 폭, 너비

인터넷 주소의 시작 부분에는 주로 'www'가 붙죠. 이는 world wide web의 약자입니다. '세계 규모의 거미집'이라는 뜻으로, 인터넷상에서 쉽게 정보를 찾을 수 있도록 고안된 세계적인 인터넷망이에요.

0942 ++
deep
[diːp]

형 1. 깊은 2. 깊이가 ~인

The swimming pool was **deep**.
그 수영장은 **깊었다**.

There was a hole around 12 inches **deep**.
깊이가 약 12인치**인** 구멍이 있었다.

deeply[díːpli] 튀 깊이

0943 ++
short
[ʃɔːrt]

형 1. 짧은 2. 키가 작은 3. 부족한

My sister has **short** hair. 내 여동생은 머리가 **짧다**.
Why am I **short** while my parents are tall?
우리 부모님은 키가 크신데 나는 왜 **작을까**?

Money has been **short** lately.
최근에 돈이 **부족했다**.

shorten[ʃɔːrtən] 동 짧게 하다, 단축하다
shortly[ʃɔːrtli] 튀 (시간상으로) 얼마 안 되어, 곧

어법 ▶ 짧은(short) 바지, 즉 반바지를 shorts라고 해요. 바지는 한 벌이지만 pants처럼 바지통이 두 개이므로 -s를 붙여요.

색깔

0944 ++
white
[hwait]

형 흰색의, 하얀 명 흰색

I comb my puppy's **white** hair.
나는 우리 강아지의 **흰** 털을 빗겨준다.

분필을 사용하는 어두운 녹색의 칠판은 blackboard라고 부르고, 보드마커를 사용하는 흰색 칠판은 whiteboard 라고 하지요.

0945 ++
green
[griːn]

형 1. 초록색의 2. 환경 보호의 명 초록색

I watched the **green** insect move.
나는 그 **초록색** 곤충이 움직이는 것을 지켜보았다.

She often buys products from **green** companies.
그녀는 종종 **환경을 보호하는** 회사의 제품들을 산다.

0946 ++
gray/grey
[grei]

명 회색, 쥐색 형 회색의, 쥐색의

He was wearing a **gray** sweater.
그는 **회색** 스웨터를 입고 있었다.

흰머리를 영어로는 뭐라고 할까요? white hair로 쓰일 것 같지만, gray hair라고 해요.

0947 +
silver
[sílvər]

명 1. 은 2. 은빛, 은색 형 은색의

She bought a **silver** necklace.
그녀는 **은**목걸이를 샀다.

Silver hair isn't just for old people these days. **은색** 머리는 요즘 노인들만을 위한 것이 아니다.

실버타운(silvertown)은 나이가 많아 은색의 머리카락을 가진 할머니, 할아버지들이 모여 사는 곳을 말해요. 영어 단어로 이루어져 있지만, 우리나라에서만 쓰이는 용어랍니다.

0948 +

metal

[métəl]

명 금속

Shiny **metal** gets hot in the sun.
반짝이는 **금속**이 햇빛을 받으면 뜨거워진다.

metallic [mətǽlik] 형 금속성의, 금속으로 된

헤비메탈(heavy-metal)이라는 음악 장르를 아시나요? 무거운 비트와 전기 악기로 금속음을 많이 내면서 연주하는 음악이랍니다.

0949 ++

bright

[brait]

형 1. 밝은 (↔ dark 어두운) 2. 똑똑한
부 밝게, 환히

You should wear **bright** colors on rainy days. 비 오는 날에는 **밝은**색을 입어야 한다.

Tom is a **bright** child. 탐은 **똑똑한** 아이이다.

유독 치약에 '브라이트'란 이름이 붙은 것이 많아요. 희고 밝게 빛나는 치아를 만들어준다는 뜻이겠지요?

0950 ++

dark

[daːrk]

형 어두운, 캄캄한 명 어둠

There's a **dark** cloud in the sky.
하늘에 **먹**구름이 떠 있다.

The boy is still afraid of the **dark**.
그 소년은 여전히 **어둠**을 두려워한다.

몹시 피곤하거나 건강이 좋지 않을 때 눈 밑에 생기는 것을 '다크서클(dark circle)'이라고 하죠. 눈 밑부분이 그늘진 것처럼 어두워 보이는 것을 말합니다.

 # Apply, Check & Exercise

Answer Key p.327

A 영어는 우리말로, 우리말은 영어로 쓰세요.

1	circle	_____	2	round	_____
3	line	_____	4	size	_____
5	type	_____	6	giant	_____
7	huge	_____	8	deep	_____
9	short	_____	10	green	_____
11	gray	_____	12	wide	_____
13	dark	_____	14	물체, 목적	_____
15	묘사하다	_____	16	모양, 몸매	_____
17	정사각형	_____	18	평평한	_____
19	날카로운	_____	20	아주 작은	_____

21	흰색의	_____	22	큰, 많은	_____
23	은색	_____	24	금속	_____
25	밝은	_____			

B 다음 빈칸에 알맞은 단어를 쓰세요.

1	object : objection	=	물체, 반대하다 : _____
2	describe : _____	=	묘사하다 : 서술, 묘사
3	round : square	=	둥근 원형의 : _____
4	large : largely	=	큰, 많은 : _____
5	tiny : _____	=	아주 작은 : 거대한, 거인
6	wide : _____	=	넓은 : 폭, 너비
7	short : shorten	=	짧은 : _____
8	silver : _____	=	은색 : 흰색
9	gray : _____	=	회색의 : 초록색의, 환경 보호의
10	bright : _____	=	밝은 : 어두운

C 다음 중 단어의 영영 풀이가 <u>잘못된</u> 것을 <u>있는 대로</u> 고르세요.

① shape: the form or outline of an object
② circle: a perfectly round shape
③ flat: with raised or hollow areas
④ huge: very small in size or amount
⑤ sharp: having a thin edge that is able to cut things

D 배운 단어를 이용하여 빈칸에 알맞은 말을 넣으세요.

1 깊이 숨을 쉬어라. → Take a _____ breath.

2 직선을 그어라. → Draw a straight _____.

3 많은 사람이 전쟁 동안 식량이 부족했다.
   → Many people were _____ of food during the war.

4 그의 집은 우리 집과 크기가 거의 같다.
   → His house is about the same _____ as ours.

5 이걸 좀 입력해 주시겠어요? → Can you _____ this up, please?

Unit 39 사물 묘사 2

 발음 익히기

 셀프 스터디

 리스닝 훈련

동·반의어로 외우는 사물 묘사

암기 Tip

0951 ++
clean
[kli:n]

형 깨끗한, 깔끔한   동 청소하다, 닦다

The lake isn't **clean**, so fish can't live in it.
그 호수는 **깨끗하지** 않아서 물고기가 살지 못한다.

Two boys are **cleaning** the windows.
두 소년이 유리창을 **닦고** 있다.

clean에 -ing를 붙인 '클리닝(cleaning)'
은 '세탁, 청소의 의미로 쓰인답니다.

0952 ++
dirty
[dɔ́ːrti]

형 더러운, 지저분한

We all know how to clean **dirty** rivers.
우리 모두가 **더러운** 강을 깨끗이 만드는 법을 알고 있다.

dirt[dəːrt] 명 먼지

0953 ++
fast
[fæst]

형 빠른 (= quick 빠른, 신속한)   부 빠르게, 빨리

The wealthy man has many **fast** cars.
그 부유한 남자는 **빠른** 차를 많이 갖고 있다.

He is driving very **fast** without wearing a seat belt.
그는 안전벨트도 매지 않고 너무 **빨리** 운전하고 있다.

패스트푸드(fast food)는 말 그대로 주
문하면 빨리 먹을 수 있다는 뜻이에요.
또한 패스트패션(fast fashion)은 유행
에 맞춰 빠르게 제작하고 판매되는 의
류를 말해요.

0954 ++
quick
[kwik]

형 빠른, 신속한   부 빨리, 신속히

He made a **quick** decision.
그는 **신속한** 결정을 했다.

Come **quick**! 빨리 와 봐!

quickly[kwíkli] 부 빨리, 곧

서류나 물건을 빠르게 배달시키기 위
해 이용하는 것을 퀵 서비스(quick
service)라고 하지만 콩글리시예요. 영
어로는 express delivery(급행 배달),
courier service라고 한답니다. 표현이
어렵죠?

0955 ++
slow
[slou]

형 느린   부 느리게, 천천히

The car was moving at a **slow** speed.
차는 **느린** 속도로 움직이고 있었다.

You'd better go pretty **slow** around this corner. 이 모퉁이에서는 **천천히** 가는 게 좋아.

slowly[slóuli] 부 느리게, 천천히, 서서히

움직임이 느린(slow) 동물로는 달팽이
(snail), 불가사리(star fish), 나무늘보
(sloth) 등이 있어요. 모두 s로 시작하
네요.

0956 + +
hard
[hɑːrd]

형 1. 단단한, 굳은, 딱딱한 2. 어려운, 힘든
3. 열심히 하는 부 1. 열심히 2. 세게

He bought a **hard** wooden chair.
그는 **딱딱한** 나무 의자를 샀다.

The exam was too **hard**. 시험은 너무 **어려웠다**.
He is a **hard** worker. 그는 **열심히** 일한다.
He hit the ball **hard**. 그는 공을 **세게** 쳤다.

단단한 물건을 가지고 하는 일은 힘든 일이겠죠. 또, 힘든 일을 해내려면 **열심히** 해야 하기도 하지요.

0957 + +
soft
[sɔ(:)ft]

형 부드러운, 푹신한

The ground was **soft** after the rain.
비가 온 뒤에 땅이 **부드러워**졌다.

softly [sɔ́ːftli] 부 부드럽게

우유 등을 주요 원료로 하는 부드러운 아이스크림을 soft ice cream이라고 하죠.

0958 + +
cheap
[tʃiːp]

형 값싼

We can buy things for **cheap** prices at the flea market.
우리는 벼룩시장에서 **싼** 가격에 물건들을 살 수 있다.

뉘앙스 ▶ cheap 은 값이 쌀뿐만 아니라 품질도 보잘것없음을 나타내어 '싸 구려의'라는 뜻 으로도 쓰여요.

0959 +
expensive
[ikspénsiv]

형 값비싼

Expensive hotels aren't always great.
비싼 호텔이라고 항상 훌륭한 것은 아니다.

expense [ikspéns] 명 비용, 경비

비용이라고 하면 값이 싸기보다 비싼 경우가 많죠. expense의 형용사형이 '값싼'이 아닌 '값비싼'의 뜻이 되는 것도 잘 연관이 되지요?^^

0960 + +
different
[dífərənt]

형 1. 다른, 차이가 나는 2. 여러 가지의

The two are very **different**, but very close.
두 사람은 매우 **다르지만** 아주 가깝게 지낸다.

They reacted in **different** ways.
그들은 **다양한** 방식으로 반응했다.

difference [dífərəns] 명 다름, 차이점

어원 ▶ dif(= away, apart) + fer(= carry) + ent가 합쳐진 단어로 '서로 동떨어진 것을 나르는(지니는)'의 의미에서 '다른'이라는 의미로 발전했어요.

0961 +
similar
[símələr]

형 비슷한, 유사한, 닮은

Kate and I have **similar** tastes in music.
케이트와 나는 음악적 취향이 **비슷**하다.

similarity [sìmələ́rəti] 명 유사성

same(똑같은, 동일한)과 비슷 한 철자를 가지 고 있는데, 동일 한 하나를 가 리키는 same 과는 의미가 약간 다르답니다.

0962 +
everything
[évriθìŋ]

대 **모든 것, 모두**

Everything is fine at the moment.
지금은 **모든 것**이 좋다.

0963 +
anything
[éniθìŋ]

대 **1. 무엇, 아무것 2. 무엇이든**

I can't remember **anything** about yesterday. 어제에 관해 **아무것도** 기억나지 않아.

If there is **anything** to talk about, call me.
무엇이든 말할 게 있으면 전화해.

any에 thing이 붙은 형태로 '어떤, 어느 것', 즉 '무엇'을 의미해요.

0964 ++
heavy
[hévi]

형 **1. 무거운 2. (양이) 많은, 심한**

My hiking boots are too **heavy**.
내 등산화는 너무 **무겁다**.

The traffic was so **heavy**.
교통량이 매우 **많았다**.

권투체급 중 헤비급은 가장 몸무게가 많이 나가는 선수들의 체급이에요.

0965 ++
dry
[drai]

형 **1. 마른, 건조한 2. (날이) 가문, 비가 오지 않는** 동 **마르다, 말리다**

Keep this in a **dry** place.
이것을 **건조한** 곳에 보관해라.

This has been a **dry** summer.
이번 여름은 **가물었다**.

Mary was **drying** her hair.
메리는 자신의 머리를 **말리고** 있었다.

머리를 감은 후 바람으로 머리를 말리는 기계를 헤어 드라이어(hair dryer)라고 하죠.

0966 ++
open
[óupən]

형 **1. 열린 (↔ close 닫힌) 2. 개방된**
동 **1. 열다 2. (눈을) 뜨다, (입을) 벌리다 3. 개업하다**

Do not leave the door **open**.
문을 **열어** 두지 마라.

Is the museum **open** on Sundays?
박물관이 일요일에도 문을 **여나요**?

Tom **opened** the window. 탐은 창문을 **열었다**.

Mike was awake long before he **opened** his eyes. 마이크는 **눈을 뜨기** 오래 전에 깨어 있었다.

She is going to **open** a store near here.
그녀는 이 근처에 가게를 **개업하려고** 한다.

캔, 병 등을 열 수 있는 기구를 오프너 (opener)라고 해요.

0967 ++
quiet
[kwáiət]

형 조용한, 고요한 (↔ noisy 시끄러운)

Many students are **quiet** in class.
많은 학생들이 수업시간에 **조용하다**.

뉘앙스 ▶ quiet는 조용한 상태, silent는 매우 조용하거나 아예 소리가 나지 않는 상태를 말해요. quiet music(조용한 음악), silent reading(묵독: 소리 내지 않고 읽기)

0968 +
popular
[pápulər]

형 1. 인기 있는 (↔ unpopular 인기 없는)
2. 대중의, 대중적인

SNS is getting **popular** among teens.
SNS가 십대들 사이에서 점점 **인기**를 끌고 있다.

The government has little **popular** support.
그 정부는 **대중적인** 지지가 별로 없다.

팝송(pop song)은 popular song(대중가요)을 줄인 말이에요.

0969 +
simple
[símpl]

형 단순한, 간단한 (↔ complex 복잡한)

It is harder to be **simple** than complex.
단순해지는 것이 복잡해지는 것보다 더 어렵다.

simplify[símpləfài] 통 간소화하다
simply[símpli] 부 그냥 (간단히), 그저

우리말로도 무언가가 간단하거나 단순할 때 '심플하다'라는 말을 자주 사용해요.

0970 +
empty
[émpti]

형 빈, 비어 있는

There are no **empty** rooms in the hotel.
호텔에 **빈** 방이 없다.

0971 +
precious
[préʃəs]

형 귀중한, 값비싼

She'll pass down her **precious** jewels to you! 그녀가 너에게 **귀중한** 보석을 물려줄 거야!

영화 <반지의 제왕>에 나오는 골룸은 절대 반지를 보며 계속 "My precious!"라고 외칩니다. 값나가는 반지이기도 하지만, 자신에게 너무나 소중하고 귀중하기 때문이기도 했죠.

0972 +
special
[spéʃəl]

형 특별한

The restaurant has a **special** menu for kids. 그 레스토랑에는 아이들을 위한 **특별** 메뉴가 있다.

신체적, 정신적, 사회적 발달의 장애로 특별한 교육이 필요한 아동을 위한 특수 교육을 special education이라고 해요.

0973 +
unique
[juːníːk]

형 유일한, 독특한

Andy Warhol had a **unique** style.
앤디 워홀의 스타일은 **독특**했다.

어원 뿌리가 한 개라는 유니콘(unicorn)이나, 옷 형태가 하나인 유니폼(uniform)이라는 단어에서 볼 수 있듯이 uni-는 '하나'를 뜻해요.

0974 +
perfect
[pə́ːrfikt]

형 완벽한

She spoke **perfect** English.
그녀는 **완벽한** 영어로 말했다.

야구에서 한 명의 투수가 선발 등판해 단 한 명의 타자도 진루시키지 않고 끝내는 경기를 왜 perfect game이라고 하는지 알겠죠?

0975 +
useful
[júːsfəl]

형 유용한, 도움이 되는 (↔ useless 쓸모 없는)

Download these **useful** applications.
이 **유용한** 애플리케이션들을 다운로드 해.

어원 use(사용하다)+-ful(full 가득 찬)로 이루어진 단어예요.

use + ful

 # Apply, Check & Exercise

Answer Key p.327

A 영어는 우리말로, 우리말은 영어로 쓰세요.

1	fast	_____	2	quick	_____
3	soft	_____	4	hard	_____
5	expensive	_____	6	heavy	_____
7	everything	_____	8	anything	_____
9	dry	_____	10	open	_____
11	empty	_____	12	special	_____
13	useful	_____	14	깨끗한	_____
15	더러운	_____	16	느린	_____
17	조용한	_____	18	값싼	_____
19	다른	_____	20	비슷한	_____
21	단순한	_____	22	귀중한	_____
23	인기 있는	_____	24	독특한	_____
25	완벽한	_____			

B 다음 빈칸에 알맞은 단어를 쓰세요.

1 dirty : _____ = 더러운 : 먼지
2 quick : quickly = 빠른 : _____
3 fast : slow = 빠른 : _____
4 hard : _____ = 단단한 : 부드러운
5 cheap : _____ = 값싼 : 값비싼
6 different : _____ = 다른 : 다름, 차이점
7 similar : _____ = 비슷한 : 유사성
8 everything : _____ = 모든 것 : 아무것, 무엇이든
9 useful : _____ = 유용한 : 유일한, 독특한
10 precious : _____ = 소중한 : 특별한
11 simple : simply = 단순한 : _____

C 다음 중 단어의 영영 풀이가 <u>잘못된</u> 것을 <u>있는 대로</u> 고르세요.

① perfect: having some mistakes
② empty: having nothing inside
③ heavy: having great weight
④ popular: liked or enjoyed by many people
⑤ quiet: making noise

D 배운 단어를 이용하여 빈칸에 알맞은 말을 넣으세요.

1 이 컴퓨터는 깨끗하지 않다.
→ This computer isn't _____.
2 모든 창문이 활짝 열렸다.
→ All the windows were wide _____.
3 벽은 칠하기 전에 말라 있게 해라.
→ Let the walls _____ before you start to paint.

Unit 40 의미를 더 명확히 해주는 어휘

발음 익히기   셀프 스터디   리스닝 훈련

부사

암기 Tip

0976
meantime
[mí:ntàim]

🔄 1. 그동안에, 그 사이에
2. 한편 (= meanwhile)

I'll talk to you tomorrow. In the **meantime**, try and relax.
내일 말씀드릴게요. **그동안에** 쉬도록 해보세요.

In the **meantime**, I have a few doubts.
한편, 나는 몇 가지 의문점이 있다.

어원 ▶ mean-은 '가운데'를 의미해요. 여기에 time이 합쳐져 처음과 끝 '그 사이에, 그동안에'의 뜻이 되지요.

0977 +
ever
[évər]

🔄 1. 한 번이라도 2. 언제나, 항상

Have you **ever** been to Chicago?
시카고에 가 보신 **적이** 있으신가요?

Did they live happily **ever** after?
그들은 그 후로 **쭉** 행복하게 살았나요?

사계절 내내, 항상(ever) 푸른(green) 나무인 상록수를 영어로 'evergreen'이라고 해요.

0978 +
maybe
[méibi:]

🔄 어쩌면, 아마

Maybe I can't make it on time.
나는 **아마** 제시간에 도착하지 못할 것 같아.

조동사인 may와 be가 합쳐져서 이루어진 단어예요. may의 가장 주요한 뜻인 가능성, 추측의 의미를 그대로 담고 있어요.

0979
perhaps
[pərhǽps]

🔄 아마, 어쩌면

Perhaps their problem is that they don't have enough to do.
아마 그들의 문제는 자신들이 할 일이 충분치 않다는 점이다.

maybe와 유사한 의미지만, 일상적이고 친한 사이의 대화나 글이 아닌 격식을 갖춘 딱딱한 글에서는 perhaps를 더 자주 쓴답니다.

0980 +
actually
[ǽktʃuəli]

🔄 1. 실제로 2. 실은, 사실은 (= in fact 사실은)

Does this medicine **actually** work?
이 약이 **실제로** 효과가 있나요?

Actually, I didn't want to go at all.
실은 나는 전혀 가고 싶지 않았다.

actual[ǽktʃuəl] 🔄 실제의, 현실의

뉘앙스 ▶ '가상이 아닌 실제로'라는 의미입니다. truly(거짓이 아닌 진실로), really(가짜가 아닌 진짜로)의 의미와는 조금 구별이 되지요.

0981 ++

already

[ɔːlrédi]

🔵 이미, 벌써

I **already** finished my homework.
나는 **이미** 숙제를 끝냈다.

어원 ▶ already의 al은 all(완전히)를 뜻해요. 즉, all ready의 의미로 '만반의 준비가 된, 이미 (준비된)'의 뜻이 되지요.

0982 +

nearly

[níərli]

🔵 거의

Kimmy hadn't spoken to him for **nearly** a week. 키미는 그에게 **거의** 일주일 간 말을 하지 않았다.

near [niər] 🔶 (거리상으로) 가까운 🔵 가까이

near에 ly가 붙어서 '가까이'가 된다고 생각하기 쉽지만, 뜻이 완전히 달라짐에 주의하세요.

0983 +

anyway

[éniwèi]

🔵 1. 게다가 2. 그래도 3. 어쨌든

We're late, and there are no taxis **anyway**.
우리는 늦었어. **게다가** 택시도 없어.

The road got worse, but she kept going **anyway**.
도로가 더 안 좋아졌지만 **그래도** 그녀는 계속 나아갔다.

It doesn't matter **anyway**.
어쨌든 그건 중요하지 않다.

어원 ▶ any(어떤)+way(방법)가 합쳐져 어떤 방법으로든, 즉 '어쨌든'이 되네요.

0984 +

instead

[instéd]

🔵 대신에

If you can't call, text me **instead**.
전화를 할 수 없으시면 **대신** 문자를 보내주세요.

어법 ▶ instead는 전치사 of와 함께 instead of로 자주 쓰여요. 함께 외워두면 유용해요.

0985 ++

always

[ɔːlweiz]

🔵 항상, 언제나

The leaves of evergreens are **always** green. 상록수 잎은 **항상** 푸르다.

always를 모든(all) 길(ways)이 있어서 항상, 언제나 가능하다고 생각해보는 것은 어떨까요?

0986 ++

often

[ɔ́(ː)fən]

🔵 흔히, 자주

How **often** do you look at your smartphone? 너는 얼마나 **자주** 스마트폰을 보니?

0987 ++
sometimes

[sʌ́mtàimz]

분 때때로, 가끔

Sometimes I dream that I'm falling.
나는 **가끔씩** 떨어지는 꿈을 꾼다.

sometime은 '언젠가, 언젠가 한 번'이라는 뜻이죠. sometimes와 생김새는 비슷하지만, 전혀 다른 뜻이네요.

0988 ++
never

[névər]

분 결코 ~않다, 전혀 ~아니다

You say things, but you **never** take action.
너는 말만 하고 **결코** 행동으로 옮기지 **않는다**.

어법 부정문에서 not 대신 쓰여 부정 의미를 강조할 때 쓰여요.

형용사

0989 +
either

[íːðər]

형 각각의, 양쪽의 **대** (둘 중) 어느 하나
접 (둘 중에서 선택을 할 때) ~나[든]

Either answer is correct.
양쪽의 답이 모두 옳다.

There's tea or coffee – you can have **either**. 홍차와 커피 중에 **어느 것**이나 드셔도 됩니다.

I'm going to have **either** a sandwich or a salad. 나는 샌드위치**나** 샐러드를 먹으려고 해.

어법 either A or B (A 또는 B)의 형태로 잘 쓰여요.

0990 +
neither

[níːðər]

형 **대** 어느 쪽의 ~도 아니다, 어느 쪽도 ~이 아니다

That film is **neither** funny nor moving.
저 영화는 재미**도** 감동**도 없다**.

Neither of them are Spanish.
그들 중 **어느 쪽도** 스페인 사람이 **아니다**.

either에 부정이나 반대의 의미인 no 가 더해져 neither가 된 것이에요.

0991 +
else

[els]

형 또 다른, 그 밖의 다른 **분** 그 밖에, 다른

I'm getting someone **else**'s email.
나는 **다른** 사람의 이메일을 받고 있다.

Do you need anything **else**?
그 밖에 필요하신 게 있나요?

어법 anything, someone 같은 대명사나 what, who, where 등의 의문사 뒤에서 잘 쓰여요.

0992 +
such

[sətʃ]

형 **대** 그런, 그러한

There is no **such** thing as a free lunch.
공짜 점심 **같은** 건 없다(세상에 공짜란 없다).

어법 such와 관사가 같이 올 때는 such+관사+명사의 순서로 써야 해요.
(such a story 그런 이야기)

0993

likely

[láikli]

형 ~할[일] 것 같은 (↔ unlikely ~할[일] 것 같지 않은)

It is **likely** that it will rain tomorrow.

내일 비가 올 **것 같다**.

like에 '~와 같은'의 뜻이 있죠? 비슷한 모양의 likely는 '~할 것 같은'이란 뜻이에요.

전치사

암기 Tip

0994

unlike

[ʌnláik]

전 1. ~과 달리 2. ~과 다른

Unlike most people in the office, he doesn't come to work by car.

대부분의 사무실 사람들과는 **달리**, 그는 차로 통근하지 않는다.

She's **unlike** anyone I've ever met.

그녀는 내가 지금까지 만났던 누구와도 **다르다**.

어원 'un-'이 단어 앞에 붙으면 부정이나 반대의 의미를 가져요. un+like(~처럼)이 합쳐져 '~과 달리, ~과 다른'의 뜻이 되네요.

0995 +

against

[əgénst]

전 ~에 반대하여, ~에 맞서 (↔ for ~을 위해)

Johnny went **against** her words.

조니는 그녀의 말에 **반대**했다.

0996 +

besides

[bisáidz]

전 ~이외에 부 게다가, 그밖에

Besides Korean, Alberto speaks Chinese.

알베르토는 한국어 **이외에** 중국어도 한다.

He is a good actor and a writer **besides**.

그는 좋은 배우이면서 **게다가** 작가이기도 하다.

beside(~옆에)와 형태가 비슷하니 헷갈리지 않도록 주의해야 해요.

0997 + +

during

[djúəriŋ]

전 ~ 동안에, ~ 사이에

During the summer, she worked as a museum guide.

여름 **동안에** 그녀는 박물관 가이드로 일했다.

during은 ing로 단어가 끝이 나네요. -ing는 진행의 의미가 있으니 '(~하는) 동안에'라고 외워보세요.

접속사

암기 Tip

0998 +

although

[ɔːlðóu]

접 (비록) ~이긴 하지만

Although I was full, I ate more cake.

나는 배가 불렀**지만**, 케이크를 더 먹었다.

although, though, even though는 생김새도 비슷하고 뜻도 같은 접속사예요. 함께 외워두면 좋아요.

0999 +

whether

[wéðər]

철자주의

접 1. ~인지 (아닌지) 2. ~이든 (아니든)

I don't know **whether** it works or not.

나는 그게 효과가 있을**지 없을지** 모르겠다.

She is going to buy it **whether** I like it or not. 그녀는 내가 좋아하**든** 안 하**든** 그것을 구입할 것이다.

철자가 비슷한 weather(날씨)와 헷갈리지 않게 주의하세요. Whether의 he를 기억해 '그(he)인지 아닌지 궁금했다'로 외워보세요.

1000 +

nor

[nɔːr]

접 부 ~도 (또한) 아니다

It's neither good **nor** bad.

그건 좋지도 나쁘지**도 않다**.

or(또한)에 no가 합쳐진 단어라고 기억하세요.

 # Apply, Check & Exercise

Answer Key p.327

A   영어는 우리말로, 우리말은 영어로 쓰세요.

1	ever _____	2	maybe _____
3	perhaps _____	4	anyway _____
5	sometimes _____	6	never _____
7	neither _____	8	else _____
9	such _____	10	unlike _____
11	besides _____	12	during _____
13	nor _____	14	그동안에 _____
15	실제로 _____	16	이미 _____
17	거의 _____	18	대신에 _____
19	항상 _____	20	자주 _____
21	(둘 중) 어느 하나 _____	22	~할 것 같은 _____
23	~에 반대하여 _____	24	~이긴 하지만 _____
25	~인지 (아닌지) _____		

B 다음 빈칸에 알맞은 단어를 쓰세요.

1   meantime : _____   = 그동안에 : ~ 동안에, ~ 사이에

2   maybe : _____   = 어쩌면, 아마 : 어쩌면, 아마

3   nearly : near   = 거의 : _____

4   often : _____   = 자주 : 때때로

5   always : _____   = 항상 : 결코 ~않다

6   either : _____   = (둘 중) 어느 하나 : 어느 쪽도 ~가 아니다

7   whether : although   = ~인지 아닌지 : _____

8   likely : _____   = ~할 것 같은 : ~할 것 같지 않은

9   for : against   = ~을 위해 : _____

10 actually : actual   = 실제로, 실은 : _____

C 다음 중 단어의 영영 풀이가 <u>잘못된</u> 것을 <u>있는 대로</u> 고르세요.

① ever: at any time
② already: before this time
③ unlike: similar to something or someone
④ besides: other than someone or something
⑤ else: in the same manner or place

D 배운 단어를 이용하여 빈칸에 알맞은 말을 넣으세요.

1   나는 그녀에게 메일을 쓰려다가 대신에 전화하기로 결정했다.
    → I was going to write her an e-mail, but I decided to call _____.

2   나는 그렇게 많은 군중을 본적이 없었다. → I've never seen _____ a large crowd.

3   그녀는 어쨌든 자신 원하는 걸 하려고 한다.
    → She's going to do what she wants _____.

4   그건 내 잘못도 아니고, 그의 잘못도 아니었다. → It was not my fault, _____ his.

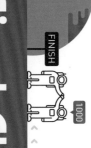

Final Check

Unit 36~Unit 40에서 배운 125단어의 의미를 복습해 볼까요?
뜻이 떠오르지 않거나 시간이 오래 걸리는 것들은
◎에 따라 체크해서 즉시즉시 떠오를 때까지 반복해서 복습해주세요.

0970 ◎◎◎	empty		0968 ◎◎◎	popular
0951 ◎◎◎	clean		0991 ◎◎◎	else
0898 ◎◎◎	increase		0881 ◎◎◎	extra
0958 ◎◎◎	cheap		0939 ◎◎◎	huge
0918 ◎◎◎	yesterday		0981 ◎◎◎	already
0965 ◎◎◎	dry		0955 ◎◎◎	slow
0903 ◎◎◎	second		0933 ◎◎◎	flat
0909 ◎◎◎	moment		0914 ◎◎◎	since
0989 ◎◎◎	either		0921 ◎◎◎	weekend
0911 ◎◎◎	early		0896 ◎◎◎	plus
0908 ◎◎◎	future		0927 ◎◎◎	type
0996 ◎◎◎	besides		0901 ◎◎◎	hour
0977 ◎◎◎	ever		0963 ◎◎◎	anything
0915 ◎◎◎	almost		0975 ◎◎◎	useful
0936 ◎◎◎	size		0971 ◎◎◎	precious
0886 ◎◎◎	any		0998 ◎◎◎	although
0953 ◎◎◎	fast		0957 ◎◎◎	soft
0950 ◎◎◎	dark		0966 ◎◎◎	open
1000 ◎◎◎	nor		0946 ◎◎◎	gray/grey
0920 ◎◎◎	week		0931 ◎◎◎	round
0959 ◎◎◎	expensive		0912 ◎◎◎	late
0934 ◎◎◎	line		0992 ◎◎◎	such
0889 ◎◎◎	centimeter/ centimetre		0969 ◎◎◎	simple
			0895 ◎◎◎	add
0972 ◎◎◎	special		0947 ◎◎◎	silver
0892 ◎◎◎	piece			

0979 ⊙⊙⊙ perhaps	0978 ⊙⊙⊙ maybe	0938 ⊙⊙⊙ giant
0962 ⊙⊙⊙ everything	0956 ⊙⊙⊙ hard	0884 ⊙⊙⊙ few
0954 ⊙⊙⊙ quick	0926 ⊙⊙⊙ object	0902 ⊙⊙⊙ minute
0877 ⊙⊙⊙ amount	0960 ⊙⊙⊙ different	0986 ⊙⊙⊙ often
0980 ⊙⊙⊙ actually	0882 ⊙⊙⊙ enough	0922 ⊙⊙⊙ month
0913 ⊙⊙⊙ soon	0941 ⊙⊙⊙ wide	0982 ⊙⊙⊙ nearly
0880 ⊙⊙⊙ half	0890 ⊙⊙⊙ kilogram/ kilogramme	0987 ⊙⊙⊙ sometimes
0937 ⊙⊙⊙ large		0893 ⊙⊙⊙ pair
0999 ⊙⊙⊙ whether	0997 ⊙⊙⊙ during	0876 ⊙⊙⊙ number
0891 ⊙⊙⊙ mile	0885 ⊙⊙⊙ bit	0925 ⊙⊙⊙ end
0897 ⊙⊙⊙ divide	0995 ⊙⊙⊙ against	0906 ⊙⊙⊙ tonight
0907 ⊙⊙⊙ present	0883 ⊙⊙⊙ same	0949 ⊙⊙⊙ bright
0894 ⊙⊙⊙ count	0932 ⊙⊙⊙ square	0940 ⊙⊙⊙ tiny
0887 ⊙⊙⊙ nothing	0919 ⊙⊙⊙ tomorrow	0945 ⊙⊙⊙ green
0899 ⊙⊙⊙ measure	0985 ⊙⊙⊙ always	0888 ⊙⊙⊙ only
0983 ⊙⊙⊙ anyway	0923 ⊙⊙⊙ last	0942 ⊙⊙⊙ deep
0948 ⊙⊙⊙ metal	0994 ⊙⊙⊙ unlike	0984 ⊙⊙⊙ instead
0974 ⊙⊙⊙ perfect	0976 ⊙⊙⊙ meantime	0917 ⊙⊙⊙ everyday
0961 ⊙⊙⊙ similar	0930 ⊙⊙⊙ circle	0900 ⊙⊙⊙ weigh
0964 ⊙⊙⊙ heavy	0943 ⊙⊙⊙ short	0967 ⊙⊙⊙ quiet
0879 ⊙⊙⊙ double	0924 ⊙⊙⊙ final	0952 ⊙⊙⊙ dirty
0990 ⊙⊙⊙ neither	0944 ⊙⊙⊙ white	0905 ⊙⊙⊙ evening
0935 ⊙⊙⊙ sharp	0878 ⊙⊙⊙ couple	0929 ⊙⊙⊙ shape
0973 ⊙⊙⊙ unique	0993 ⊙⊙⊙ likely	0916 ⊙⊙⊙ date
0910 ⊙⊙⊙ forever	0904 ⊙⊙⊙ noon	0988 ⊙⊙⊙ never
	0928 ⊙⊙⊙ describe	

Don't be afraid of limitations but imagine and try.

Answer Key.

Part 1 + About Me

UNIT 01 외모

p.34

A 1 이미지, 인상 2 사랑스러운 3 (아주) 비슷한 4 매력, 부적 5 아름다움, 미인 6 예쁜, 꽤 7 못생긴, 미운 8 금발의 9 점, 장소 10 뚱뚱한 11 강한, 힘센 12 키가 큰, 높은 13 젊은, 어린 14 appearance 15 slim 16 cute 17 handsome 18 plain 19 curly 20 beard 21 overweight 22 thin 23 weak 24 pale 25 scent

B 1 외모, 출현 2 lovely 3 slim 4 beauty 5 ugly 6 마른, 얇은 7 weak 8 tall 9 young 10 곱슬곱슬한

C ② ('턱수염'을 의미하므로 above the mouth가 아니라 on a chin이 되어야 한다. 참고로 현재 영영정의는 콧수염, 즉 mustache 를 의미한다.) ④ ('창백한'을 의미하므로 dark는 light로 바뀌어야 한다.)

D 1 alike 2 lovely 3 plain 4 spot 5 handsome 6 image

UNIT 02 감정

p.40

A 1 기쁜 2 기쁨, 즐거움 3 미소 짓다, 웃음 4. 울다, 외치다 5 화난, 성난 6 미친, 몹시 화가 난 7 화가 난, 속상하게 하다 8 공포, 무서움 9 두려워하는, 염려하는 10 감사하다 11 싫어하다, 미워하다 12 미안한, 유감스러운 13 푸른, 우울한 14 emotion 15 happiness 16 funny 17 laugh 18 surprise 19 proud 20 respect 21 lonely 22 nervous 23 worry 24 serious 25 excuse

B 1 행복 2 laugh 3 blue 4 화, 분노 5 두려워하는 6 proud 7 disrespect 8 thankful 9 hate 10 surprised

C ③ ('진지한, 심각한'이라는 의미이므로 not이 없어야 한다.) ⑤ ('불안해하는, 초조한'이라는 의미이므로 surprised는 worried나 afraid가 되어야 한다.)

D 1 funny 2 laughed 3 upset 4 afraid 5 lonely 6 Excuse

UNIT 03 신체 부위와 감각

p.46

A 1 손톱, 발톱 2 피부 3 입술 4 머리카락, 털 5 손, 건네주다 6 다리 7 숨 쉬다, 호흡하다 8 뼈 9 들리다, 듣다 10 머리, 고개, 향하다 11 소리, ~인 것 같다 12 목소리 13 냄새를 맡다, 냄새 14 shoulder 15 face 16 tooth 17 neck 18 arm 19 finger 20 heart 21 brain 22 blood 23 listen 24 touch 25 taste

B 1 listen 2 voice 3 taste 4 bone 5 leg 6 face 7 brain 8 shoulder 9 skin 10 finger

C ② ('건네주다'라는 의미이므로 give something to someone 형태가 되어야 한다.) ③ ('입술'의 의미가 되어야 하는데, 현재의 정의는 ear에 해당한다.)

D 1 breathes 2 head 3 brain 4 touched 5 tastes

UNIT 04 사람의 상태

p.52

A 1 따분한, 무딘 2 미친, 열광하는 3 바쁜 4 게으른 5 혼자 6 확신하는 7 ~할 수 있는 8 피로해지다, 피곤하게 만들다 9 배고픈 10 살아 있는 11 활기 넘치는, 활발한 12 어리석은 13 잠이 든 14 bore 15 shy 16 brave 17 calm 18 hurry 19 wise 20 clever 21 honest 22 thirst 23 comfortable 24 alright 25 awake

B　1 지루해하는 2 uncomfortable 3 crazy 4 honest 5 lazy 6 clever 7 enable 8 hungry 9 목이 마른 10 활기 넘치는

C　② ('따분한, 재미없는'을 의미하므로 앞에 not이 추가되어야 한다.) ⑤ ('바쁜'을 의미하므로 slowly는 actively, quickly 등이 되어야 한다.)

D　1 hurry 2 alone 3 wise 4 sure 5 shy 6 awake

UNIT 05　신체 동작

p.58

A　1 행동, 행동하다 2 움직이다, 이사하다 3 서다, 서 있다 4 앉다 5 뛰다, 뛰어오르다 6 걸음, 움직이다 7 지나가다, 건네주다, 합격하다 8 치다 9 잡다 10 잡고 있다, 들다 11 감추다, 숨기다, 숨다 12 잡아당기다 13 밀다, 누르다 14 lie 15 tear 16 follow 17 enter 18 turn 19 shout 20 bite 21 break 22 carry 23 set 24 close 25 cover

B　1 movement 2 open 3 pull 4 catch 5 stand 6 행동, 조치 7 치다 8 입장, 입구 9 나르다, 운반하다 10 덮다, 가리다

C　② ('따라오다, 따라가다'를 의미하므로 before는 after나 behind가 되어야 한다.) ④ ('소리 지르다'를 의미하므로 quietly는 loudly가 되어야 한다.)

D　1 lay 2 turned 3 hit 4 lied 5 tore 6 set

Part 2　+　Around Me

UNIT 06　가족

p.70

A　1 가족, 가정 2 아내, 부인 3 유아, 아기 4 탄생, 출생 5 어린이, 자식 6 아이, 자녀, 농담하다 7 아들 8 손주, 외손주 9 결혼하다 10 입양하다, 택하다 11 쌍둥이, 쌍둥이의 12 염려하다, 돌보다, 주의, 돌봄, 걱정 13 사촌 14 household 15 husband 16 parent 17 daughter 18 grandparent 19 grandfather 20 grandmother 21 elder 22 relative 23 aunt 24 nephew 25 niece

B　1 wives 2 children 3 adopt 4 daughter 5 grandchild 6 grandmother 7 cousin 8 niece 9 infant 10 가정, 집안 식구

C　② ('나이가 더 많은'을 의미하므로 younger는 older가 되어야 한다.) ⑤ ('부모'를 뜻하므로 grandchild는 child가 되어야 한다.)

D　1 husband 2 relative 3 childish 4 kidding 5 younger

UNIT 07　가구, 가정용품

p.76

A　1 핀, 꽂다 2 닦다, 붓, 솔 3 사슬, 체인점 4 바구니 5 경기, 성냥, 어울리다 6 그물, 망, 골문 7 밧줄, 로프 8 판자, 위원회, 탑승하다 9 책꽂이, 책장 10 양초 11 램프, 등 12 수건, 타월 13 텔레비전 14 tool 15 needle 16 scissors 17 frame 18 battery 19 calendar 20 sheet 21 soap 22 mirror 23 alarm 24 hammer 25 umbrella

B　1 needle 2 rope 3 battery 4 basket 5 soap 6 board 7 towel 8 scissors 9 lamp 10 frame

C ① ('가위'를 의미하므로 holding은 cutting이 되어야 한다.) ④ ('거울'을 의미하므로 a glass that hides는 glass that shows가 되어야 한다.)

D 1 brush 2 matches 3 board 4 pinned 5 alarm

UNIT 08 부엌
p.82

A 1 병 2 접시, 요리 3 유리, 유리잔 4 양배추 5 고기 6 소고기 7 병 8 냄비, 솥, 항아리 9 꿀, 여보, 자기 10 후추, 고추, 피망 11 끓다, 끓이다 12 튀기다, 부치다 13 섞다, 혼합 가루 14 kitchen 15 bowl 16 pan 17 knife 18 pork 19 vegetable 20 nut 21 bean 22 flour 23 bake 24 burn 25 noodle

B 1 dish 2 beef 3 cabbage 4 glass 5 honey 6 pot 7 bean 8 boil 9 mix 10 meat

C ③ ('피망, 고추'를 의미하므로 맛은 sour가 아니라 sweet 혹은 spicy가 되어야 한다.) ④ ('얕은 냄비, 팬'을 말하므로 '깊은'의 뜻인 deep이 아니라 반대말인 shallow, low 등이 되어야 한다.)

D 1 dish 2 burning 3 mix 4 baker 5 Honey

UNIT 09 일상
p.88

A 1 일반적인, 일상의 2 운전하다 3 운동, 연습, 운동하다 4 연락, 접촉, 연락하다 5 습관, 버릇 6 샤워, 소나기, 샤워를 하다 7 씻다, 세탁하다 8 쓸다, 청소하다 9 고치다, 고정하다 10 쓰레기 11 쉬다, 휴식, 수면 12 자다, 잠 13 묶다, 매듭, 넥타이 14 ordinary 15 regular 16 routine 17 diary 18 bath 19 laundry 20 iron 21 lock 22 repair 23 wipe 24 nap 25 wake

B 1 특이한, 흔치 않은 2 특별한, 소중한 3 regularly 4 sleepy 5 bathe 6 wipe 7 씻다, 세탁하다 8 rest 9 repair 10 일과, 일상적인

C ③ ('습관, 버릇'은 자주 하는 것이므로 don't do는 do가 되어야 한다.) ⑤ ('낮잠'을 의미하므로 long은 short가 되어야 하고, the night은 the day가 되어야 한다.)

D 1 ironed 2 regular 3 Lock 4 trash 5 wiped

UNIT 10 패션
p.94

A 1 패션, 유행 2 모델, 모형 3 스타일, 방식 4 바지 5 청바지 6 셔츠 7 지갑 8 (여성용) 지갑 9 고리, 반지, (종을) 울리다 10 신발 11 목이 긴 신발, 부츠 12 장갑 13 입고[신고·쓰고] 있다 14 design 15 item 16 brand 17 clothes 18 dress 19 magazine 20 cotton 21 pocket 22 button 23 scarf 24 jacket 25 socks

B 1 pants 2 wallet 3 brand 4 boots 5 style 6 model 7 단추 8 양말 9 jeans 10 옷, 의복

C ③ ('스카프'이므로 around your waist가 아니라 around your neck이 되어야 한다.) ④ ('반지, 고리'이므로 head는 finger가 되어야 한다.)

D 1 rang 2 cotton 3 model 4 items 5 designers

Part 3 + School Life & Sports

UNIT 11 학교와 수업 1

p.106

A 1 학급, 수업, 계급 2 교실 3 반, 교실 4 방학, 휴가 5 칠판 6 대학교 7 교과서 8 사전 9 학업, 학교 공부 10 수업, 과, 교훈 11 사실 12 근거, 이유 13 대학(교) 14 word 15 grade 16 graduate 17 smart 18 ready 19 teenage 20 title 21 glue 22 uniform 23 major 24 example 25 learn

B 1 classroom 혹은 homeroom 2 grade 3 graduation 4 major 5 배우다, 학습하다 6 기초의, 기본적인 7 사전

C ① ('대학'을 의미하므로 after middle school은 after high school로 되어야 한다.) ④ ('사실'을 의미하므로 false는 true가 되어야 한다.) ⑤ ('제복, 교복'을 의미하므로 shoes는 clothing이 되어야 한다.)

D 1 major 2 facts 3 example 4 lesson 5 ready 6 smart

UNIT 12 학교와 수업 2

p.112

A 1 문법 2 가르치다 3 메모, 필기, 쪽지 4 유지하다, ~을 계속하다, 보유하다 5 가져오다, 데려오다 6 시험, 시험하다 7 퀴즈, 시험 8 대회, 경연 9 대답, 대답하다 10 표시하다, 채점하다, 표시, 자국 11 실패하다, 떨어지다 12 실수, 잘못 13 수준, 단계, 높이 14 math 15 science 16 explain 17 write 18 finish 19 playground 20 problem 21 puzzle 22 question 23 check 24 history 25 award

B 1 과학의, 과학적인 2 answer 3 채점하다, 표시하다 4 failure 5 대회, 경연 6 write 7 keep 8 puzzle

C ③ ('실수, 잘못'을 의미하므로 right은 wrong이 되어야 한다.) ⑤ ('설명하다'는 어떤 것을 이해하기 쉽게 하거나 명확하게 하는 것이므로 difficult는 easy가 되어야 한다.)

D 1 math 2 wrote 3 note 4 grammar 5 tested

UNIT 13 친구

p.118

A 1 무리, 집단 2 구성원, 회원 3 태도, 예의, 방법 4 도움이 되는 5 가입하다, 참여하다, 연결하다 6 방문하다, 찾아가다, 방문 7 만나다 8 ~라고 부르다, 전화하다 9 속임수, 장난 10 비밀, 비밀의 11 싸우다, 싸움 12 껴안다, 포옹하다 13 우편, 우편물을 발송하다 14 classmate 15 friendship 16 relationship 17 dear 18 favor 19 together 20 gather 21 message 22 nickname 23 promise 24 apologize 25 forgive

B 1 helpful 2 apology 3 다루기 까다로운, 힘든 4 visitor 5 meeting 6 관계, 사이 7 join 8 fight 9 post 10 ~을 모으다, 집결하다

C ③ ('사랑하는, 소중한'을 의미하므로 not을 삭제하여 liked very much가 되어야 한다.) ④ ('호의, 친절'을 의미하므로 a bad act that you do to는 a kind[helpful, good] act that you do for 등이 되어야 한다.)

D 1 call 2 nickname 3 Promise 4 secret 5 hugged

UNIT 14 사고

p.124

A 1 생각, 아이디어 2 의견, 요점, 가리키다 3 결정하다 4 집중하다, 초점을 맞추다, 초점 5 궁금하다, 크게 놀라다, 감탄 6 주목, 공

고문, 알아차리다 7 이해하다, 알다 8 기억, 기억력 9 잊다, 잊어버리다 10 마음, 지성, 언짢아하다 11 예상하다, 기대하다 12 희망하다, 희망 13 소망, 바라다 14 opinion 15 consider 16 guess 17 doubt 18 imagine 19 prefer 20 concern 21 familiar 22 remember 23 attract 24 believe 25 mental

B 1 doubt 2 낯선 3 memorize 4 의견 5 focus 6 decision 7 forget 8 매력적인 9 expect 10 imagination

C ②('추측하다'를 의미하므로 sure는 not sure가 되어야 한다.) ④('선호하다'를 의미하므로 hate는 like가 되어야 한다.)

D 1 wish 2 mental 3 mind 4 understand 5 notice

UNIT 15 스포츠   p.130

A 1 스포츠, 운동 2 축구 3 건강, 건강 상태 4 경주, 시합, 인종 5 선수, 재생 장치 6 차다 7 득점, 점수, 득점하다 8 골문, 득점, 목표 9 상, 상품 10 이기다 11 이기다, 때리다 12 승리 13 잃어버리다, 패하다 14 football 15 basketball 16 athlete 17 practice 18 sweat 19 strength 20 participate 21 compete 22 strike 23 whistle 24 cheer 25 throw

B 1 힘, 강점 2 lose 3 soccer 4 healthy 5 competition 6 던지다 7 score 8 cheer 9 race 10 player

C ①(반복적이고 정기적으로 하는 '연습'을 뜻하므로 once는 again and again, regularly 등이 되어야 한다.) ③('던지다'를 의미하므로 foot은 hand가 되어야 한다.)

D 1 sweat 2 victory 3 beat 4 goal 5 strength

Part 4 + Hobby & Leisure

UNIT 16 여가와 취미   p.142

A 1 흥미, 이자 2 자유로운, 무료의, ~가 없는 3 즐기다 4 읽다 5 연주회, 콘서트 6 놀다, 연주하다, 놀이, 연극 7 게임, 경기 8 표, 입장권, 승차권 9 영화, 촬영하다 10 야외의 11 야영하다, 야영지 12 텐트, 천막 13 수영하다 14 leisure 15 hobby 16 relax 17 favorite 18 indoor 19 cartoon 20 event 21 cinema 22 picnic 23 climb 24 hike 25 fishing

B 1 자유 2 swimming 3 outdoor 4 hobby 5 ticket 6 relax 7 영화관, 극장 8 game 9 camp 10 낚시

C ①('기어오르다'를 의미하므로 go down은 go up이 되어야 한다.) ⑤('여가, 한가한 시간'을 의미하므로 not을 추가하여 when you are not working이 되어야 한다.)

D 1 playing 2 read 3 swam 4 enjoy 5 concert

UNIT 17 식사와 맛   p.148

A 1 남은 음식 2 저녁 식사, 정식 3 차, 홍차 4 종업원 5 환영하다, 환영, 반가운 6 명령하다, 주문하다, 순서 7 제공하다, 차려 주다 8 지폐, 계산서, 법안 9 신선한, 새로운 10 소금 11 달콤한, 다정한 12 신, 상한 13 맛이 쓴, 격렬한 14 meal 15 breakfast 16 dessert 17 snack 18 swallow 19 prepare 20 restaurant 21 recommend 22 flavor 23 excellent 24 spicy 25 delicious

B 1 dinner 2 후식 3 waitress 4 serve 5 매운, 양념 맛이 강한 6 맛, 풍미 7 bitter 8 아주 맛있는 9 짭짤한, 소금이 든 10 bill

C ① ('추천하다'는 어떤 것이 훌륭하다고 말하는 것이므로 bad는 good이 되어야 한다.) ⑤ ('주문하다'를 의미하므로 give food to someone은 ask for food이 되어야 한다. 현재의 정의는 serve에 해당한다.)

D 1 swallow 2 excellent 3 sour 4 tea

UNIT 18 예술

p.154

A 1 미술, 예술 2 사진, 그림 3 페인트, 그리다 4 그림을 그리다 5 전시하다, 전시 6 합창, 후렴 7 뮤지컬, 음악의 8 오페라, 오페라단 9 노래하다, 지저귀다 10 바이올린 11 기타 12 드럼, 북, 통 13 트럼펫 14 artwork 15 create 16 photograph 17 portrait 18 statue 19 gallery 20 classic 21 reveal 22 rhythm 23 harmony 24 instrument 25 exhibit

B 1 미술품, 삽화 2 사진, ~의 사진을 찍다 3 draw 4 전시회, 전시 5 고전적인, 전통적인 6 sing 7 harmony 8 guitar 9 trumpet 10 중요한

C ① ('창조하다'는 없던 것을 새로 만드는 것이므로 in an old way는 in a new way가 되어야 한다.) ④ ('미술관'을 의미하므로 look at the stars는 look at paintings가 되어야 한다.)

D 1 Draw 2 reveal 3 statue 4 musical 5 opera

UNIT 19 여행

p.160

A 1 여행 2 여행하다, 이동하다, 여행, 이동 3 계획, 계획을 세우다 4 항공사 5 짐을 싸다, 포장하다 6 떠나다, 남기다, 휴가 7 ~에 도달하다, 뻗다 8 여행, 순회, 관광하다 9 안내, 가이드, 안내하여 데려가다 10 지도, 약도 11 경관, 견해 12 머무르다, 방문 13 여권 14 journey 15 adventure 16 schedule 17 flight 18 available 19 cancel 20 arrive 21 tourist 22 return 23 spoil 24 delay 25 luggage

B 1 여행, 여정, 이동 2 일정, 스케줄, 일정을 잡다 3 airline 4 짐을 풀다 5 취소하다 6 ~에 도달하다 7 arrival 8 guide 9 view

C ① ('모험'을 의미하므로 a boring은 an exciting, a dangerous 등이 되어야 한다.) ⑤ ('망치다, 버려 놓다'는 나쁜 영향을 주는 것을 의미하므로 good은 bad가 되어야 한다.)

D 1 stayed 2 returned 3 passport 4 spoiled 5 views

UNIT 20 날씨

p.166

A 1 도, 정도, 학위 2 이슬 3 따뜻한, 데우다 4 빛나다, 빛 5 천둥 6 서늘한, 멋진, 식다 7 가뭄 8 빗방울 9 젖은, 비가 많이 오는 10 안개 11 바람 12 가을, 넘어짐, 폭포, 떨어지다, 넘어지다 13 겨울 14 weather 15 forecast 16 climate 17 temperature 18 sunshine 19 freeze 20 lightning 21 storm 22 rainbow 23 season 24 summer 25 spring

B 1 기후, 분위기 2 기온, 체온 3 햇빛, 햇살 4 cool 5 fall 6 번개 7 안개가 낀 8 winter 9 바람이 많이 부는

C ③ ('얼다, 얼리다'를 의미하므로 hot은 cold가 되어야 한다.) ⑤ ('젖은, 비가 많이 오는'을 의미하므로 having very little water는 covered in water 혹은 having a lot of rain이 되어야 한다.)

D 1 rainbow 2 season 3 spring 4 fell 5 climate

Part 5 ✦ Work

UNIT 21 호칭
p.178

A 1 여성, 숙녀 2 왕자 3 공주 4 성인, 어른 5 전문가 6 주인, 달인 7 주인, 소유주 8 동반자, 동업자 9 모든 사람, 모두 10 어떤 사람, 누군가 11 누구, 아무 12 남자, 사람들 13 사람, 개인 14 male 15 female 16 gentleman 17 elderly 18 captain 19 chief 20 guest 21 beggar 22 nobody 23 resident 24 rival 25 neighbor

B 1 여성 2 lady 3 princess 4 개인의, 개인적인 5 guy 6 owner 7 expert 8 chief

C ③ ('이웃'을 의미하므로 far from은 next to 혹은 near가 되어야 한다.) ④ ('동업자'를 의미하므로 employees는 owners가 되어야 한다.)

D 1 everyone 2 Someone 3 anyone 4 nobody 5 residents

UNIT 22 직업
p.184

A 1 일, 직장 2 계산원, 점원 3 수의사 4 화가, 페인트 공 5 감독, 연출가 6 운전사, 기사 7 조종사, 비행사 8 비행기 승무원 9 작가 10 농부, 농장주 11 요리사, 요리하다 12 미용사 13 배우 14 occupation 15 nurse 16 dentist 17 artist 18 musician 19 clerk 20 secretary 21 engineer 22 mechanic 23 professor 24 scientist 25 detective

B 1 직업 2 secretary 3 vet 4 화가, 예술가 5 actor 6 정비공 7 계산원, 점원 8 pilot

C ① ('음악가'를 의미하므로 sports는 music이 되어야 한다.) ⑤ ('미용사'를 의미하므로 only cuts men's hair는 cuts people's hair가 되어야 한다.)

D 1 cook 2 farmer 3 detective 4 dentist 5 nurse

UNIT 23 의사소통
p.190

A 1 대화 2 대화 3 이야기하다, 말하다 4 대답, 답장, 대답하다 5 부디, 제발, 기쁘게 하다 6 말씨, 억양, 강조(하다) 7 논의하다, 토론하다 8 조언하다, 충고하다 9 받아들이다, 인정하다 10 동의하다 11 허락하다 12 농담, 우스갯소리 13 의미하다, 못된 14 greet 15 bow 16 introduce 17 chat 18 express 19 repeat 20 praise 21 gesture 22 argue 23 subject 24 suggest 25 complain

B 1 도입, 소개 2 expression 3 discussion 4 suggestion 5 advice 6 disagree 7 complaint 8 이야기를 나누다 9 argument 10 accent

C ③ ('대답하다, 응답하다'를 의미하므로 ask someone something by는 answer someone by가 되어야 한다.) ⑤ ('칭찬하다'를 의미하므로 bad는 good이 되어야 한다.)

D 1 mean 2 joke 3 accepted 4 allow 5 subject 6 greeted

UNIT 24 회사
p.196

A 1 회사, 동료 2 상사, 사장 3 직원, 스태프 4 역할, 배역 5 기록하다, 녹화하다, 음반 6 보고서, 보도, 알리다 7 목록, 명단 8 보내다, 발송하다 9 기술, 솜씨 10 파일, 서류철, 보관하다 11 종이, 신문 12 복사, 복제, 복사하다 13 인쇄하다, 활자 14 office

15 workplace 16 business 17 manage 18 employee 19 career 20 training 21 project 22 opportunity 23 document 24 process 25 envelope

B 1 직원, 근로자 2 장교, 관료 3 직장, 업무 현장 4 staff 5 문서, 서류 6 copy 7 기록하다, 녹화하다 8 manager 9 과정, 절차

C ② ('경력, 직업'은 오랫동안 해 온 일을 뜻하므로 for a short time은 for a long time이 되어야 한다.) ⑤ ('보내다, 발송하다'를 의미하므로 give something to someone, cause something to go to a place 형태가 되어야 한다. 지금의 영영정의는 receive에 해당한다.)

D 1 training 2 skill(s) 3 list 4 file 5 envelope

UNIT 25 경제와 금융
p.202

A 1 판매, 할인 판매 2 현금, 돈 3 동전 4 센트 5 값, 가격, 대가 6 얻다 7 빌려주다 8 부유한, 돈 많은 9 가난한 10 거래, 무역, 거래하다 11 오르다, 증가 12 위험 13 제공하다, 제안 14 economy 15 wealth 16 dollar(s) 17 penny 18 saving 19 borrow 20 value 21 expense 22 industry 23 produce 24 provide 25 deal

B 1 cash 2 cent 3 빌리다 4 poor 5 product 6 provide 7 deal 8 소중한, 가치가 큰 9 값비싼 10 gain

C ④ ('위험'은 안 좋은 일이 일어날 가능성을 의미하므로 good은 bad가 되어야 한다.) ⑤ ('절약, 저축'은 소비하지 않는 것을 의미하므로 is spent or used는 반대인 is not spent or used가 되어야 한다.)

D 1 economy 2 coins 3 rising 4 value

Part 6 + Community & Society

UNIT 26 장소
p.214

A 1 장소, 놓다 2 공간, 우주 3 소도시, 읍내 4 현관, 복도, 홀 5 공장 6 공항 7 도서관, 서재 8 시장 9 가게, 쇼핑하다 10 가게, 보관하다 11 역, 정거장 12 농장, 농원 13 공원, 주차하다 14 address 15 area 16 village 17 palace 18 tower 19 hospital 20 museum 21 theater 22 beach 23 toilet 24 build 25 main

B 1 space 2 town 3 building 4 store 5 library 6 farm 7 factory 8 hall

C ④ ('가장 중요한'을 의미하므로 little important는 most important가 되어야 한다.) ⑤ ('해변'을 의미하므로 grass는 sand가 되어야 한다.)

D 1 address 2 market 3 station 4 hospital 5 tower

UNIT 27 교통과 도로
p.220

A 1 기차, 연속 2 자전거 3 자전거, 주기 4 배, 실어 나르다 5 기체, 가스 6 도로, 길 7 건너다, 교차하다, ×표 8 타다, 타고 가기 9 속도, 속력 10 신호, 신호를 보내다 11 멈추다, 중단 12 기다리다 13 놓치다, 그리워하다 14 subway 15 truck 16 cart 17 plane 18 wheel 19 fee 20 street 21 tunnel 22 block 23 bridge 24 connect 25 traffic

B   1 지하철 2 cycle 3 ship 4 cart 5 길거리, 도로 6 다리 7 connection 8 riding 9 wait

C   ③ ('요금'은 대가로 지불해야 하는 돈을 의미하므로 money that you get from work는 money that you pay to do something이 되어야 한다.) ④ ('막다, 차단하다'는 통과하지 못하도록 앞에 무엇을 놓는 것을 의미하므로 behind는 in front of 가 되어야 한다.)

D   1 gas 2 speed 3 signal 4 missed

UNIT 28   방향과 위치 p.226

A   1 동쪽, 동부 2 서쪽, 서부 3 ~위쪽에, ~을 건너 4 맨 위, 윗면, 꼭대기의 5 맨 아랫부분, 기초, ~을 기초로 하다 6 낮은 7 앞면, 앞쪽의 8 중심, 센터 9 중앙, 한가운데의 10 쪽, 측, 옆면 11 왼쪽, 왼쪽의 12 가까이 13 멀리, 훨씬 14 south 15 north 16 high 17 bottom 18 below 19 ahead 20 behind 21 between 22 beside 23 inside 24 right 25 corner

B   1 west 2 남쪽에 위치한 3 북쪽에 위치한 4 아랫부분, 밑바닥 5 low 6 ~위쪽에, ~을 건너 7 뒤에 8 side 9 outside 10 left

C   ③ ('맨 아랫부분, 기초'를 의미하므로 highest는 bottom이나 lowest가 되어야 한다.) ⑤ ('앞면, 앞쪽'은 가장 먼저 보이는 부분 이므로 seen last는 seen first가 되어야 한다.)

D   1 between 2 near 3 far

UNIT 29   사회와 사회 문제 p.232

A   1 소유물이다, 속하다 2 일반적인, 대체적인, 대장 3 의지하다, ~에 달려 있다 4 인도하다, 앞서다 5 곧장, 직접적인, 지도하다 6 상황, 사건 7 일, 문제, 중요하다 8 중요한 9 막다, 예방하다 10 일어나다, 생기다 11 해결하다, 풀다 12 다루다, 손잡이 13 선택 하다, 고르다 14 society 15 community 16 include 17 private 18 common 19 donate 20 share 21 volunteer 22 issue 23 trouble 24 survey 25 affect

B   1 사회의, 사회적인 2 제외하다 3 public 4 general 5 uncommon 6 choice 7 기부하다, 기증하다 8 importance 9 solve 10 direction 11 case 12 trouble

C   ② ('함께 쓰다, 공유하다'를 의미하므로 without others는 with others가 되어야 한다.) ⑤ ('다루다, 취급하다'를 의미하므로 fail to do는 manage, deal with 등이 되어야 한다.)

D   1 belongs 2 survey 3 affect 4 community

UNIT 30   범죄와 법 p.238

A   1 죽이다 2 훔치다 3 도망치다, 탈출하다 4 징조, 표지판, 서명하다 5 법, 법률 6 규칙, 통치, 다스리다 7 지배, 통제력, 통제하다 8 힘, 영향력 9 증거, 견딜 수 있는 10 공정한, 꽤 많은, 박람회 11 처벌하다, 벌주다 12 교도소, 감옥 13 교도소, 투옥하다 14 crime 15 cheat 16 thief 17 chase 18 scene 19 necessary 20 strict 21 court 22 judge 23 lawyer 24 false 25 true

B   1 범죄의, 범인 2 steal 3 escape 4 signature 5 풍경, 경치 6 law 7 unnecessary 8 변호사 9 true 10 prison

C   ② ('도둑'을 의미하므로 cheats는 steals something이 되어야 한다.) ⑤ ('엄격한, 엄한'은 규칙이나 지시대로 따르는 것을 의미 하므로 do things freely는 obey rules, do what you say 등이 되어야 한다.)

D   1 fair 2 punished 3 court 4 force

Part 7 ✦ Nature

UNIT 31 자연과 환경 1
p.250

A 1 구하다, 모으다 2 방울, 떨어뜨리다 3 햇빛, 햇살 4 연기, (연기·담배를) 피우다 5 육지, 땅 6 땅, 토양 7 들판, 분야 8 산, 언덕 9 동굴 10 구덩이, 구멍 11 만(灣) 12 호수 13 연못 14 nature 15 cloud 16 light 17 shadow 18 heat 19 island 20 desert 21 mountain 22 valley 23 ocean 24 river 25 wave

B 1 그림자, 그늘 2 smoke 3 땅, 토양 4 hill 5 field 6 cave 7 대양 8 밝아지다, 환해지다

C ③ ('연못'은 호수보다 작은 땅에 물이 괴어 있는 곳이므로 larger는 smaller가 되어야 한다.) ④ (액체의 '방울'은 작고 둥글게 맺힌 덩어리이므로 large는 very small이 되어야 한다.)

D 1 nature 2 save 3 cloud 4 hole

UNIT 32 자연과 환경 2
p.256

A 1 나무, 숲 2 풀, 잔디 3 자라다, 성장하다 4 암석, 바위 5 돌, 돌멩이 6 모래, 사막 7 진흙 8 홍수 9 야생의, 자연 그대로의, 사나운 10 형성되다, 종류, 형태 11 낭비하다, 낭비, 쓰레기 12 플라스틱 13 기름, 석유 14 forest 15 rainforest 16 pebble 17 soil 18 environment 19 pollute 20 damage 21 destroy 22 survive 23 protect 24 reduce 25 recycle

B 1 열대 우림 2 나무로 된, 목재의 3 growth 4 pollution 5 protection 6 조약돌 7 토양, 흙 8 damage 9 재활용하다 10 oil

C ③ ('야생의, 자연 그대로의'라는 의미이므로 with human control은 without human control이 되어야 한다.) ④ ('살아남다, 생존하다'라는 의미이므로 fail to live는 continue to live가 되어야 한다.)

D 1 environment 2 rock 3 formed 4 reduce

UNIT 33 동물과 조류
p.262

A 1 애완동물 2 먹이를 주다, 먹이 3 사냥하다, 찾다 4 황소 5 양 6 낙타 7 털, 모피 8 꼬리 9 올빼미, 부엉이 10 앵무새 11 날개 12 둥지, 보금자리 13 도마뱀 14 beast 15 bark 16 whale 17 dolphin 18 elephant 19 giraffe 20 kangaroo 21 chicken 22 feather 23 cage 24 snake 25 shark

B 1 pet 2 bull 3 돌고래 4 camel 5 털, 깃털 6 nest 7 parrot 8 도마뱀

C ② ('먹이를 주다, 먹을 것을 주다'를 의미하므로 receive food from someone은 give food to someone[something]이 되어야 한다.) ⑤ (동물의 '털'을 의미하므로 plants는 animals가 되어야 한다.)

D 1 sharks 2 Kangaroos 3 Sheep 4 feed

UNIT 34 식물과 곤충
p.268

A 1 단풍나무 2 장미 3 산딸기류 열매, -베리 4 선인장 5 호박 6 씨, 씨앗 7 뿌리, 근원 8 벌레, 작은 곤충 9 벌레, 기생충 10 딱정벌레 11 거미줄, -망 12 거미 13 나무토막, 찌르다, 달라붙다 14 plant 15 olive 16 bloom 17 cucumber 18 mushroom 19 branch 20 leaf 21 straw 22 insect 23 butterfly 24 mosquito 25 shell

B 1 maple 2 cactus 3 pumpkin 4 root 5 나뭇가지 6 bug 7 딱정벌레 8 spider

C ① ('식물, 초목'은 땅에서도 자라므로 only in the sea는 on earth가 되어야 한다.) ④ ('껍데기, 껍질'을 의미하므로 the soft inner part는 the hard outer part가 되어야 한다.)

D 1 straw 2 web 3 rose(s) 4 branch

UNIT 35 우주 p.274

A 1 이루어져 있다 2 많은 3 혜성 4 지구, 땅, 흙 5 존재하다, 실재하다 6 달의 7 비치다, 번쩍이다, 번쩍임 8 터지다, 폭발하다 9 우주선 10 로켓, 치솟다 11 우주 왕복선 12 발자국 13 외계인, 외계의 14 universe 15 galaxy 16 float 17 planet 18 gravity 19 solar 20 observe 21 astronaut 22 launch 23 explore 24 discover 25 detect

B 1 은하계, 은하수 2 comet 3 존재, 실재 4 lunar 5 rocket 6 shuttle 7 탐지하다, 감지하다 8 burst

C ③ ('많은'을 의미하므로 small numbers는 large numbers가 되어야 한다.) ⑤ ('외계인'은 지구가 아닌 다른 행성에서 온 사람을 의미하므로 from the planet Earth는 from somewhere other than the planet Earth가 되어야 한다.)

D 1 gravity 2 consists 3 launch 4 explore 5 Earth[earth]

Part 8 + Things & Conditions

UNIT 36 수와 양 p.286

A 1 숫자, 번호 2 두 배의, 두 배로 만들다 3 추가의, 여분의 4 같은, 똑같이 5 많지 않은 6 조금, 약간 7 어떤, 아무(것), 전혀 8 센티미터 9 마일 10 한 쌍, 한 짝 11 수를 세다, 계산하다 12 더하다, 추가하다 13 더하기, ~이상의 14 amount 15 couple 16 half 17 enough 18 nothing 19 only 20 kilogram 21 piece 22 divide 23 increase 24 measure 25 weigh

B 1 양, 총액 2 double 3 충분한, 필요한 만큼의 4 centimeter 5 추가의 6 분할, 분배 7 decrease 8 weight 9 조금, 약간 10 only

C ③ ('절반'을 의미하므로 200%는 50%가 되어야 한다.) ⑤ ('한 쌍'은 같은 모양이어서 함께 쓰이는 것이므로 different는 the same 이 되어야 한다.)

D 1 same 2 nothing 3 mile 4 added

UNIT 37 시간과 순서 p.292

A 1 초, 잠시, 두 번째의 2 정오, 한낮 3 저녁 4 순간, 때 5 이른, 일찍 6 늦은, 늦게 7 곧, 빨리 8 ~이후 계속 9 날짜, 데이트 10 매일의, 일상의 11 주, 일주일 12 마지막의, 지난, 계속되다 13 끝, 끝나다 14 hour 15 minute 16 tonight 17 present 18 future 19 forever 20 almost 21 yesterday 22 tomorrow 23 weekend 24 month 25 final

B 1 second 2 noon 3 존재, 출석 4 최근에, 얼마 전에 5 early 6 내일 7 매주의, 주 1회의 8 monthly 9 마지막으로, 끝으로
10 finally

C ③ ('오늘 밤'을 의미하므로 the night following this day 혹은 the night of this day가 되어야 한다.) ④ ('1시간'을 의미하므로 60 seconds는 60 minutes가 되어야 한다.)

D 1 forever 2 almost 3 date 4 everyday

UNIT 38 사물 묘사 1
p.298

A 1 원, 빙빙 돌다 2 둥근, 한 차례 3 선, 줄 4 크기, 규모 5 유형, 타자 치다 6 거인, 거대한 7 거대한, 엄청난 8 깊은, 깊이가 ~인 9 짧은, 키가 작은, 부족한 10 초록색의, 환경 보호의, 초록색 11 회색, 회색의 12 넓은 13 어두운, 어둠 14 object 15 describe 16 shape 17 square 18 flat 19 sharp 20 tiny 21 white 22 large 23 silver 24 metal 25 bright

B 1 반대 2 description 3 정사각형 모양의, 정사각형, 광장 4 크게, 대체로, 주로 5 giant 6 width 7 짧게 하다, 단축하다 8 white 9 green 10 dark

C ③ ('평평한'은 튀어나온 부분이나 움푹 패어 있는 부분이 없는 것이므로 with는 without으로 바꾸어 without raised or hollow areas가 되어야 한다.) ④ ('거대한'을 의미하므로 very small은 very great가 되어야 한다.)

D 1 deep 2 line 3 short 4 size 5 type

UNIT 39 사물 묘사 2
p.304

A 1 빠른, 빠르게 2 빠른, 빨리 3 부드러운 4 단단한, 어려운, 열심히 5 값비싼 6 무거운, 많은 7 모든 것 8 무엇, 무엇이든 9 마른, 가문, 마르다 10 열린, 개방된, 열다 11 빈, 비어 있는 12 특별한 13 유용한 14 clean 15 dirty 16 slow 17 quiet 18 cheap 19 different 20 similar 21 simple 22 precious 23 popular 24 unique 25 perfect

B 1 dirt 2 빨리, 곧 3 느린, 느리게 4 soft 5 expensive 6 difference 7 similarity 8 anything 9 unique 10 special 11 그냥, 그저

C ① ('완벽한'을 의미하므로 some을 no로 바꾸어 having no mistakes가 되어야 한다.) ⑤ ('조용한'을 의미하므로 making noise는 making very little noise 혹은 making no noise at all이 되어야 한다.)

D 1 clean 2 open 3 dry

UNIT 40 의미를 더 명확히 해주는 어휘
p.310

A 1 한 번이라도, 언제나 2 어쩌면, 아마 3 아마, 어쩌면 4 게다가, 그래도, 어쨌든 5 때때로 6 결코 ~않다 7 어느 쪽의 ~도 아니다 8 또 다른, 그 밖에 9 그런, 그러한 10 ~와 달리, ~와 다른 11 ~이외에, 게다가 12 ~동안에 13 ~도 또한 아니다 14 meantime 15 actually 16 already 17 nearly 18 instead 19 always 20 often 21 either 22 likely 23 against 24 although 25 whether

B 1 during 2 perhaps 3 가까운, 가까이 4 sometimes 5 never 6 neither 7 ~이긴 하지만 8 unlikely 9 ~에 반대하여 10 실제의, 현실의

C ③ ('~와 달리, ~와 다른'을 의미하므로 similar to는 different from이 되어야 한다.) ⑤ ('그 밖에, 다른'을 의미하므로 the same을 different로 바꾸어 in a different manner or place가 되어야 한다.)

D 1 instead 2 such 3 anyway 4 nor

Index

float	270	gallery	151	greeting	186
flood	254	game	140	ground	248
flower	19	gas	217	group	114
fly	19	gate	19	grow	252
focus	121	gather	115	growth	252
fog	164	general	229	guess	121
foggy	164	gentleman	174	guest	176
follow	55	gesture	188	guide	159
food	19	get	19	guitar	153
fool	19	ghost	19	guy	177
foolish	50	giant	296	gym	20
foot	19	gift	19		
football	126	giraffe	259		

footprint 273 | give 19
for 309 | glad 36
force 236 | glass 78
forecast 162 | glasses 19
forest 252 | glove(s) 93
forever 289 | glue 104
forget 123 | go 20
forgive 117 | goal 129
form 255 | goat 20
fox 19 | god 20
frame 73 | goggles 20
free 139 | gold 20
freedom 19, 139 | good 20
freeze 163 | graceful 20
fresh 147 | grade 103
friend 19 | graduate 103
friendly 19 | graduation 103
friendship 114 | grammar 108
frog 19 | grand 296
front 224 | grandchild 68
fry 82 | grandfather (grandpa) 68
full 19, 51 | grandmother (grandma) 68
fun 19 | grandparent 67
funny 36 | grass 252
fur 260 | gravity 271
future 289 | gray/grey 297

G

gain 199 | great 20
galaxy 270 | green 297
| greet 186

문법 응용력을 높여주는

GRAMMAR Q

✦ Grammar is Understanding ✦

01

교과서
완벽 해부와 반영

CHAPTER 05 **진행형, 미래 표**

동아(윤)-2과 | 동아(이)-2과 | 천재(이)-3과 | 미래(엔)-2과
능률(김)-2과 | 비상-2과

동*(윤)-3과 | 동*(이)-3과 | 천*(이)-4과, 6과 …

02

내신 관리
집중 학습

내신
적중
Point

Point 01 어법상 바른 문장 찾기
인칭대명사에 따라 be동사가 바르게

Point 02 잘못 바꿔 쓴 문장 찾기
주어가 복수일 때 I-I you를 포함하는

Point 03 우리말에 맞게 문장 완성하기
주어가 달라질 경우 be동사도 알맞게

03

서술형 만점
모의 시험

Writing Exercises

…과 동이 같도록 빈칸에 알맞은 소유격을
…완성하세요.   4 다음 사진과 글을 읽고,
알맞은 말을 쓰세요.

04

예습+복습
무료 부가자료

❶ 어휘리스트, 어휘테스트
❷ 예문영작연습지, 예문해석연습지,
예문응용연습지
❸ 서술형 추가문제종합평가
❹ Study Planner

쎄듀북닷컴(www.cedubook.com)에서 부가 자료를 무료로 다운로드할 수 있습니다.

쎄듀